Hans Dollinger

Von Lenin bis Gorbatschow
Die deutsch-sowjetischen Beziehungen

Guido Knopp (Hrsg.)
Hans Dollinger

Von Lenin bis Gorbatschow

Die deutsch-sowjetischen Beziehungen

Georg
Bitter
Verlag

Die Deutsche Bibliothek - CIP-Einheitsaufnahme

Dollinger, Hans:
Von Lenin bis Gorbatschow : Die deutsch-sowjetischen Beziehungen / Hans Dollinger. Guido Knopp (Hrsg.). - Recklinghausen: Bitter, 1991
(Geschichte live)
ISBN 3-7903-0426-3

Bildquellennachweis:
Archiv für Kunst und Geschichte: Seiten 16, 21, 24, 27, 34, 37, 39, 40, 46, 71, 74, 98, 100, 101, 114, 119
Bildarchiv preußischer Kulturbesitz: Seiten 12, 18, 33, 52, 55, 56, 59, 62, 63, 64, 67, 68, 79, 81, 86, 91
92, 102u., 102o., 104, 106, 107, 109, 112, 113, 120, 123, 131, 133
dpa: Seiten 11, 117, 121, 122, 126, 129, 130, 134, 137, 138, 140, 141, 143, 145

Das Buch erscheint in der Reihe "Geschichte live - Unser Jahrhundert in Wort und Bild"
Herausgegeben von Guido Knopp
Einbandgestaltung: Sebastian Linnerz
Typografie: Walter Stolzenberg
Redaktion: Juliane Jung
Redaktionsschluß: 1. November 1991
Gesetzt aus der Garamond
Druck und Bindung: Ebner Ulm

ISBN 3-7903-0426-3

Inhalt

Vorwort

Wir stehen am Wendepunkt zu einer neuen Ära deutsch-sowjetischer Beziehungen. Deutschland ist wieder geeint und souverän. Die Sowjetunion hat den Wunsch der Deutschen, zusammen in einem Staat zu leben, voll respektiert und durch ihr Entgegenkommen in der Bündnisfrage den Vollzug der Einheit erheblich beschleunigt. Zudem macht der Demokratisierungsprozeß in der UdSSR seit dem gescheiterten Putsch im August 1991 erfreuliche Fortschritte. Die beiden Supermächte melden spektakuläre Abrüstungserfolge. Alles in allem: Noch nie waren die Perspektiven für eine Entwicklung der Partnerschaft zwischen den Deutschen und den Völkern der Sowjetunion so vielversprechend.

Noch bei Amtsantritt Michail Gorbatschows galten die Bedingungen des Kalten Krieges. Nicht nur Deutschland und Europa, die ganze Welt schien verurteilt, auf ewig in zwei Blöcke geteilt zu bleiben. Mehr als vier Jahrzehnte standen sich Ost und West unversöhnlich gegenüber. Aber das ist nun Geschichte. Wir haben ein vereinigtes Deutschland, unabhängige Völker in Osteuropa und in der NATO wird sogar über den Beitritt der Sowjetunion diskutiert.

Anlaß für uns Deutsche, das Verhältnis zur Sowjetunion, das gespalten war wie wir, neu zu überdenken. Ohnehin - wer die Geschichte dieses Jahrhunderts Revue passieren läßt, erkennt schnell, wie eng das Schicksal der Deutschen mit dem der Menschen in der Sowjetunion verbunden war, im Guten wie im Bösen. Grund genug für eine Rückschau auf die Höhen und Tiefen der gemeinsamen Vergangenheit, von den Anfängen der Sowjetunion bis heute.

Am Anfang war Lenin. Es mutet schon grotesk an, daß gerade die Deutschen den Mann unter ihren Schutz stellten, der die "große sozialistische Revolution" anzetteln sollte und damit die Welt in den Gegensatz von Kommunismus und Kapitalismus stürzte. Lenin reiste 1917, eskortiert von deutschen Soldaten, von der Schweiz über Deutschland nach Rußland und machte dort die Revolution.Nach dem Ersten Weltkrieg waren das bolschewistische Rußland und das geschlagene Deutschland die Parias der Weltgemeinschaft. Als Außenseiter rauften sie sich zusammen. Der Vertrag von Rapallo (1922) war eine spektakuläre Demonstration deutsch-sowjetischer Verständigung.

Rückhalt für aggressive Kriegspläne suchte die nationalsozialistische Außenpolitik. Im August 1939 kam der "Hitler-Stalin-Pakt" zustande. Gemeinsam beging man das Unrecht der Teilung Polens. Der Pakt leitete nicht nur den Zweiten Weltkrieg ein, sondern auch das dunkelste Kapitel der Geschichte der deutsch-sowjetischen Beziehungen. Am 22. Juni 1941 überfiel die deutsche Wehrmacht die Sowjetunion. Es war ein planmäßiger rassen-ideologisch begründeter Vernichtungskrieg, dem Millionen von Menschen zum Opfer fielen. Greueltaten bislang unerreichten Ausmaßes wurden begangen. All' das riß eine tiefe Kluft in das Verhältnis zwischen beiden Völkern, was bis heute spürbar ist.

Nach dem Krieg wollte sich die Sowjetunion ein Deutschland nach eigenem Muster schaffen. Sie sowjetisierte ihre Besatzungszone. Es folgte die Spaltung Deutschlands in zwei Staaten, denn auf dem Boden der westlichen Zone wollte man eine Demokratie.

Das gespaltene Deutschland hatte ein ebenso gespaltenes Verhältnis zur UdSSR. Die DDR wurde zum treuesten Vasallen des großen Bruders, während Deutschland-West Freiheit und Einheit für alle Deutschen forderte, ein Dorn im Auge Moskaus. Dennoch gab es auch Dialogbereitschaft. Auf Adenauers Besuch bei Chruschtschow, 1955, folgte die Aufnahme diplomatischer Beziehungen und die Freilassung von rund Zehntausend deutschen Kriegsgefangenen. Man strebte eine friedliche Koexistenz an.

Mehr als das, nämlich echte Entspannung, wollte der erste Bundeskanzler der sozialliberalen Koalition, Willy Brandt. Er handelte mit Breschnew den Moskauer Vertrag aus.

Doch die Wende kam erst mit Gorbatschow, der "Glasnost" und "Perestrojka" auf seine Fahnen schrieb. Er propagierte das Recht auf freie Selbstbestimmung nach innen und nach außen. Das DDR-Regime sollte nicht mehr um jeden Preis gestützt werden. Die Stunde der Wahrheit kam im November 1989. Moskau griff nicht ein, als die 'friedliche Revolution' die SED-Führung zum Rücktritt zwang. Nicht zuletzt die sowjetischen Zugeständnisse machten den Weg zur deutschen Wiedervereinigung frei.

Kurz vor der Jahrtausendwende besteht Hoffnung wie nie zuvor, daß die Deutschen und die Völker der Sowjetunion nicht nur in friedlicher Koexistenz miteinander leben, sondern echte Partner wenn nicht sogar Freunde werden. Sicher - die Wunden der Vergangenheit sind kaum vernarbt. Die schrecklichen Greuel des Zweiten Weltkrieges sind nicht vergessen. Auch hat die Sowjetunion mit erheblichen innenpolitischen und wirtschaftlichen Problemen zu kämpfen. Das Scheitern des Staatsstreiches im August 1991 hat zwar gezeigt, daß der Reformprozeß nicht mehr umkehrbar ist, doch besteht noch immer keine Gewißheit darüber, in welcher Form die Sowjetunion überhaupt fortbesteht. Wie auch immer, die Hoffnungen auf Unterstützung durch die Bundesrepublik Deutschland sind jedenfalls riesengroß. Und es besteht die Gefahr, daß zuviel erwartet wird.

Unabhängig davon sind vor allem wir Deutsche aufgerufen, gezielt humanitäre Hilfe zu leisten und Dialogbrücken zu den Völkern der Sowjetunion zu schlagen. Damit kann ein wesentlicher Beitrag zum Frieden in Europa geleistet werden.

November 1991 Guido Knopp

Zur Bedeutung der deutsch-sowjetischen Beziehungen

Vorwort

Die deutsch-sowjetischen Beziehungen von 1917 bis heute haben durch das ganze zwanzigste Jahrhundert hindurch für die teilweise dramatische Geschichte Europas eine entscheidende Rolle gespielt. Denken wir nur an die verhängnisvollen Auswirkungen jener Jahre in der Mitte des Jahrhunderts, die von den beiden Diktatoren Hitler und Stalin geprägt worden sind. Die Bedeutung des Verhältnisses zwischen Deutschland und der Sowjetunion ist in den letzten Jahrzehnten bis heute im "Ringen um eine unserer Zeit angemessene europäische Friedensordnung" noch ungleich größer geworden. Der Bonner Historiker Hans-Adolf Jacobsen sieht die deutsch-sowjetischen Beziehungen unter der Prämisse "Kontinuität und Wandel" und meint, daß "nach den Erfahrungen der Vergangenheit wohl kaum zu bestreiten ist, daß von ihrer Qualität, positiv wie negativ, auch das künftige Schicksal unseres Kontinents mitbestimmt wird, zumal sich beide Seiten als Partner begreifen, von deren Entschlossenheit, Fähigkeiten und aktivem Handeln die Gestaltung des 'gemeinsamen europäischen Hauses' abhängt." Schon 1847 schrieben Karl Marx und Friedrich Engels in ihrem "Kommunistischen Manifest": "Auf Deutschland richten die Kommunisten ihre Hauptaufmerksamkeit, weil Deutschland am Vorabend einer bürgerlichen Revolution steht..." Sieben Jahrzehnte später erklärte dann Lenin, wer Deutschland besitze, habe den Schlüssel zu Europa in der Hand. Stalin sprach 1949, nach der Teilung Deutschlands, bei der Gründung der Deutschen Demokratischen Republik, von einem "Wendepunkt in der Geschichte Europas". Schließlich, 1990, nachdem Gorbatschow im Verlauf der Auflösung des Ostblocks in selbständige demokratische Länder auch der Wiedervereinigung der beiden deutschen Staaten seine Zustimmung, im Einvernehmen mit den anderen Siegermächten im Zweiten Weltkrieg, geben mußte, haben Russen und Deutsche die Lehre aus ihrer bewegten Geschichte gezogen und erkannt, daß "wir zusammenarbeiten" und "unseren Völkern eine neue, bessere Zukunft eröffnen" müssen. Ein Jahr später, 1991, bei Abschluß dieser Übersicht über die Geschichte der deutsch-sowjetischen Beziehungen, haben sich für die Deutschen und ihre Rolle in einer europäischen Friedensordnung hoffnungsvolle Perspektiven eröffnet. Zur selben Zeit aber stehen die Russen vor einem "schicksalhaften Weg" (Gorbatschow), nämlich der Bewährungsprobe, mit der Demokratisierung ihres eigenen Hauses Ernst zu machen. Karl Kautsky, der sozialistische Theoretiker, prophezeite 1919: "Die Bolschewiki sind bereit, um sich zu erhalten, alle möglichen Konzessionen der Bürokratie, dem Militarismus und dem Kapitalismus zu machen. Aber eine Konzession an die Demokratie erscheint ihnen als Selbstmord... Ohne die Demokratie geht Rußland zugrunde." Eingedenk der neuen Freundschaft und Partnerschaft nach Jahrzehnten einer zwischen Krieg und Frieden abgelaufenen Geschichte sind besonders die Deutschen, aber auch alle Nachbarn in Europa, aufgerufen, den Russen größtmögliche Hilfestellung auf ihrem schwierigen, aber notwendigen Weg zur Demokratie zu geben.

Wörthsee, im Juli 1991 Hans Dollinger

"Die Geschichte lehrt, daß wir zusammenarbeiten müssen..."

16. Juli 1990, Schelesnowodsk, Kaukasus: Beim deutsch-sowjetischen Gipfel billigt Michail Gorbatschow einem vereinigten Deutschland die volle Souveränität zu

> Unsere Völker müssen die Ereignisse bereits auf neuer Ebene erfassen und den neuen Charakter und die neuen Impulse der sowjetisch-deutschen Beziehungen mit Blick auf eine neue Zeitrechnung in entsprechenden völkerrechtlichen Dokumenten festhalten und verankern.
>
> Michail Gorbatschow

> Hier kann man Erde riechen. Hier begreift man etwas von Rußland.
>
> Helmut Kohl

Der 16. Juli 1990 war ein symbolträchtiges Datum: fünfundvierzig Jahre zurück, am 16. Juli 1945, war der Vorabend zum Eröffnungstag der Potsdamer Konferenz, auf der die größte nationale Katastrophe der Deutschen nach dem Dreißigjährigen Krieg mit der Aufteilung des Reiches in Besatzungszonen besiegelt wurde. Fünfundvierzig Jahre nach diesem "zweiten Karthago" (Harry Hopkins) stellte der Präsident jener Siegermacht, die 1945 die östliche Hälfte Deutschlands für ihren neu zu schaffenden "Ostblock" reklamierte, endgültig die Weichen für einen wiedererstandenen deutschen Nationalstaat in voller Souveränität und im Einklang mit allen Kriegsgegnern von 1945.

"Die Realität ist so: Die Geschichte lehrt, daß wir zusammenarbeiten müssen und diese Zusammenarbeit brauchen unsere Völker wie ganz Europa", umschrieb Gorbatschow gegenüber Journalisten in Moskau einen Tag vor der Abreise mit Kohl in die Region Stawropol, seine kaukasische Heimat, die "Realität" dieses Jahres 1990. Natürlich hoffte Gorbatschow dabei auch auf die Hilfe der Bundesrepublik und des Westens für seine Zielsetzung, die Sowjetunion aus politischer Unmündigkeit und ökonomischer Rückständigkeit in eine Partnerschaft mit den westlichen Industrieländern zu führen. Offen bekannte er am 15. Juli in Moskau auch: "Der größte Partner der Sowjetunion unter den westlichen Ländern ist die heutige BRD." Und er präzisierte: "Wir bitten nicht um Almosen, wir führen eine überaus große Umgestaltung durch, wir sind auf dem Wege von einem Wirtschaftsmodell zu einem anderen, das die Sowjetunion der ganzen Welt zuwendet... Es ist die Stunde für jene gekommen, die fähig sind, auf Herausforderungen der Zeit zu antworten. Ich stelle fest: Die heutige Zusammensetzung von Politikern ist bereit, die historische Chance zu nutzen. Der Kanzler und ich haben darüber gesprochen und dabei daran gedacht, daß unser Wissen und unsere Erfahrungen ermöglichen, zu vergleichen und zu sehen, welche Welt wir hinter uns gelassen haben und zu welcher Welt, einer besseren Welt, wir kommen können."

"Wir brauchen Argumente für unsere Völker"

Um zu einem"gemeinsamem Haus Europa" zu kommen, ging der Russe mit der Prämisse in das Gespräch mit dem Deutschen, daß "alle Wege nach Europa über die deutsche Einheit führen", so Bundeskanzler Kohl später. Gorbatschow wollte deshalb den für seine Zielsetzungen so entscheidenden Gipfel von vornherein nicht mit der Diskussion über alte Rechtspositionen belasten. Er wollte die "historische Chance nutzen" und eröffnete noch in Moskau bereits im ersten Vier-Augen-Gespräch seinem Gast aus Bonn, daß die Sowjetunion bereit sei, die Viermächterechte für Deutschland und Berlin abzulösen und dem einstigen Kriegsgegner die volle Souveränität zu gewähren. Damit hatte der Russe, entgegen der gewohnten Praxis seiner Vorgänger im Kreml, den Erfolg dieses Gipfeltreffens schon vorgegeben. Kohl zog noch im komfortablen Präsidentenjet auf dem Flug in den Kaukasus mit dem Angebot nach, die gesamtdeutsche Bundeswehr nach der Einigung innerhalb von drei bis vier Jahren auf 370.000 Mann zu reduzieren (bis dato zählte die Bundeswehr 480.000, die Nationale Volksarmee noch 100.000 Mann). Dieses Angebot eröffnete Gorbatschow wiederum die Möglichkeit, seinen Landsleuten den Rückzug der Roten Armee aus dem Territorium der DDR bis 1994 verständlich zu machen. Die Aussichten für einen erfolgreichen Gipfel waren somit bestens.

Spiegel-Reporter Fritjof Meyer schilderte als Augenzeuge den weiteren Verlauf der sowjetisch-deutschen Verständigung im Kaukasus wie folgt: "Ein gutgelaunter Gorbatschow bewirtete seine Gäste am Sonntagabend in einer romantischen Datscha in der Nähe von Stawropol. Rauch stieg auf, am Feuer brutzelte Fleisch an riesigen Schaschlikspießen. Kohl erwies sich als schlagfertig: Ob dieses ein erster Erfolg der sowjetischen Konversionsanstrengungen sei, Rüstungs- in Zivilproduktion umzuwandeln, von Schwertern zu Schaschlikspießen'? Spät am Abend bat dann Gorbatschow, man möge sich bitte mit den Ministern noch mal zusammensetzen, um ein Arbeitstableau für den nächsten Tag aufzustellen. Gorbatschow, Schewardnadse und der Vizepremier für Finanzen, Stepan Sitarjan, auf sowjetischer, Kohl, Genscher und Finanzminister Theo Waigel auf deutscher Seite hatten die Probleme rasch sortiert. 'Wir brauchen Argumente für unsere Völker', leitete Gorbatschow ein. Und für den Nato-Beitritt brauche er neben der bereits zugesagten Truppenverminderung die Zusage, daß auf DDR-Gebiet keine westlichen ABC-Waffen, Atomwaffen und -träger verbracht werden dürfen. Das Einverständnis fiel den Deutschen, ohne ihre alten Westalliierten zu befragen, nicht schwer. Auf der Schlußsitzung der Delegationen wurden dann die wenigen verbliebenen heiklen Punkte abgehakt. Die Deutschen kamen aus dem Staunen nicht heraus, so reibungslos lief das Geschäft..."

Beide Seiten einigten sich sozusagen im Schnellverfahren. Gorbatschow antwortete zustimmend mit "gut" auf die Frage nach der Mitgliedschaft des vereinten Deutschlands in der NATO mit allen Rechten und Pflichten, daß nach der Vereinigung territoriale, nicht der NATO unterstellte Bundeswehrverbände auf das Territorium der ehemaligen DDR nachrücken könnten, daß alle Einheiten der Roten Armee bis spätestens 1994 dort abgezogen werden und danach sich auch deutsche, in die NATO integrierte Bundeswehrverbände östlich der Elbe aufhalten könnten, wenn auch unter der Bedingung, daß dort keine atomaren Trägerwaffen stationiert werden dürften. Gorbatschow war auch damit einverstanden, daß aufgrund bilateraler Verträge mit dem Westen in Gesamtberlin solange Truppen aller westlichen Verbündeten der Deutschen präsent sein könnten, solange auch russische dort sind. Die brisante Frage nach den Kosten für Unterhalt und Abzug sowjetischer Soldaten bis 1994 verwies man, auf Vorschlag von Außenminister Genscher, auf einen gesondert zu vereinbarenden "Überleitungsvertrag über die Auswirkungen der Einführung der D-Mark in der DDR", denn eine Deklarierung solcher Kosten als "Stationierungskosten" wollte man vermeiden, weil sich eine solche Bezeichnung nicht mit einem souveränen Deutschland vereinbaren würde. Gorbatschow meinte am Ende der Erörterung und Klärung solch wichtiger Fragen zu Genscher: "Nun haben Sie doch alles, was Sie vorgeschlagen haben."

"Die Deutschen haben die Lehren aus der Geschichte gezogen..."

Am Montagnachmittag gaben Gorbatschow und Kohl zusammen im Kurheim von Schelesnowodsk vor Journalisten aus aller Welt eine Pressekonferenz. Der Präsident der Sowjetunion sprach dabei von "einer der wichtigsten Begegnungen, die in unserer Zeit stattgefunden haben", bescheinigte den Deutschen, daß "sie die Lehren aus der Geschichte gezogen haben" und "der Nachkriegsprozeß" gezeigt habe, "daß wir davon ausgehen können, daß solche Entwicklungen wie früher nicht mehr von diesem Boden, von diesem Land ausgehen werden". Und über das Gipfel-Treffen selbst resümierte Gorbatschow: "Wir haben Realpolitik gemacht. Wir sind ausgegangen von unserer heutigen Wirklichkeit, von ihrer Bedeutung für Europa und für die Welt. Wir

Bundeskanzler Helmut Kohl und Michail Gorbatschow sind in Schelesnodowsk Freunde geworden.

gehören verschiedenen Teilen der Weltzivilisation an, aber wir fühlen, daß wir zusammengehören; die gemeinsame europäische Entwicklung durchleidet im Moment stürmische Prozesse, und wir können schon sehr vieles gemeinsam tun..." An die Adresse der Deutschen und über die künftigen Beziehungen des neuen Deutschlands und der Sowjetunion fand Gorbatschow diese Sätze: "Unsere Gespräche waren davon geprägt, daß wir wissen, daß eine neue Etappe in den Beziehungen unserer Menschen, unserer Nationen entstehen muß... Unsere Völker müssen die Ereignisse bereits auf neuer Ebene erfassen und den neuen Charakter und die neuen Impulse der sowjetisch-deutschen Beziehungen mit Blick auf eine neue Zeitrechnung in entsprechenden völkerrechtlichen Dokumenten festhalten und verankern." So geschah es denn auch. Für die Endphase der nachfolgenden "2 + 4-Gespräche", die in einem entsprechenden Vertrag mündeten, hatte der sowjetisch-deutsche Gipfel im Kaukasus den Weg geebnet.

"Der Beginn einer neuen Ära der Beziehungen..."

Ängste vor der neuen deutsch-russischen Allianz muß Gorbatschow vorausgeahnt haben, als er gemeinsam mit Kohl in Stawropol am Grabmal des Unbekannten Soldaten einen Kranz niederlegte und beide sich mit russischen Veteranen des Zweiten Weltkrieges trafen. Diese Begegnung sprach er auch gegenüber der Presse in Schelesnowodsk an. Er meinte, Kohl und er hätten nach dem Gespräch mit den Kriegsveteranen "begriffen, daß das gemeinsame Europa nötig ist, daß unsere Beziehungen freundliche, freundschaftliche sein müssen und daß das, was in der Geschichte geschehen ist, sich nie wiederholen darf." In der Hoffnung auch auf wirtschaftliche Hilfe lobte er dann Bundeskanzler Kohl: "Das, was der Bundeskanzler in diesen ganzen letzten Jahren und vor allem Monaten in bezug auf das Suchen neuer Beziehungen, eines neuen Weges unserer Beziehungen, natürlich auch in der Frage der Wirtschaft, getan hat, ich glaube, daß ich in all dem Verantwortungsgefühl sehen kann. Ich halte ihn für einen verantwortungsbewußten Politiker."

Euphorische Kohl-Bewunderung signalisierte auch die sonst gegenüber der Bundesrepublik eher skeptische *New York Times*: "Gorbatschow mag der Mann der achtziger Jahre gewesen sein. Wie es aussieht, wird Kohl die Titelfigur der Geschichte der Neunziger werden." Da wollte selbst *Spiegel*-Herausgeber Rudolf Augstein nicht mehr zurückstehen und urteilte über Kohls Erfolg im fernen Kaukasus: "Den Staatsmann Kohl wird man nicht mehr von der Landkarte tilgen können. Glückwunsch, Kanzler!"

Mit dem "Beginn einer neuen Ära der Beziehungen UdSSR-BRD" (*Sowjetunion heute*, August 1990) im letzten Jahrzehnt dieses Jahrhunderts ist in den Beziehungen der beiden Völker ein absoluter Höhepunkt erreicht worden, in einer Kette von Stationen mit höchst unterschiedlichen Auswirkungen seit 1917, dem Jahr der Weltwende, dem Beginn der modernen Staaten in Deutschland und Rußland. Diesen Weg, von Station zu Station, zeichnet dieses Buch nach.

Petrograd im Februar 1917: Barrikaden auf dem Litejnyi-Prospekt.

Eine "Fracht von außer-ordentlicher Explosivkraft" und "Lenins Eintritt nach Rußland geglückt, er arbeitet völlig nach Wunsch"

Deutschlands Hilfestellung für die Weltwende 1917 in Rußland: Die Russische Revolution und der Friede von Brest-Litowsk

Die revolutionäre Situation in Europa ist da.
Lenin, 1917

Die Bolschewisierung Rußlands war natürlich in erster Linie die Tat Lenins. Aber sie war auch das Werk Deutschlands.
Sebastian Haffner, 1981

"In ganz Europa gehen die Lichter aus, und wir werden nicht erleben, daß sie wieder angezündet werden." Dies soll am Abend des 3. August 1914 der britische Außenminister Edward Grey angesichts des Ausbruchs des Ersten Weltkriegs gesagt haben, der das alte Europa und mit ihm seine seit 1789 zur Abdankung überfälligen Monarchien, auch die in Deutschland und Rußland, hinwegfegen sollte. Über 75 Jahre hinweg, bis zum Herbst 1989, blieben die Lichter in ganz Europa aus - durch Jahrzehnte hindurch mit aggressiver Konfrontation, Haß und Verblendung unter seinen Völkern, mit dem fürchterlichsten Krieg der Neuzeit und einem über vierzig Jahre nachfolgenden Kalten Krieg in einem geteilten Europa. Greys unheilvolle Voraussage von 1914 dauerte solange an, bis mit dem Fall der Mauer in Berlin und der deutsch-deutschen Grenze mitten in Europa sowie der Öffnung der osteuropäischen Staaten nach Westen die Lichter für eine neue Epoche in ganz Europa wieder anzugehen begannen.

In diesen 75 Jahren wurde der Weg vom alten zu einem neuen, gemeinsamen Europa vor allem von der Geschichte der so wechselvollen Beziehungen in Krieg und Frieden zwischen Deutschen und Russen mitgeprägt. Heute, nach zwei verheerenden Weltkriegen, in denen sich beide Völker als Gegner gegenüberstanden, müssen Deutsche und Russen wieder lernen, miteinander zu leben, nach mehr als tausend Jahren gemeinsamer Geschichte, in der sie immer wieder tiefe Freundschaft, aber auch erbitterten Haß füreinander empfunden haben, in der sie sich miteinander verbunden fühlten, gemeinsame Wege gingen, sich aber auch bekämpften - bis hin zum für die moderne Geschichte der Welt und Europas so wichtigen Entscheidungsjahr 1917, als sich der Krieg mit bis dahin vorwiegend kontinental-europäischer Prägung zum Weltkrieg ausweitete und damit "das Tor zu weltrevolutionärer Auswirkung öffnete" (Erwin Hölzle).

Eine Revolution soll aus der "Kirchhofsruhe" Europas herausführen

Im Klima wachsender Sehnsucht nach Frieden bei den kriegführenden Völkern Europas, das sich um die Jahreswende 1916/17 in Friedensangeboten der Mittelmächte (den mit Deutschland verbündeten Staaten) an die Alliierten manifestierte, kamen Stimmen mit weltrevolutionären Tendenzen von Vertretern der späteren antipodischen Weltmächte, Amerika und Rußland auf. In Amerika sprach Präsident Wilson in seiner Rede vom 22. Januar 1917 von "einem Postulat, das Gesetz für die Welt sein sollte", indem er für eine kommende Friedensordnung in Europa als Grundlage den dortigen Völkern, also auch den Deutschen und Russen, vorschlug: "Ich schlage vor: Eine Regierung unter Zustimmung der Regierten." Drei Monate später, beim Kriegseintritt der USA, machte Wilson am 2. April 1917 vor dem Kongreß diesen Vorschlag zur Voraussetzung seiner Kriegsziele: "Die Welt muß für die Demokratie gesichert, ihr Friede muß auf die erprobten Grundlagen politischer Freiheit gestellt werden." Und in Zürich schrieb der Russe Wladimir Iljitsch Uljanow, der sich später Lenin nannte, über die weltrevolutionäre Hoffnung in einem Artikel unter dem Titel "Eine Wendung in der Weltpolitik", die er mit dem Satz beendete: "Die revolutionäre Situation in Europa ist da." Eine Revolution sollte nach seiner Meinung aus der "Kirchhofsruhe" Europas herausführen. In den Friedensparolen jener Tage erkannte er mit dem Instinkt des Revolutionärs den geeigneten Moment des Umsturzes.

So wie US-Präsident Wilson einer neuen Friedenssicherung in Europa nur mit der Hoffnung auf demokratische Regierungen - auch in Deutschland und Rußland!- das Wort redete, so verband Lenin in seiner revolutionären Propaganda von Anfang an die Forderung nach Frieden mit dem Programm eines radikalen Selbstbestimmungsrechtes der Völker. Doch von wo aus sollte in Europa Anfang 1917 eine durch den Frieden auszulösende Revolution, die den Völkern die Befreiung vom Joch des Imperialismus bringen sollte, ihren Anfang nehmen?

Die von Lenin im Schweizer Exil als "revolutionäre Situation" interpretierten deutlichen Anzeichen von Kriegsmüdigkeit und politischer Apathie bei den alten Monarchien in Europa waren Anfang 1917 in Deutschland, in Österreich-Ungarn, besonders aber in Rußland zu beobachten. Dort waren die Fundamente der russischen Monarchie bereits durch die Revolution von 1905 erschüttert worden. Schon damals hatte sich gezeigt, daß die Probleme der russischen Bauern trotz der Bauernbefreiung von 1861, als unter Zar Alexander II. 23 Millionen Leibeigene ihre persönliche Freiheit erhielten, ungelöst geblieben waren und es deshalb 1905 auf dem flachen Land zu einer Unzahl von Bauernrevolten gekommen war. In Petersburg und Moskau waren als weiterer Faktor im innenpolitischen Kräftespiel während der Revolution von 1905 die Industriearbeiter hinzugekommen, denn die industrielle Entwicklung in Rußland hatte vor dem Ersten Weltkrieg schon ganz beachtliche Fortschritte gemacht, wenn sie auch noch weit davon entfernt war, den Charakter der russischen Gesamtwirtschaft als eine überwiegende Agrarwirtschaft entscheidend zu verändern. Immerhin zählte man 1913 in Rußland schon etwa drei Millionen Industriearbeiter. Aus Arbeitern und Bauern rekrutierte sich schließlich das Heer der Unzufriedenen, das Anfang 1917 nach einer Kette von Unruhen und Streiks zu Demonstrationen mit der Forderung "Brot und Frieden!" zuerst in Petrograd, dann auch in anderen Städten Rußlands auf die Straße ging.

Die "Februar"-Revolution in Rußland

Am 26.Februar 1917 (nach dem erst am 14.Februar 1918 in Rußland eingeführten Gregorianischen Kalender der 11. März; der bis 14.2.1918 in Rußland geltende Julianische Kalender lag um 13 Tage zurück) schoß die zaristische Polizei erstmals in Petrograd auf Demonstranten, worauf sich Soldaten des Pawlowschen Regiments, die in der Nähe waren, den demonstrierenden Arbeitern anschlossen und zurückschossen. Die Unruhen steigerten sich zur sogenannten "Februar-Revolution": die Petrograder Garnison meuterte; unbeliebte Kommandeure und Offiziere wurden verhaftet, einzelne ermordet; in den Fabriken bildeten sich Arbeiterräte, die nach dem russischen Wort für Räte "Sowjets" genannt wurden; in der Nacht zum 27.Februar (12. März) schlossen sich im Taurischen Palast in Petrograd die Delegierten der Betriebe und die Vertreter der linken Parteigruppen der Sozialisten zum 'Petrograder Sowjet der Arbeiterdeputierten' zusammen und wählten ein provisorisches Exekutivkomitee. Daraufhin reagierte die Duma, die seit der Revolution von 1905 mit Gesetzgebungsrecht ausgestattete russische Volksvertretung (mit Vetorecht des Zaren) und bildete ein provisorisches Komitee, das sich an die Spitze der revolutionären Bewegung setzen und sie steuern sollte. Drei Tage später, am 2.März (15. März), dankte Zar Nikolaus II. ab. Am nächsten Tag erklärte sich das Duma-Komitee zur Provisorischen Regierung einer Republik, was das Ende der 300jährigen Geschichte der Romanow-Dynastie bedeutete. Rußland hatte nun zwei nebeneinander stehende Regierungen: einerseits die von bürgerlichen und liberalen Gruppen gestützte "Provisorische Regierung" unter dem Fürsten Lwow, andererseits den Petrograder Sowjet mit seinem Exekutivkomitee, hinter dem die demonstrierenden Massen, die Linksparteien (vor allem die 1900 entstandene Partei der Sozialrevolutionäre, geführt von Studenten und Intellektuellen), die Menschewiki und Bolschewiki standen. Die letzteren beiden Gruppen hatten sich 1903 in London aus der 1898 gegründeten russischen Sozialdemokratie abgespalten. Einige Bolschewiki gehörten in der ersten Phase der Februar-Revolution dem Exekutivkomitee des Petrograder Sowjet an. Die führenden Köpfe der Bolschewiki aber waren zu diesem Zeitpunkt noch in der Verbannung oder im Exil.

Die Dämme der alten Ordnung in Rußland waren mit der Februar-Revolution hinweggespült worden. In der Folgezeit, in der die bedeutendsten Köpfe der Bolschewiki nach Rußland zurückkehrten (Kamenew und Stalin Ende März, Lenin und Sinowjew Anfang April, Trotzki und Bucharin im Mai), erlebte das russische Volk tagtäglich eine Unmenge von Versammlungen, eine zunehmende Politisierung und immer wieder Streiks. Und je ohnmächtiger die "Provisorische Regierung" wurde, weil sie die Friedenssehnsucht der Massen und die Forderung der Bauern nach Land nicht befriedigte, desto mehr wurden die Bolschewiki zur stärksten Gruppe der sich radikalisierenden Revolution, an ihrer Spitze der Mann, der bald zur beherrschenden Führerfigur der russischen Revolution von 1917 wurde: Lenin.

Wer war dieser Lenin und welche Fakten und Ereignisse waren dafür verantwortlich, daß der Historiker Sebastian Haffner in den sechziger Jahren schreiben konnte: "Die Bolschewisierung Rußlands war natürlich in erster Linie die Tat Lenins. Aber sie war auch das Werk Deutschlands."

Lenins Leben bis 1917

Nicht nur Lenins Wurzeln kommen aus Deutschland und leiten sich von dem deutschen Philosophen Karl Marx und seiner berühmten Forderung ab: "Die Philosophen haben die Welt verschieden interpretiert. Es kommt darauf an, sie zu verändern." Lenins Mutter, Maria Blank, war eine Deutsche, Tochter aus einer jener deutschstämmigen Familien, die Katharina II. im 18. Jahrhundert nach Rußland geholt hatte; Lenins Großmutter mütterlicherseits stammte aus einer deutsch-baltischen Familie. Sein Vater, Ilja Nikolajewitsch Uljanow, war der Sohn eines russischen Schneiders und einer Kalmückin, die ihren schrägen Augenschnitt an alle Nachkommen weitervererbte. Lenins Vater war als Inspekteur aller Volksschulen im Gouvernement Simbirsk zum Staatsrat befördert und später in den Adelsstand erhoben worden.

Noch bevor der 1870 in Simbirsk an der Wolga geborene Wladimir Iljitsch und seine Geschwister in die Schule kamen, lernten sie bei der Mutter Lesen und Schreiben, Russisch mit kyrillischen, Deutsch mit lateinischen Buchstaben. 1887, ein Jahr nach dem Tod des Vaters, wurden Wladimir Iljitschs ältester Bruder Alexander und seine Schwester Anna wegen Beteiligung an den Vorbereitungen eines Attentats auf Zar Alexander III. verhaftet. Anna erhielt ein Jahr Gefängnis, Alexander wurde zusammen mit vier weiteren Mitverschwörern im Hof der Festung Schlüsselburg öffentlich gehängt. Er hatte ein Gnadengesuch und die Preisgabe der Namen anderer Kameraden abgelehnt. (Als im Mai 1937 Lenins Schwester Maria anläßlich seines 50. Todestags die Standhaftigkeit ihres Bruders in einem Artikel schilderte, durfte dieser in der Zeit der "Stalinschen Säuberungen" nicht erscheinen; erst 1963 wurde der Beitrag zur Familiengeschichte der Uljanows gedruckt.)

Über seine Geschwister war der junge Lenin also schon in der Schulzeit mit revolutionären Strömungen in Berührung gekommen. Nach einem Jura-Studium in Kasan und Samara sowie seiner Zulassung als Rechtsanwalt in Petersburg (1893) trat er mit führenden russischen Sozialdemokraten in Verbindung und reiste 1895 erstmals in die Schweiz, wo er mit G.W. Plechanow und P.B. Akselrod zusammentraf. Wieder zurück in Petersburg, wurde er wegen politischer Agitation unter den Arbeitern am 20. Dezember desselben Jahres verhaftet und verbrachte 14 Monate im Gefängnis.

Clara Zetkin

Danach, im März 1897, wurde er für drei Jahre nach Sibirien, in den Ort Schuschenskoje, verbannt, wo er die ebenfalls verbannte Petersburger Freundin, Nadeschda Krupskaja, wieder traf, die er später heiratete. Und nach dem sibirischen Fluß Lena erfand er dort den heute weltberühmten "Kampfnamen" Lenin, den er ab Januar 1901 benutzte. Ab März 1900 lebte er im Exil, um von den ständigen Bespitzelungen frei zu sein. Die erste Exilstation in Deutschland war München, wo er mit den deutschen Sozialisten Clara Zetkin und Alfred Braun die Zeitschrift *Iskra* ("Funke") herausgab, die dann von deutschen Grenzorten aus mit Rucksäcken nach Rußland geschmuggelt wurde. Auf diese Weise konnte er auf seine im Land gebliebenen Mitstreiter aus der Ferne weiter einwirken und ihnen sein Konzept einer revolutionären Kaderpartei als Avantgarde des Proletariats im Kampf um eine spätere sozialistische Staats- und Gesellschaftsordnung vermitteln.

Deutsch-russischer "Glaubensstreit": Rosa Luxemburg contra Lenins Elite-Anspruch

Gegen diese Forderung eines elitären Führungs- und Herrschaftsanspruchs Lenins kam wenig später Widerspruch von einer Sozialistin aus Deutschland, von Rosa Luxemburg. In der Zeitschrift *Iskra* und danach auch in der *Neuen Zeit*, dem von Karl Kautsky redigierten theoretischen Hauptorgan der deutschen Sozialdemokratie, entwickelte sie 1904 in dem Aufsatz "Organisationsfragen der russischen Sozialdemokratie" ihr Bekenntnis als Sozialistin und Demokratin überdie Fähigkeit der Arbeiterklasse, sich selbst zu befreien. Sie glaubte an die Kraft, an die Produktivität und Spontaneität der Massen. Für sie "ergibt sich der Sozialismus nur aus den immer mehr sich zuspitzenden Widersprüchen der kapitalistischen Wirtschaft und aus der Erkenntnis der Arbeiterklasse von der Unerläßlichkeit ihrer Aufhebung durch eine soziale Umwälzung". Ihre Polemik gegen Lenin gipfelte in dem offenen Eingeständnis: "Fehltritte, die eine wirklich revolutionäre Arbeiterbewegung begeht, sind geschichtlich unermeßlich fruchtbarer und wertvoller als die Unfehlbarkeit des allerbesten Zentralkomitees."

Sicher war Rosa Luxemburgs Mißtrauen gegenüber übermächtigen Führern auch eine Folge ihrer Schwierigkeiten mit den damaligen bürokratischen Parteiführern in Deutschland. Letztlich aber kam diese Einstellung aus ihrer Grundhaltung eines demokratischen Humanismus, eines unerschütterlichen Glaubens an den Menschen. Die historische Bedeutung Lenins allerdings hat Rosa Luxemburg immer ganz klar erkannt, ungeachtet ihrer Kritik an den Methoden zur Durchsetzung seiner Politik. Clara Zetkin, ihre Weggefährtin im politischen Kampf vor dem Ersten Weltkrieg, stellte Rosa Luxemburg 1907 beim Weltkongreß der Zweiten Internationale in Stuttgart den Mann aus Sibirien so vor: "Schau den gut an. Das ist

Lenin. Sieh den eigenwilligen, hartnäckigen Schädel. Ein echt russischer Bauernschädel mit einigen leicht asiatischen Linien. Dieser Schädel hat die Absicht, Mauern umzustoßen. Vielleicht, daß er daran zerschmettert. Nachgeben wird er nie."

Dieser deutsch-russische Glaubensstreit um die richtige Methode zur Durchsetzung des Sozialismus geschah im Vorfeld eines weiteren Zeichens des Niedergangs des Zarenreiches, nämlich der Katastrophe der russischen Truppen in der Mandschurei, wo die Japaner Rußlands imperialistischem Angriff entgegentraten, dem im Herbst 1905 die revolutionären Unruhen im Innern folgten. Lenin reiste sofort nach Moskau, mußte aber nach dem Mißerfolg eines verspäteten Aufstandversuchs im Dezember 1905 erkennen, daß der Schwung der Unruhen bereits gebrochen war. Wieder ging er über Finnland und Schweden in den Westen in die Emigration, diesmal über zehn Jahre, bis zur endgültigen Rückkehr 1917. Bis 1914 hielt er sich nach mehreren Aufenthalten in Deutschland (München, Stuttgart, Berlin, Leipzig) hauptsächlich in Genf, Paris und Krakau auf. In diese Jahre fällt die endgültige Trennung der Bolschewiki von den Menschewiki, die Konstituierung der Bolschewiki als selbständige Partei sowie die Herausgabe der von Lenin von Krakau aus geleiteten Parteizeitung *Prawda* (seit Mai 1912).

Den "imperialistischen Krieg" in einen "Bürgerkrieg" verwandeln

Den Ausbruch des Ersten Weltkriegs erlebte Lenin als russischer Staatsbürger im österreichischen Krakau, wo er im August 1914 einige Tage im Gefängnis interniert wurde, bis der österreichische Sozialist Victor Adler, "der alles verkörperte, was er (Lenin) an den gemäßigten Sozialisten verabscheute" (Stefan T. Possony), den damaligen österreichischen Innenminister überzeugen konnte, daß Lenin ein schärferer Gegner des Zarenregimes sei als der Minister selbst. Am 19. August war Lenin wieder ein freier Mann, am 28. August verließ er Krakau in Richtung Schweiz und traf am 5. September, nach finanzieller Unterstützung durch Schweizer Sozialdemokraten an der Grenze , in Bern ein. In vielen Aufsätzen und Reden wandte er sich nun von der Schweiz aus gegen den Krieg als "letztes Stadium des imperialistischen Kapitalismus" und war - ebenso wie Rosa Luxemburg und andere deutsche Sozialdemokraten - bestürzt über die Bewilligung der Kriegskredite im Reichstag mit den Stimmen der deutschen Sozialdemokraten. Mit anderen europäischen Linkssozialisten organisierte Lenin in der Schweiz die internationalen Sozialisten-Konferenzen von Zimmerwald (1915) und Kienthal (1916), wo er sich allerdings mit seiner Forderung nach Verwandlung des "imperialistischen Krieges in einen Bürgerkrieg" als Hebel für eine allgemeine proletarische Revolution in Europa nicht durchsetzen konnte. Trotzdem vertieften diese Konferenzen die Spaltung der Arbeiterbewegung in einen radikalen und einen gemäßigten Flügel.

Die überraschende Chance für Lenin zum Handeln kam schließlich erst durch die "Februar-Revolution" in Rußland. Noch am 22. Januar 1917 hatte er in Zürich in einer Gedenkrede anläßlich des "Roten Sonntag" 1905 in Petersburg vor jungen Schweizer Arbeitern gesagt: "Wir, die Alten, werden vielleicht die entscheidenden Kämpfe dieser kommenden Revolution nicht erleben." Daß er dann doch selbst noch eingreifen konnte, im Alter von 47 Jahren, verdankte er der offiziellen Hilfe des deutschen Kaisers und seines Generalstabes, die ihn und andere russische Revolutionäre im März (April) 1917 mit der Eisenbahn ohne Paßkontrolle durch Deutschland nach Schweden fahren ließen, von wo er über Finnland am 3. (16.) April in Petrograd ankam. Wie war das möglich?

Rußland durch "die Wirkungen inneren Zwiespaltes" (Clausewitz) bezwingen

Das deutsche Reich und die österreichisch-ungarische Donaumonarchie beschäftigten sich seit Kriegsbeginn, als sie erkannten, die Gegner in Zahl und Stärke falsch eingeschätzt zu haben, mit Untergrundarbeit und Förderung von Umsturzbewegungen vor allem in Rußland. Dabei konnten sie sich auf einen berühmten Strategen berufen. Eingedenk der Lehren, die er aus Napoleons Rußland-Katastrophe von 1812 gezogen hatte, behauptete schon Carl von Clausewitz, daß man Rußland nicht erobern, sondern "nur durch die eigene Schwäche und durch die Wirkungen inneren Zwiespaltes" bezwingen könnte. Die erste Stellungnahme von deutscher Seite in dieser Richtung kam von Kaiser Wilhelm II. bereits am 29. Juli 1914, als er das Gesuch eines Generals, die Türkei verlassen zu dürfen, mit den Worten ablehnte: "Er soll dableiben und Krieg und Aufstand gegen England schüren." Und am 8. August 1914 schrieb der Kaiser an den Rand eines Botschaftsberichtes aus Wien, daß man mehr Geldmittel für die Einflußnahme auf die revolutionären Bestrebungen in Polen und der Ukraine zur Verfügung stellen solle. Auf deutscher Seite, erklärte der amerikanische Lenin-Biograph Possony, "wählten" die Diplomaten und Militärs "keinen

Spiegelgasse 14 in Zürich: Hier lebte Lenin in den letzten beiden Jahren seines Exils in der Schweiz.

bestimmten Revolutionär aus, der die Regierung des Zaren stürzen sollte", man "unterstützte deswegen viele Revolutionäre und Bewegungen", man "setzte sozusagen auf alle Pferde in diesem Rennen". Der Name Lenins tauchte in deutschen Akten bereits am 30. November 1914 in einer Randnotiz auf, in der vermerkt war, daß in Rußland verhaftete Duma-Abgeordnete unter seinem Einfluß stünden. Daß man auf deutscher Seite dann längere Zeit Lenin gegenüber skeptisch blieb, ist auf dessen und seiner Bolschewiki häufig genannte Forderung zurückzuführen, wonach man die Linken aller kriegführenden Nationen vereinigen solle und daß man auch in Deutschland auf einen Aufstand der Anhänger des Kriegsgegners Karl Liebknecht hoffe. Während der ganzen Kriegsjahre von 1914 bis Anfang 1917 versuchte man auf deutscher Seite direkt in Rußland auf einen Frieden im Osten einzuwirken.

Lenin in Zürich: "Wir müssen fahren, und wenn es durch die Hölle geht."

Alle Verbindungen mit dieser Zielsetzung verdichteten sich dann im Februar/März 1917 plötzlich zu konkreten Fühlungnahmen und Abmachungen, als die Nachricht von der "Februar-Revolution" in Rußland bekannt wurde. Der später für die deutsch-sowjetischen Beziehungen im militärischen Bereich so wichtig werdende General Hans von Seeckt schrieb in einem Brief am 17. März dazu: "Hübsche Dinge passieren in Rußland." Und General Ludendorff notierte später in seinen Erinnerungen: "Wie oft hatte ich auf die russische Revolution gehofft, immer war es nur ein Luftschloß gewesen; nun war sie da und kam doch überraschend. Mir fiel eine Zentnerlast vom Herzen."

Während Lenin noch am 18. März, drei Tage nach der sensationellen Nachricht aus Rußland, der Meinung war, daß "es nicht möglich sein würde, von dieser verdammten Schweiz loszukommen" (Krupskaja), planten deutsche Diplomaten bereits seine Rückkehr nach Rußland. Und am selben Tag sandte das Zentralkomitee in Petrograd über Norwegen ein

Telegramm an Lenin ab, das er am 19. März in Händen hatte und in dem zu lesen war: "Uljanow muß sofort kommen." Lenin aber, so schrieb Trotzki später, "saß im Zürcher Käfig nach einem Ausweg suchend, von Rußland abgeschnitten, eingepfropft wie in einer Flasche". Er befürchtete, daß die "bürgerliche Revolution" sein eigenes revolutionäres Konzept vereiteln könnte und suchte fieberhaft nach einem Weg: "Wir müssen fahren, und wenn es durch die Hölle geht."

Da Lenin in keinem Fall mit deutschen Stellen direkt verhandeln wollte, um später nicht als "Agent der Deutschen" kompromittiert zu werden, beriet er mit seinen Genossen in Zürich die unterschiedlichsten Fluchtwege. Einmal wollte er sich Schmugglern anschließen, die ihn durch Deutschland nach Schweden bringen wollten, aber dann fürchteten, ihn nur bis Berlin bringen zu können. Dann wollte er als taubstummer Schwede reisen, wovon ihn seine Frau Krupskaja abbrachte, die glaubte, er könne sich im Schlaf verraten. Auch der Plan, verkleidet und mit einer Perücke, die er vorher schon bei seinen früheren Grenzübertritten und in Zürich bei den Dadaisten im "Cabarett Voltaire", neben seiner Wohnung in der Spiegelgasse 14, getragen hatte (der Franzose Dominique Noguez veröffentlichte vor kurzem dazu neue Fakten), über die Länder Frankreich, England und Holland nach Rußland zu kommen, wurde wieder verworfen, da er die Geheimpolizei der Entente-Mächte und ihre schwarzen Listen von Personen, die im Exil lebten, fürchtete. Schließlich vertraute er sich Fritz Platten an, dem Sekretär der Schweizer Sozialdemokratischen Partei, der als ehemaliger Metallarbeiter und Gewerkschafter seit 1905 mit den russischen Emigranten und Revolutionären Kontakt hatte und als sozialistischer Kriegsgegner auch bei den Konferenzen von Zimmerwald und Kienthal dabei gewesen war.

OHL: "Gegen Durchreise russischer Revolutionäre keine Bedenken..."*

Im Namen von Lenin und Grigorij Sinowjew, dem zweiten führenden Kopf der Züricher russischen Revolutionäre, sprach er am 22. März (4. April) beim deutschen Gesandten in Bern, dem Freiherrn von Romberg, vor, um die Durchreiseerlaubnis für zwanzig bis sechzig Personen zu erreichen, wobei er nachdrücklich darauf hinwies, daß die Entwicklung unter der Provisorischen Regierung in Rußland eine für den Frieden gefährliche Wendung nähme und man rasch handeln sollte. Über Platten stellte Lenin schriftlich in acht Punkten Bedingungen, die hinsichtlich Auswahl der Reisenden ohne Personenkontrolle und technische Details über den Transport das Unternehmen juristisch absichern sollten. Der Rechtsanwalt im Berufsrevolutionär wollte auf "Nummer sicher" gehen. Drei Tage später, am 25. März (7. April), kam aus Berlin, wo man an höchster Stelle, beim Kanzler Bethmann Hollweg und beim Kaiser, auf Lenin und seine politischen Absichten nach der Rückkehr, vor allem auf die Möglichkeit eines baldigen Friedens mit Rußland, aufmerksam geworden war, die Zustimmung der Obersten Heeresleitung (OHL): "Gegen Durchreise russischer Revolutionäre keine Bedenken, wenn sie in Sammeltransport unter sicherer Begleitung erfolgt. Regelung kann durch Stellvertretende III b (die Abwehrabteilung des stellvertretenden Generalstabes) Berlin mit Auswärtigem Amt erfolgen."

Auf Rombergs Empfehlung hin hatte man in Berlin die Bedingungen Lenins akzeptiert, vor allem die "ultimative" nach der Exterritorialität des unter dem Etikett "Gefangenenaustausch" geplanten Eisenbahntransports, dessen Abfahrt ab Bahnhof Zürich für den 27. März (9. April) festgesetzt wurde. Der Schweizer Fritz Platten war als "Reiseleiter" von deutscher Seite bestätigt worden und berechtigt, die Reise bis nach Stockholm zu garantieren. Ein Attaché der deutschen Gesandtschaft in Bern wurde beigeordnet. Die schwedische Regierung erteilte den Emigranten für ihr Land noch während der Fahrt durch Deutschland die Durchreisegenehmigung.

**OHL = Oberste Heeresleitung*

Die Fahrt durch Deutschland in die Revolution: Das "Dämonengesicht"

Am 27. März (9. April) setzte sich in Zürich fahrplanmäßig um 15.10 Uhr ein Zug in Bewegung zu "einer sensationellen Reise, die Lenin die Aufmerksamkeit der ganzen Welt zugezogen hat" (M.-A. Landau-Aldanov). Ohne Zweifel ist, "daß selten eine Reisegesellschaft so entscheidenden Einfluß auf die geschichtliche Entwicklung genommen hat", wie der damals 27jährige deutsche Lenin-Anhänger und spätere Führer der Kommunistischen Jugendinternationale, Willi Münzenberg, später schrieb. Die Reisegesellschaft bestand nach der offiziellen Liste mit den Unterschriften vom 9. April 1917, ausgestellt in Bern-Zürich aus 31 Personen, darunter etwa ein Dutzend Bolschewisten um Lenin, seine Frau Krupskaja, die Freundin Inès Armand sowie Grigorij Sinowjew, der spätere Vorsitzende der Kommunistischen Internationale. Der polnische Sozialist Karl Radek, der spätere Deutschland-Experte Lenins, neben Trotzki der brillanteste Journalist der Bolschewiki und mit Sinowjew dann eines der prominentesten Opfer Stalins Ende der dreißiger Jahre, stieg in Schaffhausen zu.

Der Zug fuhr das Rheintal hoch Richtung Frankfurt am Main. In Rastatt stieg in den kurzfristig abgestellten Waggon der Emigranten ein "blinder Passagier" zu, ein 16jähriger Junge mit Namen Emil Belzner, der damals in den Osterferien als Hilfsdienstfreiwilliger dem Eisenbahnbetriebswerk Rastatt zugeteilt war. Belzner, in den zwanziger Jahren dann von Oskar Loerke als junger Dichter entdeckt und als Erzähler von Gerhart Haupt-mann und Thomas Mann gerühmt, veröffentlichte 1969 ein halbfiktives "Aide-mémoire" unter dem Titel "Die Fahrt in die Revolution oder Jene Reise", in dem er in einer geglückten Mischung von Dokument und Legende seine Begegnung mit Lenin, Radek und Inès Armand verarbeitete: "Man kann der Weltseele an heroischen oder gemütlichen Plätzen begegnen, auf dem Schlachtfeld oder vor dem 'Schwarzen Bären' zu Jena. Ich bin ihr unvorbereitet in einem ramponierten Salonwagen begegnet." Ohne zu wissen, wer in dem Wagen war, aus reiner Neugier, sprang der junge Aushilfseisenbahner auf das Trittbrett des Wagens und öffnete mit seinem Vierkantschlüssel, den er neben einem Achs-Hämmerchen dabei hatte, eine zugeschlossene Waggontür und wurde dann Lenin vorgestellt, als der Zug Richtung Frankfurt weiterfuhr. Belzner machte die Reise von Rastatt bis Frankfurt mit. Er schilderte später Lenin in seinem Buch als "Dämonengesicht". Auf dessen Frage, was er in ihrem exterritorialen Wagen wolle, antwortete Belzner wahrheitsgemäß: "Euch sehen, weil es hieß, Ihr wäret aus Sibirien entflohene russische Sträflinge, die aus der Schweiz nach Rußland zurückkehren dürften." Er fügte noch hinzu, daß er "daheim in einer Schachtel eine Tiger-Schnurre (ein Tiger-Schnurrbarthaar) habe und wollte fragen, ob es in Sibirien noch viele Tiger gibt". Lenin amüsierte sich zusammen mit seiner Begleitung über den "blinden Passagier", mit dem er sich angeregt unterhielt. Hier eine Passage mit folgendem Wortwechsel zwischen Lenin und Belzner: "Wo befinden wir uns jetzt?" - "In Rastatt." - "Rastatt ist gut; achtundvierziger Revolution. Sind Sie von hier?" - Nein, aus Bruchsal." - "Bruchsal ist auch gut, Joss Fritz, Bauernkriegs-Vorspiel. Habt Ihr Industrie?" - "Ja, Eisenbahnsignalwerke Schnabel & Henning." - "Alles, was mit Eisenbahnen zusammenhängt, ist großartig. Man kann auf- und abspringen, nicht wahr?"

Belzner berichtet in seinem Buch auch davon, daß Lenin sich vehement gegen einen Besuch deutscher Sozialdemokraten am Bahnhof in Frankfurt oder in Berlin ausgesprochen habe. Zu Fritz Platten sagte er: "Niemals, niemals mit diesen Wilhelms-Lakaien, mit diesen Paktierern, abtelegraphieren auf der nächsten Station. Keiner von ihnen betritt den Wagen... Ich will keinen von ihnen sehen. Keinen von diesen Kriegskreditbewilligern, keinen von diesen zu Recht verhöhnten Komparsen der großen Pleite: 'Ich kenne keine Parteien mehr.' - Ich nämlich kenne Parteien!" Trotzdem gab es in Frankfurt am Main auf dem Bahnhof einen Zwischenfall, an den sich Karl Radek später so erinnerte:

Oktoberrevolution in Petrograd: Der Winterpalast wird erstürmt.

Zwischenfall mit "Scheidemännern" in Frankfurt am Main

"In Frankfurt hatte der Zug längeren Aufenthalt, der Perron war militärisch abgesperrt. Plötzlich wurde die Postenkette durchbrochen: deutsche Soldaten kamen herbeigestürmt. Sie hatten von der Durchreise russischer Revolutionäre gehört, die für den Frieden eintraten. Jeder von ihnen hielt in beiden Händen einen Krug Bier. Erregt fragten sie uns aus, ob und wann der Frieden käme. Diese Stimmung sagte uns über die Lage mehr als für die deutsche Regierung nützlich war. Der Vorfall war um so charakteristischer, als die Soldaten sämtlich 'Scheidemänner' waren", also Anhänger des Sozialdemokraten Philipp Scheidemann. Ab Stuttgart wurde der Waggon fahrplanmäßigen Schnellzügen angekoppelt. Die deutschen Behörden sorgten dafür, daß der Zug mit dem Emigranten-Waggon als "wichtiger Diplomaten-Transport" überall das Vorfahrtsrecht erhielt. In Halle mußte sogar der dort stehende Sonderzug des deutschen Kronprinzen fast zwei Stunden warten, damit der Schnellzug mit dem Waggon Lenins passieren konnte. Trotz solcher Bevorzugung war die Reise durch Deutschland eine langsame, mit häufigen Aufenthalten und vielem Rangieren. Über Berlin rollte der Zug weiter nach Stralsund und der Insel Rügen bis zum Ostsee-Hafen Saßnitz, der nach zweitägiger Fahrt am Abend des 28. März (10. April) erreicht wurde. "In Saßnitz", so der Bericht von Platten, "verließen wir den deutschen Boden, nachdem die Zählung der Personen, die Entplombierung des Reise- und Gepäckwagens und die Übergabe der Bagage stattgefunden hatte. Deutschland lag hinter uns..."

Der bis dahin kontrollierende Rittmeister von der Planitz begleitete danach nochmals zwei Emigranten-Transporte aus der Schweiz durch Deutschland; einen Mitte Mai mit 150 Personen, schließlich noch einen Ende Juni mit über 200 russischen Emigranten, diesmal auch aus Italien und Rumänien. Über Trelleborg und Stockholm ging für Lenin und seine Gruppe die Reise am 30. März (12. April) weiter zur finnischen Grenze vor Tornio, die sowohl von russischen als auch britischen Soldaten bewacht wurde. Radek als Pole und Platten als Schweizer konnten hier nicht weiterreisen. Radek folgte wenige Wochen später nach, Platten ebenfalls und trat im Sommer 1918 auf dem Allrussischen Sowjet-Kongreß als Vertreter der Schweizer Arbeiterbewegung auf. Am 30. August 1918 wurde er bei einem Attentat auf Lenin verwundet, als er sich schützend vor ihn stellte. Platten wurde 1938 bei Stalins "Säuberungen" in Moskau verhaftet, in ein Lager nach Archangelsk deportiert und starb im dortigen Lagerhospital im Jahr 1942.

"Die Sonne der sozialistischen Weltrevolution ist bereits aufgegangen"

Am Abend des 3. April, dem russischen Ostermontag (16. April), gegen 23 Uhr, trafen Lenin und seine Begleitung auf dem Finnländischen Bahnhof in Petrograd ein. Sie wurden nicht, wie Lenin die ganzen sieben Tage Fahrt befürchtete, von der Provisorischen Regierung als Hochverräter verhaftet. Der ganze Bahnhof war von, mit Lastkraftwagen aus allen Stadtteilen herbeigekarrten, Arbeitern überfüllt. Triumphbögen, Ehrenwachen, Scheinwerferlicht und rote Fahnen vermischten sich zu einer Szene wie in einer Theaterkulisse. Die nach dieser Szene entstandenen Gemälde waren nicht übertrieben. Die 45jährige Petrograder Bolschewistin Alexandra M. Kollontaj, ebenfalls kurz zuvor aus der Emigration zurückgekehrt, überreichte Lenin auf dem Bahnsteig ein Blumenbukett. Im kaiserlichen Empfangssaal des Bahnhofs begrüßte an der Spitze einer Abordnung des Petrograder Sowjets der Arbeiter- und Soldatendeputierten Nikolaj Tschcheïdse, der Vorsitzende, ein gemäßigter Sozialist, die Heimkehrer und sprach davon, daß man nun die Reihen der Demokratie fest schließen müßte. Lenin wandte sich nach Tschcheïdses Rede abrupt von diesem ab und begrüßte nun seinerseits die versammelten "Genossen, Soldaten, Matrosen und Arbeiter" als "Vorhut der proletarischen Armee der Welt" und fuhr fort: "Der piratische imperialistische Krieg ist der Anfang eines Bürgerkrieges in ganz Europa. Die Stunde ist nicht mehr fern, in der das Volk seine Waffen gegen die kapitalistischen Ausbeuter erheben wird. Die Sonne der sozialistischen Weltrevolution ist bereits aufgegangen."

Am nächsten Tag entwickelte Lenin vor einer Versammlung der bolschewistischen Mitglieder der Allrussischen Konferenz der Arbeiter- und Soldatendeputierten im Taurischen Palast in Petrograd in zehn Thesen die später als "April-Thesen" bekannt wurden, seine Vorstellung von einer Weiterentwicklung der demokratischen zu einer sozialistischen Revolution. Auf Einladung der Menschewiki wiederholte er sie vor einer Versammlung aller Sozialdemokraten im Großen Saal des Taurischen Palastes. Die Krupskaja erinnerte sich später: "Beim Betreten des Saales bemerkte ich als ersten Goldenberg (Meschkowskij), der unter den Mitgliedern des Büros saß. Seit der Revolution von 1905 war er ein überzeugter Bolschewist gewesen. Jetzt schloß er sich Plechanow an und war für die Fortsetzung des Krieges. Lenin sprach ungefähr zwei Stunden lang. Goldenberg erhob sich, um ihm zu widersprechen. Seine Rede war sehr bitter, er erklärte besonders, Lenin habe unter der revolutionären Demokratie die Fahne des Bürgerkrieges aufgerichtet. Man sah, wie sehr der Weg der Menschewiken von unserem abgewichen war..."

"Wenn wir gewußt hätten, auf welchem Weg Herr Lenin zu uns gekommen ist..."

In der Menschewiki-Zeitschrift *Die Union* nannte Plechanow Lenins Thesen "Wahnsinn", und in der in französischer Sprache erscheinenden Zeitung "Journal de Petrograd" war eine Erklärung der Ehrengarde der Besatzung der 2. Baltischen Flotte zu lesen, die Lenin am Bahnhof mitbegrüßt hatte. Dort hieß es: "Jetzt, nachdem wir erfahren haben, daß Herr Lenin dank der Gunst Seiner Majestät des deutschen Kaisers und Königs von Preußen nach Rußland zurückgekommen ist, drücken wir unser tiefes Bedauern darüber aus... Wenn wir gewußt hätten, auf welchem Wege Herr Lenin zu uns gekommen ist, dann hätte man an Stelle der Hurras unseren Entrüstungsschrei gehört."

Lenins Gegnerschaft zur Provisorischen Regierung, die für die Weiterführung des Krieges eintrat, stieß zunächst selbst in den Reihen der Bolschewiki auf Widerstand. Aber bald gelang es Lenin, die Mehrheit der revolutionären Kräfte hinter sich zu bringen, zumal die Provisorische Regierung weder die Friedenssehnsucht der Massen noch das Streben der Bauern nach Land befriedigen konnte. Die deutsche politische und militärische Führung beobachtete natürlich mit Genugtuung die Entwicklung in Rußland nach Lenins Rückkehr. Der Chef der deutschen Abwehr in Stockholm drahtete an das Große Hauptquartier: "Lenins Eintritt nach Rußland geglückt, er arbeitet völlig nach Wunsch."

Rosa Luxemburg im April 1917: "Es ist unsere eigene Sache, die dort siegt."

In Deutschland hatte sich die innenpolitische Situation, gekennzeichnet durch Streiks und Demonstrationen infolge Lebensmittelknappheit, wesentlich verschärft. Rund 200 Sozialdemokraten, die keine weiteren Kriegskredite mehr bewilligen wollten, spalteten sich in Gotha als "Unabhängige Sozialdemokraten" von der SPD ab. Sie fühlten sich von den Ereignissen in Rußland nach der Februar-Revolution und Lenins Eingreifen bestätigt, denn sie wollten keinen Krieg mehr unterstützen, der deutlich mehr Eroberungszielen zu dienen schien als nur der Vaterlandsverteidigung. Hinzu kam die Befürchtung, daß sich wohl in den herrschenden Besitz- und Klassenverhältnissen, die sie bekämpften, nichts ändern würde. Unter den USPD-Rebellen hatte sich zu dieser Zeit eine noch radikalere Gruppierung unter dem Namen "Gruppe Internationale" herausgebildet, die unter dem Eindruck der Ereignisse in Rußland dafür eintrat, daß man auch in Deutschland durch Massenagitation und Massenstreiks eine von Lenin propagierte "Diktatur des Proletariats" herbeiführen könnte. Ihre Führer, Karl Liebknecht und Rosa Luxemburg, waren aber, wie sich schon bei der früheren theoretischen Auseinandersetzung mit Lenin gezeigt hatte, keine bedingungslosen Nachahmer Lenins.

Der Einfluß dieser Gruppe blieb bis zum Spätherbst 1918 aber relativ gering, da beide Führer seit Monaten in Gefängnishaft waren. Dort hoffte Rosa Luxemburg im April 1917 auf baldige Veränderungen auch in Deutschland, da "die herrlichen Dinge in Rußland auf mich auch wie Lebenselixier wirken". Und weiter: "Das ist ja für uns alle eine Heilsbotschaft, was von dort kommt. Ich fürchte, Ihr alle schätzt das nicht genügend hoch, empfindet nicht genügend, daß es unsere eigene Sache ist, die dort siegt. Das muß, das wird auf die ganze Welt erlösend wirken, das muß ausstrahlen nach ganz Europa, ich bin felsenfest überzeugt, daß eine neue Epoche jetzt beginnt, und daß der Krieg nicht mehr lange dauern kann."

Der Weg zum Frieden war aber noch ziemlich lang, denn zuerst mußte die "Friedenspartei" in Rußland, die Anhänger Lenins, an die Macht kommen. Und diese erlitt im Sommer 1917 zuerst noch einmal einen Rückschlag, nachdem die Provisorische Regierung und ihr Kriegsminister Alexander Kerenski im Juni eine den Alliierten vertraglich zugesagte militärische Offensive gegen Deutschland starteten, die die deutsche Führung zwingen sollte, Truppen von der West- an die Ostfront zu verlegen. Kerenskis Offensive in Ostgalizien war anfangs erfolgreich und erzielte Einbrüche in die österreichisch-ungarische Front, aber bald brachte ein deutscher Gegenstoß den Vormarsch der russischen Truppen zum Stehen. Kerenskis Offensive mündete in eine verheerende Niederlage, denn, so hieß es in einem Telegramm des Armee- und Frontkomitees der 11. russischen Armee an Kerenski vom 24. Juli 1917: "Die Angriffslust erschöpfte sich rasch, die meisten Truppenteile befinden sich im Zustande einer zunehmenden Zersetzung..."

26 Millionen Reichsmark für die Revolution in Rußland: "Gebt dem Wilhelm seinen Lenin wieder!"

Eigentlich hätte sich diese Entwicklung für Lenin günstig auswirken müssen, aber viel zu früh versuchten in Petrograd die unzufriedenen Arbeiter und in Kronstadt die Matrosen mit Demonstrationen, die den Charakter eines Aufstandes annahmen, die bolschewistische Agitation "Alle Macht den Räten" durchzusetzen. Lenin und die Bolschewisten bekamen diese voreilige Rebellion nicht unter Kontrolle, regierungstreue Truppen und Soldaten des Petrograder Sowjets schlugen schließlich den Aufstand der führungslosen unzufriedenen Massen in einem regelrechten Gemetzel nieder. "Mein Leben lang werde ich an die abscheulichen Bilder des Wahnsinns denken, von dem Petrograd am 4. (17.) Juli ergriffen war", empörte sich der Dichter Maxim Gorki über das Geschehen, das den Bolschewiki Lenins angelastet wurde. Die Massen auf den Straßen sahen auch einen Zusammenhang mit dem Zusammenbruch der russischen Armeen an der Front unter der deutschen Gegenoffensive und beschuldigten die Bolschewiki Lenins als "Agenten des Kaisers". Das bolschewistische Parteibüro in Petrograd wurde gestürmt, Transparente forderten "Gebt dem Wilhelm seinen Lenin wieder!" Trotzki und Kamenew wurden verhaftet, Lenin mußte sich verstecken und zog sich später nach Finnland zurück, während seine Partei aus dem Untergrund weiteragierte. In einem ihm drohenden Prozeß hätte sich Lenin kaum verteidigen können, denn nachweislich waren seine Partei und er in diesen Monaten mit deutschem Geld gestützt worden, hatte Deutschland "die bolschewistische Parteiarbeit in Rußland im Sommer und Herbst 1917, die die Oktoberrevolution erst möglich machte, finanziert" (Sebastian Haffner). Der damalige deutsche Staatssekretär des Äußeren, Richard von Kühlmann, stellte dazu in einem internen

Friedensverhandlungen der Mittelmächte mit Sowjetrußland in Brest-Litowsk.

Bericht vom 3. Dezember 1917 unmißverständlich klar: "Erst die Mittel, die den Bolschewiken auf verschiedenen Kanälen und mit wechselnder Etikette von unserer Seite dauernd zuflossen, haben es ihnen ermöglicht, die *Prawda*, ihr Hauptorgan, auszugestalten, eine rege Agitation zu betreiben und die anfangs schmale Basis ihrer Partei stark zu verbreitern." Insgesamt, so hat Sebastian Haffner später errechnet, sollen es damals etwa 26 Millionen Reichsmark gewesen sein, die mit deutscher Hilfe sozusagen die Weltwende 1917 bewirkten, welche wiederum die Weltgeschichte unseres Jahrhunderts verändert hat. Doch nicht nur aus deutschen Quellen floß Geld nach Rußland. Lenin "war genausoviel oder genausowenig ein 'deutscher Agent', wie Kerenski Agent der Amerikaner oder der Liberale Miljukow Agent der Briten waren" (Krummacher/Lange), denn die bürgerlichen Politiker wurden finanziell von den Alliierten unterstützt.

Herbst 1917: Die Sowjets (Räte) in den Händen der Bolschewiki

Im Frühherbst 1917 änderte sich die Lage in Rußland wieder zu Gunsten der Bolschewiki. An der Front desertierten die russischen Soldaten zu Tausenden, obwohl ihre Vorgesetzten mit allen Mitteln versuchten, sie zum Weiterkämpfen anzutreiben; sie desertierten auch, weil sie in der Heimat bei der versprochenen Landverteilung mit dabei sein wollten. Kerenski hatte inzwischen selbst das Amt des Ministerpräsidenten in der Provisorischen Regierung übernommen und übergab den Oberbefehl über die desolaten Truppen General Lew G. Kornilow, einem Mann "mit dem Herzen eines Löwen und dem Gehirn eines Lammes", der Anfang September von Kerenski diktatorische Vollmacht forderte, um die "Deutschenfreunde und Spione, mit Lenin an der Spitze, aufhängen" zu können, denn er wollte dem Bolschewismus mit einer Militärdiktatur entgegenwirken. Kerenski verweigerte ihm die Vollmachten und enthob ihn seines Postens. Da ließ Kornilow ihm ergebene Kosaken gegen Petrograd marschieren. Kerenski mußte nun die Hilfe des Petrograder Sowjets und der Arbeitermilizen, aus denen dann die "Roten Garden" hervorgingen, in Anspruch nehmen, um die Revolution vor dem Militärputsch zu retten. Auch die im Juli festgenommenen bolschewistischen Führer Trotzki und Kamenew mußten wieder freigelassen werden. Die Bolschewiki nutzten die Chance der Rehabilitierung. Der Kornilow-Putsch wurde in vier Tagen gemeinsam mit den regierungstreuen Truppen niedergeworfen, die Bolschewiki hatten dabei den Löwenanteil an den Kämpfen und gingen daraus gestärkt hervor. Bei den Neuwahlen zum Petrograder Sowjet am 31. August (13. September) gingen sie als stärkste Fraktion hervor, Trotzki wurde Vorsitzender des Sowjets. Und im Verlauf von zwei weiteren Wochen gingen auch die Sowjets in anderen Industriestädten, darunter auch in Moskau, in die Hände der Bolschewiki über.

Von Finnland aus drängte Lenin in einer Vielzahl von Briefen die Parteiführung, das Zentralkomitee, nicht länger "auf eine 'formale' Majorität der Bolschewiki zu warten. Darauf wartet keine Revolution... Die Macht muß in Petrograd und in Moskau sofort übernommen werden". Tatsächlich waren nun die Würfel für eine Machtübernahme der Bolschewiki im ganzen Land gefallen. Am 9. Oktober (22. Oktober) kehrte Lenin, illegal und verkleidet, aus Finnland nach Petrograd zurück und forderte einen Tag später auf einer illegalen Sitzung des Zentralkomitees, von Trotzki unterstützt, den "bewaffneten Aufstand" auf die Tagesordnung zu setzen. Eine entsprechende Resolution wurde mehrheitlich, bei Gegenstimmen von Sinowjew und Kamenew, angenommen, eine zweite wurde am 16. Oktober (29. Oktober) auf einer erweiterten Sitzung des ZK ebenfalls mehrheitlich angenommen.

Die "Oktober"-Revolution: "Die stürmische Welle riß uns fort..."

In der Nacht zum 25. Oktober (7. November) schließlich, nachdem der Petrograder Sowjet ein Revolutionäres Militärkomitee unter Führung

Trotzkis gebildet hatte, das die militärische Kommandogewalt in Petrograd übernahm, und Regierungstruppen die Redaktion der führenden bolschewistischen Zeitung in Petrograd besetzt hatten, holten die Bolschewiki zum Gegenschlag aus. Gleichzeitig besetzten sie ihrerseits alle strategischen Punkte in der Stadt, also Brücken, Bahnhöfe, Kraftwerke, Telegrafenstationen. Lediglich im Winterpalast, dem Sitz der Kerenski-Regierung, stießen die Bolschewisten auf Widerstand. Den Sturm auf den Winterpalast, der von Land und von See her (durch den Kreuzer "Aurora") umzingelt war, schilderte der Augenzeuge John Reed, ein Amerikaner, in seinem berühmten Buch "Zehn Tage, die die Welt erschütterten" so:

"... nun begann die Menge wieder vorwärts zu fluten. Im Licht, das aus den Fenstern des Winterpalais fiel, sah ich, daß es Rotarmisten waren. Wir kletterten über eine Barrikade, sprangen in den Hof und stolperten über die Gewehre, die diese Fähnriche weggeworfen hatten, die den Palast eigentlich hätten verteidigen sollen. Die stürmische Welle riß uns fort ins rechte Portal. Wir kamen ins Kellergewölbe des Ostflügels. Da stand eine Menge riesiger Kisten. Die Rotarmisten fielen darüber her und zogen Gardinen, Wäsche und Porzellan heraus. Einer steckte sich einen Busch Straußenfedern an den Hut. Aber einer rief: 'Revolutionäre, Disziplin! Volkseigentum!' Ein Komitee bildete sich, das ihnen alles wieder wegnahm. Auf der Suche nach der Besatzung, die es gar nicht mehr gab, wurden immer neue Zimmerfluchten entdeckt. Wir stürmten Treppen hinauf, durch Gänge und verlassene Räume. Ein alter Palastdiener in blau-rot-goldener Livree stand in einem Saal und murmelte verstört: 'Hier können Sie nicht durchgehen, meine Herren! Das ist nicht gestattet!'..."

Zur selben Zeit, am Abend des 25. Oktober (7. November), tagte der II. Allrussische Sowjetkongreß unter Vorsitz von Kamenew, auf dem die Bolschewiki mit 390 von 650 Delegierten die knappe Mehrheit hatten. Aus Protest gegen die Gewaltanwendung der Bolschewiki verließen dort immer mehr gemäßigte Sozialrevolutionäre und Menschewiki den Kongreß, von Trotzki voller Hohn "auf den Kehrichthaufen der Geschichte" gewünscht. Gegen 2.30 Uhr früh verkündete Kamenew unter dem Jubel der bolschewistischen Delegierten, daß der Winterpalast eingenommen, die Provisorische Regierung (Kerenski war vorher geflohen) verhaftet sei und mehrere Einheiten der Armee sich mit dem Revolutionären Militärkomitee Trotzkis solidarisch erklärt hätten. Die Bolschewiki Lenins hatten gesiegt, Lenin war an der Macht. Der Sozialpsychologe und Zeitzeuge des Jahrhunderts, Manès Sperber, der als Kind das zaristische Rußland erlebt hatte, erinnerte sich später: "Die Oktober-Revolution war für den zwölfjährigen Jungen die Gewißheit, daß der Krieg bald ein Ende nehmen wird. Und daß vielleicht überhaupt die Zeit der Kriege vorbei wäre." Viele hofften das damals.

Am Abend des 26. Oktober (8. November) setzte der II. Allrussische Sowjetkongreß seine Tagung fort. Unter tosendem Beifall erklärte Lenin: "Wir werden jetzt mit dem Aufbau der sozialistischen Ordnung beginnen." Die Delegierten sangen begeistert die Internationale.

"Die Liquidation der Demokratie zugunsten der Diktatur..."

Die Festigung der Macht der Bolschewiki wurde nicht ohne Gewaltakte gegenüber den Sozialrevolutionären und linken Sozialisten erst im Januar 1918 erreicht, nach der Auflösung einer demokratisch gewählten konstituierenden Versammlung durch die "Roten Garden" Trotzkis. Lenin proklamierte seine "Diktatur des Proletariats" und lieferte so das Grundmuster für spätere kommunistische Machtergreifungen in anderen Ländern: "Die Liquidation der Demokratie zugunsten der Diktatur wird eine heilsame Lehre sein!" Maxim Gorki notierte damals voller Bitterkeit: "Lenin, Trotzki und Genossen sind schon von Fäulnisgiften der Macht infiziert; dafür zeugt ihr schändliches Verhalten gegen die Freiheit des Wortes und der Person und gegen den ganzen Komplex der Rechte, für deren Sieg die Demokratie kämpft."

Für Lenin stand die Beendigung des Krieges und der Abschluß eines Friedensvertrages mit allen kriegführenden Mächten im Vordergrund. Trotzkis Versuche, zuerst die Westmächte und Gegner Deutschlands zu gewinnen, blieben ohne Antwort. Danach boten Trotzki und Lenin in einem berühmt gewordenen Funkspruch “An alle!” den Regierungen und Völkern einen “Ehrenfrieden des Einverständnisses” an. Einen Tag später bereits kam das erste Echo aus Berlin. Reichskanzler Graf Hertling meinte im Reichstag, daß die russischen Vorschläge “diskutable Grundlagen für die Aufnahme von Verhandlungen” seien. Diese wurden dann Ende November in Brest-Litowsk aufgenommen und führten am 15. Dezember zu einem vorläufig auf vier Wochen befristeten Waffenstillstand. Damit waren die deutschen Zielsetzungen bei “Deutschlands Hebammenrolle bei der Geburt des bolschewistischen Rußland” (Sebastian Haffner) in einem wichtigen Punkt erreicht: Rußland war aus dem Ring der Gegner um Deutschland herausgebrochen worden. Dem Waffenstillstand sollte schnell ein endgültiger Frieden folgen, den auch die Bolschewiki brauchten, um ihre Macht zu behaupten.

Brest-Litowsk: “Der Stärkere packte den Schwächeren am Halse...”

In der alten Zarenfestung Brest-Litowsk am Bug begannen dann am 22. Dezember 1917 die Friedensverhandlungen zwischen den Delegationen der neuen Sowjet-Republik und des Deutschen Reiches mit seinen Verbündeten Österreich-Ungarn, Bulgarien und Türkei. “Hier nahmen die deutsch-sowjetischen Beziehungen ihren eigentlichen offiziellen Auftakt, und es wurde daraus rasch ein höchst ungleicher Kampf, bei dem der Stärkere den Schwächeren am Halse packte, ihn schüttelte und würgte, bis ihm die Luft ausging” (Krummacher/Lange).

Als die zweite Verhandlungsrunde in Brest-Litowsk Anfang Januar begann, stand Trotzki als Volkskommissar des Auswärtigen selbst an der Spitze der sowjetrussischen Delegation. In seiner Begleitung war Karl Radek. Beide hatten aus Petrograd die Marschroute mitgebracht, möglichst lange die Verhandlungen zu verschleppen, in der Hoffnung, daß in Deutschland doch bald eine proletarische Revolution ausbrechen werde. Die deutsche und österreichisch-ungarische Delegation verlangte nach wie vor die Abtretung Polens, Litauens, Teilen Lettlands und Weißrußlands sowie die “Selbstbestimmung” der Ukraine mit dem Ziel, diese in eine deutsche Einflußsphäre zu bringen. Trotzki setzte unbeirrt weiter auf seine Hinhalte-Taktik und schien durch die Ereignisse in Deutschland bestätigt zu werden, als Ende Januar 1918 in Berlin rund 200.000 Rüstungsarbeiter in den Streik traten. Die Streiks griffen auch noch auf andere Städte in Deutschland über, schätzungsweise waren damals etwa rund eine Million deutscher Arbeiter im Ausstand. Die sowjetische *Prawda* vom 4. Februar 1918 jubelte schon, “der Brand der Weltrevolution

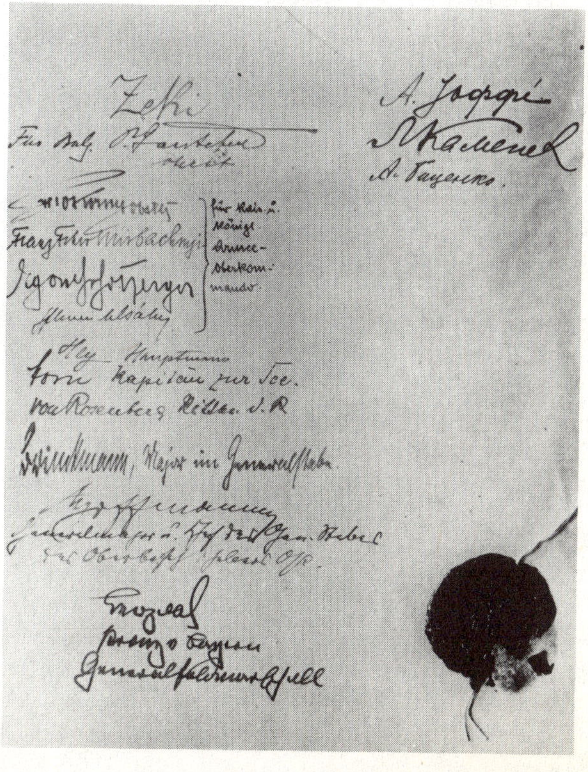

Unterschriften und Siegel unter dem Waffenstillstandsabkommen von Brest-Litowsk vom 15.12.1917.

greift um sich. Das deutsche Proletariat ist aufgestanden!" Aber das war eine eklatante Fehleinschätzung, denn die deutschen Rüstungsarbeiter waren keine Anhänger der "Gruppe Internationale" um Karl Liebknecht und Rosa Luxemburg, die immer noch im Gefängnis saßen, sondern drückten mit ihrem Streik lediglich ihren Wunsch nach Frieden aus, den sie damit erzwingen wollten.

Lenin mußte erkennen, daß die Weltrevolution wohl noch auf sich warten lassen werde. Bei den Beratungen im Zentralkomitee über die deutschen Forderungen kam es zu harten und erregten Debatten um ein drohendes "Diktat der Schande und Unterwerfung". In der ersten Erregung verlangte eine sich als "linke Kommunisten" bezeichnende Gruppe im Zentralkomitee, zu der auch Bucharin gehörte, die strikte Ablehnung der deutschen Forderungen und die Proklamation eines "revolutionären Krieges".

Nach einem von den Mittelmächten mit einer provisorischen Regierung in der Ukraine ausgehandelten "Sonderfrieden" am 9. Februar 1918, der dann später zum "Brotfrieden" erweitert wurde, um der steigenden Hungersnot in Deutschland begegnen zu können, kam Trotzkis letzter großer Auftritt in Brest-Litowsk. Er erklärte: "Wir ziehen uns aus dem Krieg zurück... Zugleich weigern wir uns, Bedingungen zu unterzeichnen, die der deutsche und österreichisch-ungarische Imperialismus mit dem Schwert auf den lebenden Köpfen der Völker schreibt." Die sowjetische Delegation brach die Verhandlungen ab. Die deutsche Führung nahm das zum willkommenen Anlaß, ab Mitte Februar ihre Truppen in Marsch zu setzen, um Lettland, Estland, Weißrußland und die Ukraine zu besetzen. Überall dort stießen sie auf keinen nennenswerten Widerstand . Deutsche Truppen drangen sogar noch auf die Krim vor und über Rostow hinaus bis zum Nordkaukasus. Lenins Antwort war ein Aufruf "Das sozialistische Vaterland ist in Gefahr!" und das Dekret vom 23. Februar 1918 über die Bildung der "Roten Arbeiter- und Bauernarmee" unter dem Kommando eines neugeschaffenen Kriegskommissariats mit Trotzki als Leiter. Diese "Roten Garden", begeisterte Freiwillige aus den Städten, schafften es, die deutschen Truppen vor Pskow (Pleskau) zum Stehen zu bringen und eine unmittelbare Bedrohung Petrograds abzuwenden.

Lenin muß den "schamlosen" Diktat-Frieden mit Deutschland akzeptieren

Die Lage für Sowjet-Rußland blieb trotzdem hoffnungslos. Lenin konnte sich schließlich im Zentralkomitee mit einer knappen Mehrheit durchsetzen, die deutschen Bedingungen anzunehmen, einen sofortigen Friedensschluß, genauer gesagt die Kapitulation, zu akzeptieren. Er wies darauf hin, daß die vom Land stammenden Soldaten längst "mit den Füßen abgestimmt" hätten, indem sie desertiert seien. Am 3. März 1918 wurde dann in Brest-Litowsk schließlich der Friedensvertrag unterzeichnet, der einem von der Obersten Heeresleitung Deutschlands erzwungenen Diktat gleichkam. Sowjet-Rußland, die "Russische Sozialistische Föderative Sowjetrepublik" (RSFSR), verlor durch den Vertrag 26 Prozent seines Territoriums, 27 Prozent des anbaufähigen Landes, 26 Prozent des Eisenbahnnetzes, 33 Prozent der Textilindustrie, 73 Prozent der Eisenindustrie und 75 Prozent der Kohlebergwerke. Dem eiligst am 6. März nach Petrograd einberufenen VII. Parteitag der Bolschewiki blieb nichts anderes übrig, als nachträglich Lenin seine Zustimmung zu diesem, einer nationalen Katastrophe gleichkommenden, Vertrag zu geben. Lenin selbst bezeichnete den Vertrag als "schamlos". Er blickte nach vorn: "Für die ganze Welt wird sichtbar, daß wir eine Epoche des Rückgangs der Revolution erleben. Aber wir müssen um so eifriger bemüht sein, zu tun, was in unserer Macht steht, um wenigstens einen Teil unserer Stellung zu halten und auf die Erhebung des internationalen Proletariats zu warten, das es unbestreitbar schwerer hat als wir, den bewundernswert organisierten Apparat der Autokratie der europäischen Länder zu stürzen."

"Nach einem Jahr wird das ganze Europa kommunistisch sein..."

Sowjet-Rußland im Bürgerkrieg, die Revolution in Deutschland 1918/1919 und das "Abenteuer" der Räterepubliken in München

> In den Grundgedanken der proletarischen Räterepublik begegnen wir uns mit den Russen, in der Ausführung dieses Gedankens aber... müssen wir baierische und nicht russische Politik treiben. Wir Baiern sind keine Russen...
>
> Ernst Toller

> In Deutschland war die revolutionäre Partei bei Ausbruch der Revolution eine theoretische Richtung ohne Partei, sie war Geist ohne Körper.
>
> Karl Radek

Auf deutscher Seite waren die Politiker und Militärs aus allerdings sehr unterschiedlichen Gründen mit dem Frieden von Brest-Litowsk auch nicht zufrieden. Während für Staatssekretär Kühlmann feststand, daß "die ganzen Ostverhältnisse" von dem allgemeinen Friedenskongreß am Ende des Krieges "erneut überprüft und neu geordnet würden", hielt der Erste Generalquartiermeister bei der deutschen Obersten Heeresleitung, General Ludendorff, die Bolschewiki als Vertragspartner weder für einen "zuverlässigen Freund und Verbündeten" gegen die Alliierten, noch war er danach seinem Ziel, aus Groß-Rußland "in möglichst politischer, militärischer und wirtschaftlicher Abhängigkeit von Deutschland eine wirtschaftliche Kraftquelle Deutschlands" werden zu lassen, näher gekommen. Die OHL wollte deshalb mit einer Revision des Friedensvertrages mit Rußland nach ihrem Sinne nicht bis Kriegsende warten, und Staatssekretär Kühlmann erhielt erst nach der Besetzung der Krim und der Einnahme von Rostow - Mitte Mai- von Ludendorff die Zusicherung, daß nun die militärischen Operationen in Rußland beendet seien. Kühlmann hatte bis dahin immer eine Politik betrieben, die "alles vermieden wissen wollte, was zum Sturz der bolschewistischen Regierung beitragen konnte" (Horst Günther Linke). Schließlich hatte das deutsche Kaiserreich als erster Staat der Welt nach Lenins Machtübernahme die sowjetische Regierung anerkannt, und man hatte nach Artikel 10 des Friedensvertrages von Brest-Litowsk nach der Ratifizierung des Vertrages die Aufnahme diplomatischer und konsularischer Beziehungen abgesprochen.

Seit April 1918 residierte in der ehemaligen zaristischen Botschaft Unter den Linden in Berlin Adolf Joffe, der erste Delegationsleiter der Bolschewiki in Brest-Litowsk, als "Bevollmächtigter Vertreter" seiner Regierung, und in Moskau, wohin ab 9. März 1918 wegen der Gefahr einer deutschen Besetzung Petrograds die sowjetische Regierung verlegt worden war, vertrat Wilhelm Graf von Mirbach-Harff das deutsche Reich als Gesandter. Dieser hatte zuvor in Petrograd mit den sowjetischen Behörden über Kriegsgefangenenfragen verhandelt, verfügte aber, nach dem Urteil des in Moskau geborenen, späteren langjährigen deutschen Botschaftsrates Gustav Hilger "bei all seinen wertvollen menschlichen Eigenschaften doch nur über eine Routinebegabung".

Mord am deutschen Gesandten, Beginn des Bürgerkrieges in Rußland

Dieser deutsche Diplomat wurde am 6. Juli 1918 von zwei "Linken Sozialrevolutionären" mit Namen Andrejew und Blumkin ermordet. Der Mord war eine erste Zäsur in den Beziehungen zwischen Berlin und dem sowjetrussischen Moskau und setzte gleichzeitig ein Signal des innenpolitischen Aufstandes der "Linken Sozialrevolutionäre" gegen die Bolschewiken, die damit die Schmach des Friedens von Brest-Litowsk tilgen und einen erneuten Krieg mit Deutschland anzetteln wollten, der den Sturz der Lenin-Regierung, die ja den Friedensvertrag abgeschlossen hatte, herbeiführen sollte. Die Gegner Lenins und seiner Bolschewiki hatten sich in Opposition gegen den schmachvollen Frieden hinter den "Linken Sozialrevolutionären" und monarchistischen Kräften im Süden zu einem Bündnis gefunden, um das Sowjet-Regime wieder abzulösen. Weite Teile der Bevölkerung ließen sich von der Stimmung gegen den Friedensvertrag anstecken, die vor dem Friedensschluß mit Deutschland überwiegende pro-bolschewistische Volksstimmung schlug in Zorn und Empörung um. Ganz Rußland wurde nun von einem Bürgerkrieg zwischen "Weiß" und "Rot" erfaßt, der im Sommer 1918 Lenins Revolutionsregierung hinwegzufegen drohte.

"Sie sollen die Suppe jetzt essen, die sie uns eingebrockt haben"

Diese prekäre Lage der Bolschewiki wurde zusätzlich noch erschwert durch das Verhalten deutscher Truppen, die auf Befehl Ludendorffs die "weißen" Donkosaken und andere anti-bolschewistische Kräfte in ihrem Kampf gegen Trotzkis "Rotgardisten" mit Geld und Waffenhilfe unterstützten. Dadurch wurden wiederum deutsch-sowjetische Wirtschaftsverhandlungen verschleppt, die, unterstützt von der deutschen Diplomatie hinter Staatssekretär Kühlmann, eine Zusammenarbeit mit dem Ziel einer ökonomischen Einflußnahme auf das "rote" Rußland erreichen wollten. Ludendorffs Interesse an der Vereitelung eines möglichen deutsch-sowjetischen Vertrages über eine wirtschaftliche Zusammenarbeit erlahmte dann allerdings sehr rasch, als er am 14. August im Kronrat widerwillig zugeben mußte, daß der Krieg für Deutschland nicht mehr zu gewinnen sei. Der seit 1917, gedeckt durch die Popularität Hindenburgs, wie ein Diktator die militärischen Entscheidungen treffende Ludendorff gab seine "Verantwortung" aber erst am 29. September 1918 an die Politiker weiter, als er im Großen Hauptquartier zugab: "Die Lage unserer Armee bedingt sofortigen Waffenstillstand, um einer Katastrophe vorzubeugen." Die von den deutschen Militärs bis dahin so konsequent verachteten deutschen Politiker sollten nun retten, was an der Front nicht mehr zu retten war. Dafür waren sie sogar bereit, deren Forderung nach Parlamentarisierung des Reiches mitzutragen, die sie bis dahin immer strikt abgelehnt hatten. Ludendorff am 1. Oktober 1918 zu seinen Offizieren: "Ich habe aber S.M.('Seine Majestät,' d. Verf.) gebeten, jetzt auch diejenigen Kreise an die Regierung zu bringen, denen wir es in der Hauptsache zu danken haben, daß wir so weit gekommen sind. Wir werden also diese Herren jetzt in die Ministerien einziehen sehen. Die sollen nun den Frieden schließen, der jetzt geschlossen werden muß. Sie sollen die Suppe jetzt essen, die sie uns eingebrockt haben."

"Nach allem Heldenmut zum Tode", schrieb in unseren Tagen Christian Graf von Krockow, "nun die Zivilcourage zur Wahrheit? Das Ende eines Traums von der Weltmacht, die große Ernüchterung oder, erst recht, der Weg in den Wahn? So lautete die geschichtliche Frage, die den Deutschen gestellt wur-

Der deutsche Oberbefehlshaber Generalfeldmarschall Paul v. Hindenburg mit seinem Generalquartiermeister Erich Ludendorff und Kaiser Wilhelm II. in seinem Hauptquartier an der Westfront 1917.

de, das war die Schicksalsprobe, die sie am Ausgang des Krieges erwartete. Ihr Feldherr aber hatte schon vorweg nicht bestanden; er hatte sich für den Selbstbetrug, für die Lüge entschieden." So erklärt sich auch schlüssig, weshalb Ludendorff zwei Jahre später als sektiererischer Nationalist im reaktionären Lager enttäuschter Militaristen und Antisemiten in München die Karten mitmischte, die einem Demagogen wie Adolf Hitler die ersten Schritte auf seinem Weg zur Macht überhaupt möglich gemacht haben.

Lenin errichtet die totalitäre Diktatur seiner Partei

In Rußland war, wie wir gehört haben, der Mord an dem deutschen Gesandten der Auftakt zum Bürgerkrieg. Die Linken Sozialrevolutionäre verbreiteten noch am Tag des Mordes, am 6. Juli 1918, in Moskau voreilig den Sieg über die bolschewistische Bruderpartei mit folgenden bemerkenswerten Schlagworten: "Moskau befindet sich in den Händen der Sozialrevolutionäre. Wer für Kaiser Wilhelm ist, der schließe sich Lenin und Trotzki an! Wer aber für Freiheit, Gleichheit und Brüderlichkeit ist, der halte es mit uns Sozialrevolutionären! Nieder mit dem deutschen Imperialismus und Militarismus! Es lebe der allgemeine Aufstand der Proletarier! Verhaftet sämtliche deutsche Imperialisten!" Lenins bolschewistisches Regime hing in diesen Sommertagen 1918 tatsächlich nur an einem dünnen Faden: Im Westen rückten die deutschen Truppen unter klarem Bruch des Friedensvertrages von Brest-Litowsk vor, im Norden, Süden und Osten waren die Bolschewiki von den "Weißen" eingekreist, denen immer mehr Truppen der Entente-Mächte zu Hilfe kamen. Für die Bolschewisten gab es nur die eine Möglichkeit, sich Luft zu verschaffen: Verhandlungen mit den Deutschen.

Bei der Überführung der Leiche des deutschen Gesandten, nachdem die Bolschewiki in Moskau wieder Herr der Lage waren, legte an der Spitze einer Abteilung der "Roten Garden", die Graf Mirbach militärische Ehren erwies, Georgij Wassiljewitsch Tschitscherin, Trotzkis Nachfolger als Volkskommissar des Äußeren, einen Kranz nieder mit der Inschrift auf einer weißen Schleife: "Graf Mirbachs Tod ist ein schwerer Verlust, auch für uns. Er fiel als Vertreter des Friedensgedankens." Die *Frankfurter Zeitung* verdammte den Mord einerseits entrüstet als "unerhörte Bluttat", andererseits kennzeichnete das Blatt den Mord als "aufzuckenden Blitz", der "die tragisch verworrene Lage Rußlands beleuchtet" und "einen neuen Einblick in die hochgespannte Lage gibt, die nach einer Lösung drängt".

Lenin und seine Freunde suchten diese schnelle Lösung. Er gab Anweisungen für die Liquidierung der marxistischen Bruderpartei, deren Häschern er in Moskau selbst nur mit knapper Not entging. Und Lenin ging nun daran, die totalitäre Diktatur seiner bolschewistischen Partei in einem Einparteienstaat zu errichten. Er rief dazu seine Vertrauensleute in den Provinzen zu notwendigen "Säuberungen" auf: "Man muß in ganz Rußland die erbärmlichen und hysterischen Abenteurer schonungslos niederschlagen, nachdem sie zum Werkzeug der Gegenrevolution geworden sind."

"Wie wir die Freiheit bringen - schrecklich!"

Im Zuge von Lenins "Säuberungen" wurde in Jekaterinburg (ab 1924 Swerdlowsk) am 16. Juli, als gegen den Ort die "weiße" Tschechische Legion vorrückte, die "Liquidierung" des dort im Hause des Kaufmannes Ipatiew internierten Zaren und seiner ganzen Familie durch ein Tscheka-Kommando durchgeführt. Diese Bluttat, in der Folgezeit allein den Bolschewiki angelastet, geschah in einer Situation, in der "das Regime Lenins den späteren Zustand eines monolithischen Totalitarismus noch nicht erreicht hatte" (Gustav Hilger).

Der russische Schriftsteller Isaak Babel (auch er wurde dann 1940 ein Opfer Stalins) hat als Fünfundzwanzigjähriger in Budjennyis Kosaken-Armee den Bürgerkrieg auf der Seite der "Roten" miterlebt und notierte in seinem "Tagebuch 1920" sarkastisch über die "Avantgarde", wie sich diese Rotgardisten zu Pferde damals nannten: "Avantgarde wovon? Wir zerstören, ziehen weiter wie ein Wirbelwind, ein Lavastrom, von allen gehaßt, das Leben stiebt auseinander, ich bin auf einer großen, nicht enden wollenden Totenmesse... Wie wir die Freiheit bringen - schrecklich!" Babels Tagebuch hat in der Kiewer Wohnung einer Freundin des Schriftstellers die ganze Stalin-Zeit überstanden, blieb also erhalten, als bei Babels Verhaftung 1939 all seine schriftlichen Unterlagen beschlagnahmt wurden und seitdem verloren sind.

Nur mit rücksichtsloser Härte und mit Hilfe von Trotzkis Roter Armee, die 1919 auf eine Stärke von drei Millionen Mann anwuchs, gelang es Lenin, die Revolution in Rußland zu retten und das Land aus der tödlichen Umklammerung seiner Gegner, unter denen nach dem Kriegsende mit Deutschland die Entente-Mächte allmählich auch das Interesse an der russischen Gegenrevolution verloren hatten, zu befreien. Immer wieder hat es von 1918 bis 1920 in diesem Bürgerkrieg Situationen gegeben, in denen die "Weißen" die Oberhand gewannen, Moskau und Petrograd waren mehrmals bedroht.

Doch die "Weißen" traten überall als Herren und nicht als Befreier auf, die Bauern fürchteten die Rückkehr zu Armut und Knechtschaft, und eine wachsende nationale Empörung gegen die sie unterstützenden englischen, französischen, amerikanischen und japanischen Truppen stärkten die Entschlossenheit, die Revolution zu verteidigen und Lenins Sowjet-Regime zu konsolidieren. Andererseits wurde aber schon damals mit der Verstärkung des diktatorischen Elements im Bolschewismus und der Zentralisierung der wirtschaftlichen, politischen und militärischen Macht auch die Voraussetzungen für die Entwicklung zur späteren Partei-Bürokratie geschaffen, die nun in unseren Tagen Rußlands Bemühungen um einen Wandel in Richtung einer demokratischen und pluralistischen Gesellschaftsordnung immer noch so stark behindert.

Paul von Hintze: "Wir arbeiten nicht mit ihnen, sondern beuten sie aus. Das ist Politik."

Zwischen Lenins Regierung und dem kaiserlichen Deutschland gab es kurz vor Kriegsende, am 28. August 1918, noch zwei "Zusatzabkommen" zum Friedensdiktat von Brest-Litowsk, die zwar nicht mehr zum Tragen kamen, deren kurze Geschichte aber ein bezeichnendes Licht auf die deutsch-russischen Beziehungen bei Kriegsende warfen. Die "Zusatzabkommen", nach denen Rußland praktisch eine deutsche Kolonie werden sollte (es sollte weitere Gebiete abtreten, sechs Milliarden Goldmark Kriegsentschädigungen zahlen und große Mengen von Rohstoff, darunter ein Drittel seiner Erdölproduktion, und Getreide abliefern), hatten die Bolschewiki, vertreten durch ihren Mann in Berlin, Adolf Joffe, unterzeichnet, weil in einer geheimen Absprache Joffe von seinem Verhandlungspartner, Admiral Paul von Hintze, Nachfolger Kühlmanns im Auswärtigen Amt, Hoffnung gemacht wurde auf eine deutsche Waffenhilfe gegen die in Murmansk gelandeten "weißen" Entente-Truppen. Hintze, letzter Außenminister des Kaiserreichs, bekannte dazu freimütig in einer Denkschrift: "Die Bolschewiken sind höchst üble und antipathische Leute; das hat uns nicht gehindert, ihnen den Frieden von Brest-Litowsk aufzuzwingen und ihnen nach und nach darüber hinaus Land und Leute zu nehmen. Wir haben aus ihnen herausgeschlagen, was wir konnten. Unser Streben nach Sieg verlangt, daß wir fortfahren, solange sie noch am Ruder sind. Ob wir gern oder ungern mit ihnen zusammenarbeiten, ist belanglos, solange sie nützlich sind... Wir arbeiten nicht mit ihnen, sondern beuten sie aus. Das ist politisch und Politik." In Moskau sprach die bolschewistische Presse über diese weitere Demütigung durch die Deutschen jedoch von einem "ungeheuren Sieg der Räte-Diplomatie". Die Bolschewiki sahen sich damals kurz vor einem Militärbündnis mit dem Deutschen Reich, das ihnen natürlich in ihrem Kampf ums Überleben im Sommer 1918 etwas Luft verschaffen sollte.

Lenin: "Die Krise in Deutschland hat gerade begonnen..."

Doch bereits einen Monat später waren durch das deutsche Waffenstillstandsangebot, dem vier Wochen später die Entlassung Ludendorffs und die Revolution in Deutschland folgte, die Absprachen vom August überholt. Am 3. Oktober 1918, an dem Tag, an dem Prinz Max von Baden deutscher Reichskanzler wurde, konnte Lenin nach ersten Erfolgen seiner Roten Armee befriedigt die Lage so einschätzen: "Die Krise in Deutschland hat gerade begonnen, sie wird unausweichlich durch den Übergang der politischen Macht in die Hände des deutschen Proletariats beendet werden. Das russische Proletariat verfolgt die Ereignisse mit größter Aufmerksamkeit und Begeisterung."

Lenin spielte damit auf die Entwicklung bei der radikalen Linken in Deutschland an, zu der sein diplomatischer Vertreter in Berlin, Joffe, seit Wochen enge Verbindung hielt. In der Hoffnung, daß nun auch Deutschland reif für die Revolution sei, ließen die Bolschewiki über ihre Berliner Vertretung Mitgliedern der linksradikalen Spartakus-Gruppe, der USPD und anderen revolutionären Gruppen finanzielle und ideologische Hilfe zukommen. Als eine Kiste mit Flugblättern, auf denen zum Generalstreik und zur Revolution aufgerufen wurde, die an die russische Botschaft in Berlin adressiert war, "versehentlich" am Bahnhof auseinanderbrach, nahm man dies auf deutscher Seite zum Anlaß, Adolf Joffe mit seinem 140 Köpfe umfassenden Personal auszuweisen. Dies geschah am 5. November 1918, also wenige Tage nach der Meuterei der Matrosen in Kiel, dem Signal zur Revolution in Deutschland. Auf Weisung Moskaus kehrte übrigens Joffe dann gleich nach dem Umsturz in Deutschland am 9. November wieder nach Berlin zurück, doch der neue, erste sozialdemokratische Reichskanzler Deutschlands, Friedrich Ebert, lehnte es ab, Joffe zu empfangen und nahm auch ein offiziell unterbreitetes Angebot der Sowjets, Getreide nach Deutschland zu liefern, nicht an.

"Schlagartig", kommentierte später der amerikanische Rußland-Experte und Diplomat George F. Kennan, "wurde es den Russen klar, woran sie waren. Von nun an waren ihre Bemühungen unbeirrbar darauf gerichtet, die Macht der deutschen Mehrheitssozialisten zu beseitigen und in Deutschland eine radikale Partei aufzubauen, die unter ihrem eigenen Einfluß stehen und eine zweite Revolution nach echter bolschewistischer Tradition in Deutschland herbei-

Soldaten der 1. Reiterarmee während des Bürgerkrieges 1920.

"Brust an Brust zur Verteidigung von Petrograd" - kommunistisches Plakat gegen die Konterrevolution.

führen sollte." Wie aber war es in Deutschland 1918 zum Umsturz gekommen? Welche Entwicklung bei den von der Sozialdemokratie abgespaltenen linken Gruppierungen ging diesem voraus? Wie verlief die deutsche Revolution, auf die Lenin so große Hoffnungen gesetzt hatte?

Die Lüge vom "Dolchstoß von hinten"

Die Politiker "sollen die Suppe jetzt essen, die sie uns eingebrockt haben", hatte General Ludendorff am 1. Oktober 1918 zu seinen Offizieren gesagt und damit ein Signal gesetzt für die spätere Lüge von der "Dolchstoßlegende", die von den Militärs und den politischen Kreisen hinter diesen nur allzu gerne übernommen wurde. Auch der damals 71jährige Generalfeldmarschall von Hindenburg paßte sich später dieser Lüge an und fand 1919 im Vorwort zu seinem Buch "Aus meinem Leben" diese klassische Formulierung für die sogenannte "Dolchstoßlegende": "Wir waren am Ende! Wie Siegfried unter dem hinterlistigen Speerwurf des grimmigen Hagen, so stürzte unsere ermattete Front; vergebens hatte sie versucht, aus dem versiegenden Quell der heimatlichen Kraft neues Leben zu trinken." Dabei war es die Heimat, die im Herbst 1918 von den herrschenden Militärs "betrogen" wurde, wie der Philosoph und Historiker Ernst Troeltsch bezeugte: "An die Lügen vom 'Dolchstoß von hinten' oder 'im Felde unbesiegt' dachte damals noch niemand. Vielmehr alle Welt fühlte sich, soweit sie nicht längst Mißtrauen hegte, von der Aufklärung und der Stimmungsmache der bisher Herrschenden betrogen."

Auch die Chefs der deutschen Seekriegs-Leitung ließen Ende Oktober 1918 eine solche realistische Haltung vermissen. Sie nämlich waren es, die mit der Entscheidung, die Hochseeflotte auslaufen zu lassen, bis zur Themsemündung vorzustoßen, um damit die alliierten Transporte zu unterbrechen, den Umsturz der alten Ordnung provozierten und die Matrosen in den Hochseehäfen Kiel, Wilhelmshaven und Hamburg zur Meuterei veranlaßten. Zu einer Zeit, als das deutsche Heer schon vier Wochen davor ein schnelles Ende der Kampfhandlungen gefordert hatte, sollten nun die Mannschaften der Hochseeflotte einen letzten sinnlosen Waffengang mittragen. "Wer also darf die Matrosen aburteilen, die, mit dem nahen Waffenstillstand vor Augen, nicht den Tod wählten, sondern das Leben?" (Christian Graf von Krockow)

Revolution in Deutschland: "Die Sache ist zu Ende... Wir gehen zu Frau und Kindern heim!"

Auf den Befehl zum Auslaufen der deutschen Flotte antworteten ab 28. Oktober die Matrosen mit Demonstrationen, weil sie an eine "Todesfahrt" glaubten. Bei Zusammenstößen mit Ordnungskräften und Offizieren gab es Verwundete und Tote. Danach begannen offene Meutereien, bis zum 30. Oktober befand sich der größte Teil der Matrosen der Hochseeflotte im Aufstand, der als solidarische Befreiungsaktion für die bis dahin rund tausend verhafteten Kameraden gedacht war. Als am 3. November die neue Koalitionsregierung des Prinzen Max von Baden den Sozialdemokraten Gustav Noske nach Kiel schickte, um mit den Matrosen zu verhandeln, stellte Noske fest: "Das treibende Moment, das sich mit elementarer Gewalt durchsetzte, war das: die Sache ist zu Ende, und in dem Augenblick sterben wir nicht mehr, sondern gehen zu Frau und Kindern heim!"

Der in Kiel inzwischen nach sowjetrussischem Muster gebildete Arbeiter- und Soldatenrat beherrschte ab 4. November die Stadt Kiel. Am 7. November, als bis auf 30 U-Boote und einige Torpedoboote alle Einheiten der deutschen Flotte in den Händen der aufständischen Matrosen waren, griff die sich rasch zur Revolution ausweitende Umsturzbewegung auf die Städte Nord-, West- und Mitteldeutschlands sowie auf München über. Überall war die Revolutionsbewegung gekennzeichnet durch spontane Konstituierungen von Arbeiter- und Soldatenräten und durch das von den Massen begrüßte Zusammenwirken der beiden sozialistischen Parteien SPD und USPD. Die Hoffnung auf eine neuerliche Einheit der deutschen Arbeiterbewegung, die im Kriege zerbrochen war, spielte anfangs eine große Rolle, auch als am Morgen des 9. November die Berliner Arbeiter ihre Betriebe zu machtvollen Demonstrationen verließen, denen sich große Teile der Bevölkerung anschlossen.

Da das Militär sich weigerte, gegen die Demonstranten vorzugehen und der Kaiser im Großen Hauptquartier schwieg, ließ Reichskanzler Prinz Max von Baden die Nachricht verbreiten, der Kaiser habe abgedankt. Gleichzeitig legte er das Amt des Reichskanzlers in die Hände des SPD-Vorsitzenden Friedrich Ebert. Und um allen Spekulationen zuvorzukommen, die Monarchie sei eventuell auch noch unter den Sozialdemokraten zu retten, rief der Mehrheitssozialdemokrat Philipp Scheidemann, vorher Staatssekretär ohne Geschäftsbereich im Kabinett des abgedankten Kanzlers Prinz Max von Baden, in den frühen Nachmittagsstunden an einem Fenster des Reichstages in Berlin die deutsche Republik aus. Vor dem Gebäude hatte eine begeisterte Menge schon ungeduldig auf diese Entscheidung gewartet. Scheidemann tat dies ohne Einvernehmen mit Friedrich Ebert, der diesen Schritt eigentlich einer kommenden Nationalversammlung übertragen wollte.

Berlin, 9. November: Ausrufung der Republik

Scheidemann schuf mit der Ausrufung der deutschen Republik vollendete Tatsachen, und er wollte damit auch dem ehemaligen Genossen und jetzigen Spartakisten-Führer Karl Liebknecht zuvorkommen. Der seit 1916 wegen Hochverrats in Haft gewesene und erst im Oktober 1918 begnadigte Liebknecht, der seit Kriegsbeginn als einziger Sozialdemokrat im Reichstag gegen die Kriegskredite gestimmt hatte und deshalb 1916 aus der SPD-Reichstagsfraktion ausgetreten war, proklamierte nämlich zwei Stunden später, gegen 4 Uhr am Nachmittag des 9. November vom Dach eines Pkws gegenüber dem Berliner Schloß eine "freie sozialistische Republik".

Die kleine Spartakus-Gruppierung hatte auf das Geschehen zuerst so gut wie keinen Einfluß. Schließlich waren ihre beiden Führer Karl Liebknecht und Rosa Luxemburg erst im Oktober, bzw. am 10. November - am selben Tag ging der Kaiser nach Holland ins Exil - aus der Haft entlassen worden. Hinter dem Beginn der deutschen Revolution 1918/19 standen also keine "bolschewistischen Ideen" oder gar eine "bolschewistische Unterwühlung", wie es später gern dargestellt wurde, sondern einfach der Wunsch des Volkes nach Frieden, auch wenn dabei die Symbole der alten Ordnung des Obrigkeitsstaates verschwanden. Entgegen des Kaisers Spruch bei Kriegsausbruch gab es ja in der nun abgewrackten Monarchie sehr wohl Parteien, hinter denen sich die konservativen Kräfte schon zu Kaisers Zeiten verschanzt hatten. Daß das Kaisertum bereits seit 1914 nur noch ein "Dahinkümmern" (von Krockow) zuerst in Hindenburgs Schatten, dann unter Ludendorffs Militärdiktatur war und daß es im Herbst 1918 schnell und ohne Skrupel auch von den Konservativen geopfert wurde, bezeugte nur allzu deutlich, daß der Umsturz ganz einfach die Konsequenz der militärischen Niederlage des deutschen Heeres war.

Rosa Luxemburg: Die Revolution in Rußland - kein Vorbild für andere Länder

Im Vergleich mit der Revolution in Rußland war in Deutschland die Revolution ausgelöst worden durch einen militärischen Zusammenbruch, als der Friede bereits in Sicht war, während in Rußland die Revolution noch mitten im Krieg ausbrach und eine Regierung beseitigte, die den Krieg fortsetzen wollte. Auch sah sich die in Deutschland durch die Revolution an die Macht gekommene SPD-USPD-Regierung nicht wie in Rußland mit Nationalitätenproblemen, mit einer alles beherrschenden Agrarfrage oder überhaupt mit so krassen sozialen Gegensätzen wie in Rußland konfrontiert. Selbst die kluge Theoretikerin der links von SPD und USPD stehenden "Spartakus"-Gruppe, Rosa Luxemburg, die noch im November 1918 die Zeitung *Die Rote Fahne* gründete, trat in ihrer, in der Haft niedergeschriebenen, Analyse der Revolution in Rußland jedem Anspruch der Bolschewiki entgegen, die Revolution in Rußland zum Vorbild der Revolution in anderen Ländern zu erheben, wie dies Lenin und andere damals und danach immer wieder betonten. Obwohl für Rosa Luxemburg die russische Revolution "das gewaltigste Faktum des Weltkrieges" war, sie deren historische Leistung für die internationale Entwicklung des Sozialismus betonte und in Lenin und Trotzki "die ersten" sah, die "dem Weltproletariat mit dem Beispiel vorangegangen sind", erkannte sie auch die Gefahr, daß die Bolschewiki "aus der Not die Tugend machen, ihre von diesen fatalen Bedingungen aufgezwungene Taktik nunmehr theoretisch in allen Stücken fixieren und dem internationalen Proletariat als das Muster der sozialistischen Taktik zur Nachahmung empfehlen zu wollen".

Für Rosa Luxemburg war Lenins Forderung nach einer "Diktatur des Proletariats" auch immer die Forderung nach einer sozialistischen Demokratie: "Jawohl: Diktatur! Aber diese Diktatur besteht in der Art der Verwendung der Demokratie, nicht in ihrer Abschaffung." Für sie war es nicht die Aufgabe des Proletariats, jegliche Demokratie abzuschaffen, sondern diese im Interesse der Klasse und der Gesellschaft richtig zu verwenden, denn "diese Diktatur muß das Werk der Klasse, und nicht einer kleinen, führenden Minderheit im Namen der Klasse sein, d.h., sie muß auf Schritt und Tritt aus der aktiven Teilnahme der Massen hervorgehen, unter ihrer unmittelbaren Beeinflussung stehen, der Kontrolle der gesamten Öffentlichkeit unterstehen, aus der wachsenden politischen Schulung der Volksmassen hervorgehen."

Viel deutlicher als später Trotzki hat Rosa Luxemburg "die antidemokratische Komponente im bolschewistischen System in Rußland selber gesehen". Und sie hat schon 1918 "jene Verabsolutierung zurückgewiesen, die 1924 in Stalins Anspruch münden sollte, daß er den 'Sozialismus in einem Lande' verwirklichen könne und daß dieser 'Sozialismus' auch noch von der Arbeiterbewegung der anderen

Länder glorifiziert werden und zur Richtschnur für die Revolution bei ihnen dienen müsse", wie Ossip K. Flechtheim in seinem Kommentar zu Rosa Luxemburgs Schrift über "Die Russische Revolution" angemerkt hat. Die Entwicklung ging andere Wege, entgegen Rosa Luxemburgs Begriff von Freiheit: "Freiheit nur für die Anhänger der Regierung, nur für die Mitglieder einer Partei... ist keine Freiheit. Freiheit ist immer nur Freiheit des Andersdenkenden."

Die Ebert-Regierung: nicht revolutionär, sondern "Konkursverwalter des Kaiserreichs"

Rosa Luxemburg und ihre sozialistischen Freunde mußten bald erkennen, daß die provisorische SPD-USPD-Regierung unter Friedrich Ebert keine in ihrem Sinne revolutionäre Regierung war, daß es diesem "Rat der Volksbeauftragten" in erster Linie darum ging, "Ordnung zu machen", daß sie sich, wie Ebert selbst es später formulierte, als "Konkursverwalter des Kaiserreichs" betrachtete. Rosa Luxemburg erkannte mit Karl Liebknecht, daß vor der Gründung einer eigenen Organisation das sozialistische Klassenbewußtsein der Arbeiter erst geweckt werden mußte. Aber die Zeit lief ihnen davon. Hinzu kam, daß die Ebert-Regierung mit einer Übernahme der Beamtenschaft der alten Ordnung und einem "Bündnis" mit dem zurückgeführten Heer der alten Ordnung unter OHL-Chef General Groener (Groener später: "Was zu geschehen hatte: die Entwaffnung Berlins, die Säuberung Berlins von Spartakisten usw. ...") deutliche Zeichen in Richtung einer Parlamentarisierung der jungen demokratischen Republik mit Unterstützung auch der konservativen Kräfte setzte und sich damit dem Vorwurf der Linken aussetzte, sie betreibe eine Politik der Kontinuität zum untergegangenen Kaiserreich.

"Der Sozialismus muß durch die Massen gemacht werden..."

Erst Ende Dezember 1918, nachdem erste bewaffnete Auseinandersetzungen zwischen revolutionären Matrosen der Volksmarine-Division im Berliner

Rosa Luxemburg, während der Kriegsjahre in Berlin.

Schloß und regierungstreuen Armee-Einheiten erste Opfer gefordert hatten, als danach die drei USPD-Mitglieder den "Rat der Volksbeauftragten" verließen und durch zwei Mehrheitssozialdemokraten ersetzt worden waren, so daß die Regierung jetzt nur aus Mehrheitssozialdemokraten bestand, kam es zur Trennung des Spartakusbundes von der USPD und zur Gründung der Kommunistischen Partei Deutschlands (KPD). Rosa Luxemburg hatte das Programm entworfen, in dem die neue Partei in der deutschen Revolution nur einen Schritt zur Weltrevolution des Proletariats sah.

Im Hauptreferat des Gründungsparteitages im Festsaal des Berliner Abgeordnetenhauses, wo dieser vom 30. Dezember 1918 bis 1. Januar 1919 tagte, rechnete Rosa Luxemburg mit der SPD und USPD ab: "Ginge die Revolution vor sich in jenen revolutionären Organen, die die ersten Tage geschaffen haben, in den Arbeiter- und Soldatenräten, so wäre es um die Revolution schlimm bestellt... Die Revolution wird leben ohne die Räte, die Räte ohne die Revolution sind tot." Zum Programm der neuen Partei, die nach ihrem Willen schlicht "Sozialistische Partei" heißen sollte, wofür sie aber keine Mehrheit fand, erläuterte Rosa Luxemburg: "Der Sozialismus wird nicht gemacht und kann nicht gemacht werden durch Dekrete, auch nicht von einer noch so ausgezeichneten sozialistischen Regierung. Der Sozialismus muß durch die Massen, durch jeden Proletarier gemacht werden. Dort, wo sie an die Kette des Kapitalismus geschmiedet sind, dort muß die Kette zerbrochen werden. Nur das ist Sozialismus, nur so kann Sozialismus gemacht werden."

Gustav Noske: "Einer muß der Bluthund werden..."

Gegen die Meinung von Rosa Luxemburg, Paul Levi, dem späteren Parteiführer, und anderen Gesinnungsfreunden, entschied sich die Mehrheit des Gründungsparteitags der KPD dafür, die von der provisorischen Regierung angestrebte Nationalversammlung in Weimar abzulehnen und mit einer Mehrheit von 62 gegen 23 Stimmen beschlossen die Delegierten - gegen den Willen der Parteiführung - sich nicht an den Wahlen zur Nationalversammlung zu beteiligen. Diese Mehrheit, der Rosa Luxemburg noch vorhielt, sie mache sich ihren Radikalismus "etwas sehr bequem", wenn sie "die Unreife der Massen" nicht berücksichtige, waren radikale Utopisten, denen jede Rücksichtnahme auf die gegebenen Verhältnisse fremd war. So spielte die neugegründete KPD dann auch im Jahre 1919 in der politischen Entwicklung in Deutschland nur bei lokalen Entwicklungen, wie etwa in München, eine Rolle. In Berlin wurde sie nach Niederschlagung des Spartakus-Aufstandes vom 6. bis 12. Januar in die Illegalität abgedrängt.

Gegen den Willen der KPD-Führung (ausgenommen Liebknecht) hatten zuvor Teile der Berliner USPD, der Revolutionären Obleute (Gewerkschafter) und Spartakisten anläßlich der Absetzung des USPD-Mannes Emil Eichhorn als Berliner Polizeipräsident zum Sturz der Regierung Ebert-Scheidemann aufgerufen. Diesem Aufruf eines "Revolutionsausschusses" folgten viele, teilweise bewaffnete, radikale Arbeiter. Ihnen entgegen stellten sich mehrheitssozialdemokratische Arbeiter, die die Regierung schützen wollten. Als beide Fronten nicht aufeinander schießen wollten und der "Revolutionsausschuß" stundenlang diskutierte, entschied man sich nach dem Zeugnis von Gustav Noske im "Rat der Volksbeauftragten" in Eberts Arbeitszimmer in der Reichskanzlei zum Handeln: "In ziemlicher Aufregung, denn die Zeit drängte, auf der Straße riefen unsere Leute nach Waffen, stand man im Arbeitszimmer Eberts herum. Ich forderte, daß ein Entschluß gefaßt werde. Darauf sagte jemand: 'Dann mach du doch die Sache!' Worauf ich kurz entschlossen erwiderte: 'Meinetwegen! Einer muß der Bluthund werden, ich scheue die Verantwortung nicht!' Meine Ernennung zum Oberbefehlshaber war vollzogen..." Da aber die Oberste Heeresleitung Noske keine Truppen zur Verfügung stellen konnte, weil sie sich größtenteils aufgelöst hatten, rief Noske als "Oberbefehlshaber der Regierungs-Truppen" und Max Cohen vom "Zentralrat der Deutschen sozialistischen Republik" freiwillige "Kameraden" zum Eintritt in Freikorps auf, zum Schutz der Regierung und zum "Kampf gegen den Bolschewismus".

So kam es zur Bildung von Freikorps, in denen sich Offiziere und Mannschaften sammelten, denen es weniger um den Schutz der provisorischen Regierung, als um den "Kampf gegen den Bolschewismus" und um die Rache an den "roten Verrätern" ging, die ja angeblich in der Heimat der Front den "Dolchstoß" versetzt hatten. 156 Tote forderte die Niederschlagung des Spartakus-Aufstandes in Berlin, einige Freikorps-Soldaten ließen sich auch zu Mordtaten an gefangenen oder entwaffneten Spartakisten hinreißen. Der Haß gegen die Revolution diktierte die Kämpfe, die zur Abrechnung entarteten. Zu den Ermordeten der Januartage in Berlin müssen auch Karl Liebknecht und Rosa Luxemburg gezählt werden, die am 15. Januar von Angehörigen der Garde-Kavallerie-Schützendivision unter dem Befehl von Hauptmann Waldemar Pabst verhaftet und brutal ermordet wurden.

Obwohl Rosa Luxemburg gegen den Aufstand gewesen war, war sie aus Solidarität bei den kämpfenden Arbeitern geblieben und hatte sich nicht in Sicherheit bringen lassen. Die genauen Umstände um diesen Mord wurden bis in unsere Zeit hinein immer wieder sowohl von Seiten der bürgerlichen als auch von Seiten der sozialdemokratischen öffentlichen Meinung aus den unterschiedlichsten Gründen verschleiert. Einerseits bekannte der ehemalige preußische Ministerpräsident und Sozialdemokrat Otto Braun 1940 im Exil in seinen Memoiren: "Die feige, brutale Ermordung von K.L. und R.L. gehört zu den scheußlichsten Auswüchsen jener bewegten Zeit. Die Mörder kamen vor ein Militärgericht und wurden zu geringfügigen Gefängnisstrafen verurteilt." (Ergänzend muß hier hinzugefügt werden, daß man ihnen vor Strafantritt auch noch zur Flucht verhalf.) Andererseits bezeichnete selbst noch im Jahre 1962

Diese Plakatierung der "Frontsoldaten" wurde am 15. Januar 1919 grausame Wahrheit.

das "Bulletin des Presse- und Informationsamtes der Bundesregierung" in seiner Nummer 27 die Morde als "standrechtliche Erschießungen". Jedenfalls reichte das Echo auf die Bluttat von "beschönigender Vertuschung bis zu offenem Jubel", wie Sebastian Haffner in seinem Buch "Die verratene Revolution" 1969 geschrieben hat. Die Antwort auf die Frage, ob der Weg der deutschen radikalen Linken anders verlaufen wäre, wenn die Ermordeten länger gelebt hätten, kann niemand geben.

Möglicherweise hätte der Weg mit Karl Liebknecht und Rosa Luxemburg nicht so schnell in die völlige Abhängigkeit der späteren Kreml-Machthaber geführt.

Deutsche "Oktoberrevolution" 1919 nach der "Februarrevolution" von 1918

Mit der Parole "Du sollst nicht wählen!" boykottierte die KPD am 19. Januar 1919, vier Tage nach dem Mord an ihren bedeutendsten Führern, die Wahlen zur verfassungsgebenden Nationalversammlung. Zu diesen Wahlen waren erstmals in der deutschen Ge-

schichte auch Frauen zugelassen. Das war eine bedeutungsvolle Demonstration bürgerlicher Gleichheit, die mitten in einer Zeit des Umbruchs viel zu wenig beachtet wurde. Das Ergebnis der Wahl war eindeutig ein Votum für die demokratischen Parteien und eine nachträgliche Bestätigung des Umsturzes vom November 1918: Die regierende SPD erhielt 37,9 Prozent der Stimmen, die Christliche Volkspartei (Zentrum) wurde mit 19,7 Prozent zweitstärkste Partei, dann folgten die linksliberale Deutsche Demokratische Partei (DDP) mit 18,5, die Deutsch-Nationale Volkspartei (DNVP) mit 10,3, die USPD mit 7,6, die Deutsche Volkspartei (DVP) mit 4,4 und sonstige Splitterparteien mit 1,6 Prozent. Für die spätere "Weimarer Koalition", wie man die drei erstplazierten "Verfassungsparteien" SPD, Zentrum und DDP bald nannte, war dies zusammen eine Dreiviertelmehrheit (76,1 Prozent) und 329 von insgesamt 421 Mandaten. In Deutschland und im neutralen Ausland hoffte man nach diesen Wahlen auf einen friedlichen Aufbau der ersten deutschen Republik. Dies war aber ein Irrtum. Die Ereignisse im Januar 1919 waren, wie sich bald zeigen sollte, kein Abschluß eines revolutionären Übergangs, sondern der Auftakt zur ersten großen Krise der deutschen Republik, zu Streiks, Unruhen und Aufständen von Hamburg und Stettin bis Karlsruhe und Dresden von Januar bis Mai 1919. Man kann die Entwicklung so interpretieren, daß einer Art deutscher "Oktoberrevolution" nun einer "Februarrevolution" vom November 1918 folgen sollte.

Radikale Forderungen gewannen zusehends Einfluß auf die deutsche Arbeiterschaft, in Erinnerung an die Morde an Liebknecht und Luxemburg, deren Verantwortung man der SPD anlastete, wandten sich viele Mehrheitssozialisten den Unabhängigen zu oder begannen an der Politik ihrer Partei zu zweifeln. Selbst in der KPD, die fast ständig illegal wirken mußte, kam es zu einer Abspaltung linksradikaler Kräfte, die sich dann später, im April 1920, zur "Kommunistischen Arbeiterpartei Deutschlands"

Karl Liebknecht im Jahre 1916 vor dem Preußischen Abgeordnetenhaus in Berlin.

(KAP) zusammenfanden. Trotzdem vermochte die 1919 kleine KPD in den revolutionären Auseinandersetzungen bis Mai 1919 eine wichtige Rolle zu spielen. Sie leitete die für kurze Zeit entstehenden lokalen Räterepubliken in Bremen und München, konnte dabei aber "ihre innere Parteistruktur nur schrittweise festigen" (Hermann Weber).

Zu diesen kurzfristigen Umsturzversuchen und Unruhen gab es aber auch noch andere mitentscheidende Ursachen, die im Bereich der allgemeinen sozialen und politischen Entwicklung jener Monate lagen. So herrschte wegen der nach dem Waffenstillstand weiter anhaltenden Blockade und der daraus folgenden Lebensmittelknappheit bald eine Hungersnot, die Zahl der Arbeitslosen begann zu steigen, die Geldentwertung führte zu Lohnstreiks, aus denen sich politische Streiks entwickelten. Und die Absicht der Regierung, die Arbeiter- und Soldatenräte aufzulösen, stieß in der Arbeiterschaft auf Widerstand. Für Propaganda und Agitation aller Schattierungen ergab sich so ein leicht beeinflußbares Publikum.

Der von Reichswehrminister Gustav Noske in Berlin erlassene Befehl, "jede Person, die mit den Waffen in der Hand gegen Regierungstruppen kämpfend angetroffen wird, ist sofort zu erschießen", hatte nach der Erklärung des Belagerungszustandes in den ersten Märztagen in Berlin und danach beim Einsatz der Freikorps im ganzen Reich schreckliche Folgen. Obwohl die gut bewaffneten Freikorps ihren schlecht ausgerüsteten Gegnern weit überlegen waren und "ihr Sieg zu keinem Zeitpunkt in Frage gestellt war", kam es zu grausamen Blutbädern meist an Unschuldigen, weil "ihre Führer und die politischen Gewalten den Leidenschaften nicht Einhalt zu gebieten verstanden haben", wodurch dann auch "das zukünftige Verhältnis zwischen bewaffneter Macht und Arbeiterschaft durch Willkürakte noch stärker zu Ungunsten der neuen Wehrmacht belastet wurde" (Rainer Wohlfeil). Diese Belastung war einer der wichtigsten Gründe, weshalb später die "Weimarer Republik", der erste deutsche demokratische Staat, scheiterte.

Bayern 1918/19: Kurt Eisners Idee, "das Ideal und Wirklichkeit vereint"

In Bayern, und dort vor allem in seiner Hauptstadt München, haben diese "Leidenschaften" zwischen "Rot" und "Weiß" im April/Mai 1919 einen besonders traurigen Höhepunkt erreicht, allerdings erst nach der Ermordung des Führers der Revolution in München vom 7. November 1918, Kurt Eisner, die hier anders verlaufen war als sonst im Reich. In Bayern hatten die zum Umsturz bereiten Massen in dem seit 1907 in München lebenden Journalisten und während des Weltkrieges vom liberalen Sozialdemokraten zur USPD wechselnden Berliners einen echten Führer gefunden, der "dank einer einzigartigen Mischung von Einfallsreichtum und Tatkraft, Idealismus und listenreicher Wendigkeit, witterndem Feingefühl und Härte im Nehmen" (Sebastian Haffner) fast im Alleingang die Revolution durchsetzte. Mit Recht gilt er seither als Vater des von ihm ausgerufenen "Freistaates Bayern".

Mord an Eisner, "um Anarchie und Bolschewismus, wie man's so in Rußland hat, zu verhindern"

Wegen der Bevorzugung des Rätesystems wurde später in der Geschichtsschreibung eine Verbindung Eisners zu Lenin gesehen. Anlaß dazu bot ein Telegramm aus Berlin, das der noch amtierende Ministerpräsident Eisner am 20. Februar 1919 erhielt und in dem der bolschewistische Volkskommissar des Äußeren, Tschitscherin, die bayerische Regierung "ersuchte", dem aus Stuttgart ausgewiesenen und in Bayern aufgenommenen, nach der Oktoberrevolution aus Rußland emigrierten Menschewiki und Theoretiker der russischen Sozialdemokratie, Pawel Akselrod, "mitzuteilen, daß wir seine baldige Rückkehr nach Rußland erwarten". Dieses recht kühl gehaltene Telegramm Tschitscherins war der einzige Kontakt zwischen Moskau und München in der Regierungszeit Eisners. Das sollte sich bald ändern, und dies ist auch der Grund, weshalb hier die folgende Zeit der Münchener Räterepublik, die in der Sowjetunion später als "letztes Echo" auf die deutsche Revolution gewertet wurde, etwas detaillierter dargestellt wird als die Kette der anderen Ereignisse in Deutschland 1918/19.

Am Vormittag des 21. Februar 1919 wurde Kurt Eisner auf dem Weg zur Eröffnung des neugewählten Landtages, das Manuskript seiner Rücktrittsrede in der Aktentasche, von dem 22 Jahre alten Leutnant Graf Arco-Valley durch zwei Pistolenschüsse ermordet. Der Attentäter wurde auf der Flucht von einem Leibwächter Eisners angeschossen, in der Chirurgischen Klinik von Professor Sauerbruch operiert, später zum Tode verurteilt, im Januar 1920 zu lebenslanger Festungshaft begnadigt und schließlich 1924 entlassen. Über die Motive seines Attentats gab Arco-Valley vor Gericht an, die "verschandelte Ehre des bayerischen Volkes wieder gut gemacht zu haben", auch das "Selbstwertgefühl des bayerischen Volkes" und "um Anarchie und Bolschewismus, wie man's so in Rußland hat, zu verhindern". Es wurde auch bekannt, daß der junge Graf von der Thule-Gesellschaft, einer völkisch-antisemitischen Vereinigung, die wenige Monate später die ersten politischen Schritte Adolf Hitlers ermöglichte, wegen seiner jüdischen Mutter als Mitglied abgelehnt wurde. Der Begründer der Thule-Gesellschaft, Rudolf von Sebottendorf, lieferte später für die Tat von Graf Arco diese einleuchtende Erklärung nach: "Er wollte beweisen, daß auch ein Halbjude einer heldischen Tat fähig sei."

Der "Rätegedanke marschiert"

Während der Februar-Tage 1919 und der ersten beiden Märzwochen versuchte in München der amtierende Zentralrat der Räte unter Ernst Niekisch, einem gemäßigten Sozialisten, der später ein bekannter Publizist wurde und im Dritten Reich das Zuchthaus überlebte, das "Vermächtnis von Eisner" zu erfüllen, nämlich einen Kompromiß zwischen den Räten, dem Landtag und den sozialistischen Gruppierungen und Parteien herbeizuführen. Zu den letzteren zählten seit den ersten Märztagen auch Vertreter einer neugegründeten Münchner Sektion der Kommunistischen Partei. Einer der ersten Kommunistenführer in München, Max Levien, ein in Moskau geborener Spartakist, der im Ersten Weltkrieg in der deutschen Armee diente, war am 22. Februar bei der Gründung eines neuen Revolutionären Zentralrats dabei, der die bürgerlichen Zeitungen für zehn Tage verbot. Eine andere Räte-Versammlung nahm am selben Tag Anträge auf Bewaffnung des Proletariats und Verkündung der Räterepublik an. Ab 25. Februar tagte der Rätekongreß in Permanenz weiter, wobei immer wieder vom "Rätegedanken", der "marschiert", gesprochen wurde und Forderungen eingebracht wurden zur endgültigen Liquidierung des Landtags, zur Bildung einer Roten Garde und zur Aufnahme "sofortiger Verbindung mit Rußland". Max Levien forderte die Rätediktatur mit den Worten: "Entweder die gesamte Gewalt wird den Arbeiter-, Soldaten- und Bauern-Räten übertragen, oder wir schaffen eine Paarung von Kaninchen und Karpfen."

Kurt Eisner rief am 7.11.1918 die Räterepublik in München aus und wurde am 21.2.1919 ermordet.

Proklamation der ersten, "anarchistischen" Räterepublik in München: "Es lebe das freie Baiern! Es lebe die Weltrevolution!"

Am 21. März erreichte München die Nachricht von der Ausrufung der Räterepublik in Ungarn. Und die Einrichtung eines Informationsbüros der ungarischen Kommunisten in München gab den dortigen Kommunisten nun großen Auftrieb. Hinzu kam die Nachricht vom ersten Kongreß der neugegründeten "Kommunistischen Internationale" in Moskau. In einem Lokal in der Nähe des Sendlinger Tores trafen sich an diesem 21. März die wenigen Kommunisten in München, darunter auch der seit den ersten März-Tagen von der KPD-Zentrale in Berlin nach München zum Parteiaufbau gesandte Eugen Leviné, ein in Petersburg als Sohn deutsch-jüdischer Eltern geborener und in Heidelberg aufgewachsener junger Revolutionär, den später Sebastian Haffner als "jungen Mann von jäher und wilder Energie" charakterisierte, der, "ganz anders als Liebknecht und Rosa Luxemburg, möglicherweise das Zeug zu einem deutschen Lenin oder Trotzki hatte".

Dieser Eugen Leviné hatte die Chefredaktion der "Roten Fahne" übernommen und erkannte, daß die KPD in München den Ereignissen noch weit hinterherlief. Als harter und illusionsloser Revolutionär lobte er am 21. März gegenüber seinen Freunden die Ungarische Räterepublik des Béla Kun (sie dauerte bis zum 1. August 1919), bemängelte aber, daß die KPD bei Arbeiter-, Betriebs- und Soldatenräten noch in der Minderheit sei. "Der Augenblick der Auseinandersetzung mit unseren Gegnern wird dann eintreten, wenn sich die Arbeiterschaft in den Räteorganisationen ein Mittel zur Ergreifung der Macht geschaffen hat und in ihrer Mehrheit hinter den Kommunisten steht", hatte Leviné schon am 19. März in der *Münchener Rote Fahne* geschrieben.

Als Anfang April 1919 bekannt wurde, daß die inzwischen gebildete Koalitions-Regierung unter dem Sozialdemokraten Johannes Hoffmann den Landtag zum 8. April einberufen wolle, um den Zentralrat zu überspielen, wandte sich dieser gegen die Einberufung des Landtags und traf sich im Wittelsbacher Palais, um die Ausrufung einer Räterepublik vorzubereiten. Das Vorhaben wurde dadurch begünstigt, daß die Soldatenräte der Münchner Kasernen erklärten, sie könnten den Sicherheitsschutz des Landtages nicht übernehmen. Die amtierende Regierung hatte dadurch keine Möglichkeit, sich zu schützen. Der Landtag trat nicht zusammen, und die Regierung Hoffmann, die Hilfeangebote von preußischen Freikorps durch den Reichswehrminister Noske damals noch ablehnte, wich schließlich nach Ausrufung der Räterepublik nach Bamberg aus.

Diese wurde in der Nacht vom 6. auf den 7. April in München, Augsburg und einigen Orten Oberbayerns per Proklamation des "Revolutionären Zentralrats" ausgerufen. Es war die erste, die sogenannte "anarchistische Räterepublik Baiern", denn die Kommunisten beteiligten sich nicht an ihr. Durch diese Proklamation, die am Montag, den 7. April, bekanntgegeben wurde, erklärte man den 7. April zum Nationalfeiertag und als Zeichen des Neubeginns wurde Bayern nicht mehr mit "y", sondern mit "i" geschrieben.

Die Proklamation verkündete, daß die jetzige Diktatur des Proletariats "die Verwirklichung eines wahrhaft sozialistischen Gemeinwesens" bezwecke, "in dem jeder arbeitende Mensch sich am öffentlichen Leben beteiligen soll, an einer gerechten sozialistisch-kommunistischen Wirtschaft". Zum Schutz der Revolution sollten, so die Proklamation weiter, eine rote Armee und ein Revolutionsgericht gebildet werden. Die Presse sollte sozialisiert werden, allen "deutschen Brudervölkern" wurden Grüße entboten und sie wurden aufgerufen, den gleichen Weg zu gehen.Die Proklamation endete mit den Worten: "Es lebe das freie Baiern! Es lebe die Räterepublik! Es lebe die Weltrevolution!" Für die KPD erläuterte Eugen Leviné deren Absage an die "Schein-Räteregierung" so: "Wir können uns nur an einer Räterepublik beteiligen, die von Räten proklamiert wird. Und auch dann nur in dem Fall, wenn die Mehrheit der Räte-Vertreter Kommunisten sind. Denn wir könnten nur an einer Regierung teilnehmen, die kommunistische Politik macht, und das können nur die Kommunisten." In dem nicht-kommunistischen neuen Rat der Volksbeauftragten saßen Vertreter der USPD, der Anarchisten und des Bayerischen Bauernbundes. Ihre führenden Köpfe waren der aus Karlsruhe stammende anarchistische Schriftsteller und Essayist Gustav Landauer, der in Berlin geborene Dichter und "Anarcho-Kommunist" Erich Mühsam, der aus Samotschin im Bezirk Bromberg nach Heidelberg und München gekommene Schriftsteller Ernst Toller sowie der Volksschullehrer und zeitweilige Vorsitzende des Revolutionären Zentralrats Ernst Niekisch. Erich Mühsam kamen bereits einen Tag nach der Proklamation Bedenken, nachdem er bei einer Rede auf dem Stachus in München nicht nur von nationalistischen Studenten, sondern auch von KPD-Genossen gestört worden war. Später schrieb er, er habe damals schon "das bittere Gefühl gehabt, mich in ein schlimmes und dummes Abenteuer eingelassen zu haben".

"Revolutionäre Phrasen ohne revolutionären Inhalt, revolutionäre Worte ohne revolutionäreTaten"

Das "Abenteuer" der ersten Räterepublik in München dauerte nur eine Woche. Eine Woche, in der sich die von allen Seiten unter Druck geratende Räteregierung "zu keiner praktischen Maßnahme entschließen konnte" (Helmut Neubauer). Ernst Toller, Vorsitzender des Rats der Volksbeauftragten, berichtete später über die Probleme, mit denen er und seine Freunde konfrontiert wurden: "In den Vorzimmern des Zentralrats drängen sich die Menschen. Jeder glaubt, die Räterepublik sei geschaffen, um seine privaten Wünsche zu erfüllen... Eine Partei revolutionärer Bürger hat sich gebildet, sie fordert die Verhaftung aller persönlichen Feinde, früheren Kegelbrüder und Vereinskollegen. Verkannte Lebensreformer bieten ihre Programme zur Sanierung der Menschheit an..." Der Volksbeauftragte für Finanzen, der aus Belgien stammende Volkswirtschaftler, Begründer der Freiwirtschaftslehre sowie Vorkämpfer des Internationalen Währungsfonds, Silvio Gesell, wollte in "Baiern" das "freie Geld" einführen und die Banken nationalisieren. Auch Pläne zur Neuverteilung des Wohnraums der Bevölkerung wurden diskutiert, sozialisiert werden sollte nach einer Verordnung vom 8. April der Bergbau und auch die Presse, wofür sich besonders der Schriftsteller Ret Marut (später unter dem Namen B. Traven berühmt geworden) einsetzte. Gustav Landauer, Volksbeauftragter für Erziehung und Unterricht, verfügte die vorübergehende Schließung der Münchner Universität und erließ ein "Aktionsprogramm der Revolutionierung der Hochschulen" mit der Abschaffung der Rangklassen der Universitätslehrer und Beseitigung der Doktorprüfung.

Der Kommunist Eugen Leviné höhnte in der *Münchner Rote Fahne*, den "herrschenden Dilettanten" fehle der Sinn für die Realität, "sie sitzen zusammen im Wittelsbacher Palais und dichten Dekrete", diese "Volksbeauftragten ohne Aufträge des arbeitenden Volkes" mit ihren "revolutionären Phrasen ohne revolutionären Inhalt, revolutionären Worten ohne revolutionäre Taten".

Lenin: "Wie steht es in Bayern... mit dem Agrarprogramm der Räteregierung?"

In Moskau sah man diese anarchistische Räterepublik zumindest als Trennung von der Sozialdemokratie an, was ganz im Sinne Lenins war. Erich Mühsam, der über die inzwischen trotz Veto des Rosa-Luxemburg-Abgesandten Hugo Eberlein in Moskau erfolgte Gründung der III. Internationale informiert war, betonte in seinen Reden sofort das Motiv der Weltrevolution: "Im Bunde mit dem revolutionären Rußland und Ungarn wird das neue Baiern die revolutionäre Internationale herstellen und der Weltrevolution die Wege ebnen." Der Münchner Volksbeauftragte für Äußeres, der politische Schriftsteller Franz Lipp, verfaßte am Tage der Proklamation der Räterepublik gemeinsam mit Erich Mühsam ein

Telegramm nach Moskau und Budapest, dessen Inhalt die Weltfremdheit der dichtenden Politiker in München offenkundig machte: "Proletariat Oberbaierns glücklich vereint. Sozialisten plus Unabhängige plus Kommunisten fest als Hammer zusammengeschlossen; mit Bauerntum einig. Liberales Bürgertum als Preußens Agent völlig entwaffnet. Bamberg, Sitz des Flüchtlings Hoffmann, welcher aus meinem Ministerium den Abtrittschlüssel mitgenommen hat. Die preußische Politik, deren Handlanger Hoffmann ist, geht dahin, uns vom Norden, Berlin, Leipzig, Nürnberg abzuschneiden, auch von Frankfurt und vom Essener Kohlengebiet, und uns gleichzeitig bei der Entente als Bluthunde und Plünderer zu verdächtigen. Dabei triefen die haarigen Gorillahände Gustav Noskes von Blut... Wir wollen den Frieden für immer. Immanuel Kant, 'Vom ewigen Frieden' 1795, Thesen 2-5. Preußen will den Waffenstillstand zur Vorbereitung des Rachekrieges."

Auf diese Mischung aus falscher Information, grotesken Formulierungen und tragikomischer Selbstüberschätzung, bar jeglicher nüchternen Beurteilung der wirklichen Situation in München, antworteten die Ungarn mit Grußworten "der ganzen Wärme unseres Herzens" und "mit brüderlicher Liebe", während Lenin, offensichtlich etwas irritiert von den Phrasen, ziemlich knapp antwortete und dabei präzise Fragen stellte: "Bitte geben Sie uns Einzelheiten über die vollzogene Revolution in Bayern. Wir wissen außer dem kurzen Funkspruch der bayerischen Räteregierung nichts. Bitte teilen Sie uns mit, wie die Ereignisse dort verlaufen und ob die neue Ordnung voll und ganz herrscht..."

Der Vorsitzende des Exekutivkomitees der Kommunistischen Internationale (Komintern), Grigorij Sinowjew, ließ aus Moskau ein weiteres Telegramm mit "heißem Gruß" an das "bayerische Proletariat" folgen, in dem von der "tiefen Überzeugung" die Rede war, "daß die Zeit nicht fern ist, wo ganz Deutschland eine Sowjetrepublik sein wird": "Bei Ihnen werden die nächsten Schicksale der proletarischen Revolution von ganz Europa entschieden." Auch Lipps sowjetrussischer Kollege, der Volkskommissar Tschitscherin, fragte wenige Tage später in einem Telegramm nach der "Lage in Bayern", wo, wie er meinte, "die Widersacher der bayerischen Räterepublik München abgeschnitten haben". Das Telegramm endete mit der Feststellung: "Wir sind ganz ohne Information über die wirkliche Lage bei Ihnen." Auch mit zwei weiteren Telegrammen von Moskau nach München, eines davon vom Allrussischen Zentral-Exekutivkomitee, hoffte man in Moskau Antwort und Klarheit über die Lage in dem nach Ungarn erhofften zweiten Außenposten in Bayern zu bekommen. Ob und was Franz Lipp und seine Regierung, die sich natürlich durch die Telegramme aus Moskau "aufgewertet" fühlten, auf diese geantwortet haben, darüber fehlen in der Literatur konkrete Angaben. In Bayern hatte sich inzwischen die politische Kraft zum Handeln entschlossen, die sich exakt an Lenins Thesen über die proletarische Revolution hielt, nämlich die Münchner KP.

Die zweite, kommunistische Räterepublik in München: Sieg bei Dachau

"Das Fehlen von Waffen für die Arbeiterschaft war eine furchtbare Gefahr", notierte später Erich Mühsam als Grund dafür, daß am 11. April die Räteregierung die Ablieferung aller im Besitz der Bürger befindlichen Waffen binnen 24 Stunden verfügte und im Falle des Zuwiderhandelns mit Hausdurchsuchungen und Revolutionstribunal drohte. Außerdem wurden die Arbeiter aufgefordert, sich in eine neuzubildende "Rote Armee" einzuschreiben. Doch dieser Aufforderung wurde kaum Folge geleistet. Einen Tag später, am 13. April, Palmsonntag, entschieden die Waffen zwischen regierungstreuen Truppen aus den Münchner Kasernen und rasch improvisierten roten Streitkräften. Zuvor waren am Morgen des 13. April in München Plakataufrufe geklebt worden, nach denen die "Garnison München" die Räteregierung für abgesetzt erklärte und gleichzeitig die Bevölkerung aufforderte, "die gesetzmäßige Regierung", nämlich die Bamberger Regierung Hoffmann, zu unterstützen, "die Ruhe schafft, Arbeit und Brot". Noch in der Nacht davor waren führende Mitglieder der ersten Räterepublik, darunter Mühsam, Lipp und Gesell, verhaftet worden und "mit einem Extrazug unter starker militärischer Begleitung nach Nordbayern verschleppt" worden (Erich Mühsam).

Wenige Stunden später stürmten radikalrevolutionäre Arbeiter und Soldaten unter dem Matrosen Rudolf Eglhofer den Bahnhof, von wo aus die regierungstreuen Truppen ihren Putsch vortragen wollten. Eglhofers Streitmacht schlug die Soldaten der "Garnison München" in einem fünf Stunden anhaltenden Kampf. Diese flohen per Eisenbahn aus München. Auch ein zweiter Versuch von regierungstreuen "weißen" Truppen, von außen her München einzunehmen, schlug fehl. Bei Dachau besiegten Teile der "Roten Armee" unter dem Kommando von Ernst Toller und Gustav Klingelhöfer anrückende "weiße" Truppen in Stärke von etwa 800 Mann unter Führung eines Majors und schlugen sie in die Flucht. Die "Rote Armee" bestand damals nur aus wenigen Matrosen und Soldaten, das Gros waren, wie der Kommunist und Augenzeuge Erich Wollenberg später schrieb, "Arbeiter aus den Fabriken, halbe Kinder und Greise, uniformiert und in Zivil". Ernst Toller, der laut Leviné "mit seinem Blute seine Liebe zum Proletariat bekunden wollte" und sich den Kommunisten zur Verfügung gestellt hatte, erinnerte sich später: "Als das Gefecht einsetzt, stürzen sich die Arbeiter und Arbeiterinnen der Dachauer Munitionsfabrik auf die weißen Soldaten, am entschlossensten sind die Frauen. Sie entwaffnen die Truppen, treiben sie vor sich her und prügeln sie aus dem Dorf hinaus."

Dieser Sieg der "Roten" war jedoch der Anfang von ihrem Ende, denn nun bat die Regierung Hoffmann in Bamberg doch Reichswehrminister Noske um Hilfe, der rund 20.000 Mann preußischer und württem-

Regierungstruppen, die auf Spartakisten feuern, während des Spartakusaufstandes in Berlin vom 6. - 12. Januar1919.

bergischer Freikorps unter dem Kommando des Generals von Oven von Norden gegen Bayern in Marsch setzen ließ.

In München hatten inzwischen die Kommunisten die Macht übernommen und damit die zweite, "echte", weil kommunistische, Räterepublik etabliert. Die gesetzgebende Gewalt übernahm ein fünfzehn-, später dreißigköpfiger Aktionsausschuß, der in der Mehrheit aus Kommunisten bestand und seinerseits über sich einen Vollzugs- und Kontrollrat wählte, an der Spitze Eugen Leviné und Max Levien. Ihrer Herrschaft sollten zweieinhalb Wochen Zeit beschieden sein.

Die Einleitung der von Lenin geforderten "energischen diktatorischen Maßnahmen"

Die Konstituierung einer kommunistischen Räterepublik meldete der neue "Vollzugsrat der Betriebs- und Soldatenräte" sofort nach Moskau und Budapest. In dem Telegramm wurden kurz die Kämpfe mit der "Republikanischen Schutztruppe" (Weiße Garde) und der Verlauf der Machtübernahme nüchtern geschildert und schließlich versprochen, "die Münchner Arbeiterklasse wird ihre Kräfte in den Dienst der großen historischen Aufgabe stellen, welche die tapferen russischen und ungarischen Brüder inauguriert haben". Antwort-Telegramme kamen von der Ungarischen Räterepublik, von einem neugegründeten Rat der Arbeiterdeputierten aus Fastow in Südrußland ("Wenn in allernächster Zeit das Weltproletariat aus seinem Schlaf erwacht...") sowie von der Komintern. In einem programmatischen Aufsatz verkündete kurz darauf Komintern-Chef Sinowjew: "Jetzt... hat die Dritte Internationale als ihre Hauptbasis bereits drei Sowjet-Republiken: in Rußland, in Ungarn und in Bayern... In tollem Tempo saust das alte Europa der proletarischen Revolution entgegen... Die Bewegung geht so schwindelerregend vorwärts, daß man mit Gewißheit sagen kann: nach Jahresfrist werden wir bereits zu vergessen beginnen, daß es in Europa einen Kampf für den Kommunismus gegeben hat, denn nach einem Jahr wird das ganze Europa kommunistisch sein. Und der Kampf für den Kommunismus wird sich bereits auf Amerika, vielleicht auch auf Asien und die anderen Erdteile hinüberwerfen."

In München wurden nach dem 13. April 1919 erst einmal die gegenüber Moskau und Budapest im ersten Gruß-Telegramm angeführten "energischen diktatorischen Maßnahmen" beschlossen und durchgeführt. Als "erster Schritt zur Festigung der Macht der Arbeiterklasse" wurde noch am 13. April der Generalstreik ausgerufen, wobei die städtischen und privaten Versorgungsbetriebe Münchens so gut es ging weiterarbeiteten. Weitere Maßnahmen der zweiten Räterepublik in München, die auf Leninsche Vorgaben hinweisen, waren unter anderem umfangreiche Beschlagnahmeaktionen zur Versorgung der Stadt, die jedoch meist im Norden Bayerns durch Blokkierung der Bahnstrecken durch Truppen der Bamberger Regierung verhindert wurden. Wie in Rußland wollte der Vollzugsrat mit Aufrufen die Bauern zur Lebensmittel-Lieferung zwingen und Beschlagnahme-Kommandos auf die Dörfer schicken, wo sie aber bei den Bauern auf mehr als nur passiven Widerstand stießen. Am 21. April veröffentlichte die Räteregierung ihre "Provisorischen Leitsätze für die Geschäftskontrolle der Betriebsräte", in denen entsprechend der Leninschen Konzeption Aufgaben und Pflichten vorgesehen waren, die aber nicht verwirklicht werden konnten, so z.B. die Kontrolle der Geschäftsführung der Betriebe, die Vorbereitung ihrer Sozialisierung, Entscheidung aller Personalfragen, Überwachung sämtlicher Geldtransaktionen oder Regelung aller Fragen der Betriebsleitung.

Nicht vergleichbar waren die Verhältnisse der bayerischen zur russischen Landwirtschaft, weshalb es bei Lippenbekenntnissen an den Bauernstand und der Aufforderung, die Lebensmittelversorgung zu gewährleisten, blieb. Da selbst der linkssozialistische Vorsitzende des Bauernbundes, Ludwig Gandorfer, die Zusammenarbeit mit der kommunistischen Räterepublik ablehnte, blieb ein Erfolg auf diesem Gebiet aus. Gegenüber den Gewerkschaften wiederum waren die Kommunisten zu mißtrauisch, schließlich standen diese ja der SPD sehr nahe und die von

Lenin auf diesem Sektor geforderten Maßnahmen unterblieben ganz. Mit Beginn des Generalstreiks erschienen in München keine Zeitungen, wohl aber die "Mitteilungen des Vollzugsrates der Betriebs- und Soldatenräte München", die in der Druckerei der Münchener Neuesten Nachrichten gedruckt und kostenlos verteilt wurden. Dort erschien neben Bekanntmachungen und Lageberichten der Räteregierung eine Menge an Beiträgen mit Ausschnitten aus Lenins Schriften sowie von der Komintern herausgegebenen Richtlinien. Geplant war außerdem der Druck von bolschewistischen Schriften aus der Feder von Lenin, Bucharin, der Kollontai und anderen russischen Revolutionären. In der Münchner Universität wurde der Akademische Rat von einem Revolutionären Hochschulrat ersetzt, der die Öffnung der Universität für das arbeitende Volk verkündete und das Experiment einer proletarischen Übergangshochschule mit einer Vortragsveranstaltung über das "Kommunistische Manifest" von Marx und Engels begann.

"Im Osten ist die Sonne aufgegangen..."

Die Beendigung des Generalstreiks am 22. April 1919 feierte die bayerische Räterepublik als großes Siegesfest. Auch Zeitungen, wenn auch unter Zensur, erschienen wieder. Ein großer Aufmarsch von etwa zwölf- bis fünfzehntausend Arbeitern fand statt, dem sich ab 17 Uhr eine Massenversammlung anschloß. Von dort bewegte sich dann ein riesiger Demonstrationszug zur Brienner Straße, wo dann vom Balkon des Wittelsbacher Palais Eugen Leviné die russische Sowjetrepublik hochleben ließ und dazu ausführte: "Der Westen war es, der in allen bürgerlichen Revolutionen die Massen zum Aufruhr, zur Empörung rief. Die proletarische Revolution ist von Osten gekommen. Im Osten ist das Glück, im Osten ist die Sonne aufgegangen. Wir danken unseren russischen Brüdern, die zuerst aufgestanden sind und mit ungeheuerer Kraft und mit einem unermeßlichen Opfermut das gewaltige Werk auf sich genommen haben, in die Reihen des Kapitalismus vorwärtszustürmen gegen die Feste des Kapitals. Wir sind nachgefolgt, und andere werden nachfolgen!..."

Die Einbeziehung solcher sowjetrussischer Zielsetzungen in das Konzept der Räterepublik in München beschleunigte die Agitation und Aktionen der Bamberger SPD-Regierung, hinter der ja die Weimarer Koalitionsregierung unter Reichskanzler Scheidemann stand. Da beide KP-Führer, Leviné und Levien, aus Rußland stammten, wurde ihre Verleumdung als "landfremde Elemente", dazu mit antisemitischer Betonung, immer lauter. Das erzbischöfliche Ordinariat rief zur Unterstützung der legalen Regierung gegen die "landfremden Revolutionäre" auf. Selbst unter den USPD-Führern, die sich wie Toller, Niekisch, Landauer und andere der kommunistischen Räterepublik zur Verfügung gestellt hatten, bewirkte die an Lenins Konzept immer deutlicher ausgerichtete Politik Levinés eine Änderung ihrer Haltung. Die Schaffung und Einsetzung einer "Sonderkommission zur Bekämpfung konterrevolutionärer Umtriebe" nach dem Vorbild der sowjetrussischen Tscheka war ein weiteres Symptom, das die nicht-kommunistischen Mitglieder des Vollzugsrats immer deutlicher in Opposition zu Leviné brachte.

Zwei Lager, um Leviné und Ernst Toller, standen sich in den Arbeiter- und Betriebsräte-Versammlungen immer unversöhnlicher gegenüber. Am 27. April kam es zum Bruch. Toller sprach den Vorwurf offen aus: "Die jetzige Regierung betrachte ich als ein Unheil für das werktätige Volk Baierns." Er legte aus Protest gegen den Vollzugsrat sein Kommando bei der "Roten Armee" nieder und faßte in seiner Anklage gegen die "Russen" und ihr Verhalten zusammen: "Das große Werk der russischen Revolution verleiht jedem dieser Männer magischen Glanz, erfahrene deutsche Kommunisten starren wie geblendet auf sie. Weil Lenin Russe ist, trauen sie ihnen dessen Fähigkeiten zu... In den Grundgedanken der proletarischen Räterepublik begegnen wir uns mit den Russen, in der Ausführung dieses Gedankens aber, also in allen einzelnen praktischen Maßnahmen, müssen wir baierische und nicht russische Politik treiben. Wir Baiern sind keine Russen." Am selben Tag übrigens schickte Lenin ein weiteres Grußtelegramm nach München und bat, "möglichst oft und möglichst konkret mitzuteilen, welche Maßnahmen Sie zum Kampfe gegen die bürgerlichen Henker Scheidemann und Co. durchgeführt haben"; außerdem gab er ausführliche Hinweise zur Durchführung wichtiger Maßnahmen in allen Bereichen.

Das "Hofbräuhaus-Parlament": Das Ende der zweiten Münchner Räteregierung

In der Vollversammlung der Münchner Betriebsräte, der Volksmund sprach vom "Hofbräuhaus-Parlament", fiel dann die Entscheidung: Leviné und seine Männer fanden keine Mehrheit mehr und traten nach einem Mißtrauensantrag gegen den Vollzugsrat zurück. Toller und seine Freunde bemühten sich noch um Verhandlungen mit der legalen Bamberger Hoffmann-Regierung, angesichts des sich immer enger um München schließenden Rings der "weißen" Truppen. Auf Weisung von Berlin lehnte Hoffmann aber Verhandlungen ab, zumal der neue Aktionsausschuß für die Beibehaltung der Räterepublik eintrat. Hoffmann forderte "bedingungslose Übergabe" und die sofortige Verhaftung aller Räteführer, eine Forderung, die Toller natürlich nicht mehr erfüllen konnte und auch nicht wollte. In den letzten drei Tagen der Räterepublik in München hatte nur noch die "Rote Armee" unter Rudolf Eglhofer das Sagen.

Dieser ließ die Straßen blockieren, Kasernen und öffentliche Gebäude befestigen und entschied: "Die Rote Armee wurde gegründet nicht als Instrument der Politik, sondern als Organ der Verteidigung der Diktatur des Proletariats und der Räterepublik gegen die Konterrevolution der weißen Garde. Entspre-

Einmarsch der "Weißen Truppen" in München am 1. Mai 1919.
Zur Rückeroberung der Stadt gingen sie mit unglaublicher Brutalität gegen die "Roten" vor.

chend dieser Aufgabe erklärt das Oberkommando, daß es das revolutionäre Proletariat, koste es, was es wolle, gegen die weiße Garde verteidigen wird und sich von keiner Seite, auch nicht von den Betriebsräten, zu einem Verrat an der sozialen Revolution wird zwingen lassen." Unter seiner Verantwortung wurden dann am Mittwoch, den 30. April, als der Angriff der Regierungstruppen und Freikorps auf München begann, zehn wegen angeblicher Fälschung von Amtsstempeln und rechtsradikaler Verschwörung einige Tage vorher schon durch die bereits erwähnte "Sonderkommission zur Bekämpfung konterrevolutionärer Umtriebe" verhaftete Geiseln, meist Mitglieder der antisemitischen Thule-Gesellschaft, erschossen.

Diese Bluttat löste bei der Bevölkerung Münchens Entsetzen und Empörung aus. Die Rache der am Morgen des 1. Mai 1919 in München einmarschierenden Regierungstruppen und Freikorps-Verbände war allerdings fürchterlich, nicht nur an den Führern der bayerischen Räterepublik, die fast alle in ihre Hände fielen, sondern auch an deren Anhängern und an vielen Unschuldigen. Nach amtlichen Angaben wurden vom 1. bis 8. Mai in München und Umgebung 557 Männer und Frauen erschossen oder erschlagen.

1. Mai 1919 in Moskau: Lenin grüßt "Sowjetbayern"

An diesem 1. Mai 1919, an dem in München die Räterepublik zu Ende ging, sagte auf dem Roten Platz in Moskau Lenin in seiner Festrede zum Feiertag der Arbeiterbewegung: "In allen Ländern haben die Arbeiter den Weg des Kampfes mit dem Imperialismus betreten. Die Arbeiterklasse, die sich befreit hat, feiert ihren Tag nicht nur in Sowjetrußland frei und offen, sondern auch in Sowjetungarn und in Sowjetbayern." Mehr Sinn für eine realistische Einschätzung bewies Lenins Mitarbeiter Karl Radek, weil er Deutschland aus eigenem Erleben kannte.

Er war schon im Dezember 1918 illegal nach Deutschland gekommen und hatte von seiner Verhaftung im Februar 1919 in einer neunmonatigen Schutzhaft im Gefängnis von Berlin-Moabit bis zu seiner Ausweisung Ende 1919 beste Kontakte zu vielen deutschen Intellektuellen. In seiner Einschätzung der deutschen Revolution sprach er davon, daß die Arbeiterklasse hier deshalb nichts mit der Macht anzufangen wußte, weil sie sie nicht erobern mußte, sondern nur "aufzunehmen" brauchte: "Das Proletariat spielte ein paar Wochen Arbeiter- und Soldatenrat, während es die wirkliche Macht den abhängigen und angeblich unabhängigen Sozialdemokraten übergab." Die revolutionäre Partei sei in Deutschland beim Ausbruch der Revolution "eine theoretische Richtung ohne Partei" gewesen, "sie war Geist ohne Körper". Künftig, so wies Radek die Richtung, müsse die russische Revolution "eine Brükke nach dem Westen werfen, und die kommunistische Partei muß die tragfähigen Pfeiler bilden".

Deutschland als "Mittler und Brücke zwischen Ost und West"

Die deutsch-sowjetischen Beziehungen in den Jahren der Weimarer Republik

> Nur im festen Anschluß an Groß-Rußland hat Deutschland die Aussicht auf Wiedergewinnung seiner Weltmachtstellung.
>
> Hans von Seeckt

> Wir sind nicht allein auf der Welt. Wir existieren in einem System der kapitalistischen Staaten als Glied der Weltwirtschaft.
>
> Lenin

> Für uns gibt es keine Option zwischen Ost- und Westpolitik. Wir wollen nach beiden Seiten gute Beziehungen unterhalten.
>
> Gustav Stresemann

Eineinhalb Jahre nachdem die Deutschen der jungen Sowjetrepublik den Frieden von Brest-Litowsk diktiert hatten, mußte die junge deutsche Republik von Weimar ihrerseits am 28. Juni 1919 den Friedensvertrag von Versailles zur Beendigung des Ersten Weltkrieges unterzeichnen, ebenfalls ein Diktat-Frieden, den die deutschen Vertreter nur zu akzeptieren hatten, über den sie nicht diskutieren konnten. Im Artikel 231 dieses Vertrages mußte die deutsche Republik die alleinige Schuld am Ausbruch des Weltkrieges als "Urheber" auf sich nehmen und wurde "für alle Verluste und Schäden" verantwortlich gemacht, woraus die Verpflichtung Deutschlands zur Leistung von Reparationen abgeleitet wurde. Deutschland verlor durch den Versailler Vertrag weite Gebiete an Frankreich, Belgien und Dänemark, vor allem aber an das neugegründete Polen. Drei Viertel seiner Eisenerz- und ein Viertel seiner Kohlevorkommen mußte Deutschland abgeben sowie sich verpflichten, entgegen dem erklärten Wunsch der Menschen beider Länder, sich nie wieder mit Österreich zu vereinigen.

Trotz Revolution keine Sozialisierung in Deutschland

Von den westlichen Siegermächten wurde in Versailles nicht honoriert, daß Deutschland zu dieser Zeit bereits deutlich gemacht hatte, daß es nicht der sozialistischen Weltrevolution im Sinne Lenins folgen und nach der Revolution von 1918 im Reich keine Sozialisierung einführen wollte. Auch wenn der erste Außenminister der deutschen Republik, Ulrich Graf von Brockdorff-Rantzau, später von 1922 bis 1928 deutscher Botschafter in Moskau, schon im April 1919 erklärte, daß "der Kampf gegen den Bolschewismus eine der wenigen gemeinsamen Grundlagen für eine Wiedervereinigung mit den Westmächten bildet", sah sich in den ersten Nachkriegsjahren das mit dem Versailler Vertrag bestrafte Deutschland in der, wie es der Historiker Werner Conze formulierte, "widersprüchlichen Lage, sich verfassungspolitisch betont parlamentarisch-demokratisch und damit antikommunistisch entschieden" zu haben, "daß es aber gleichwohl von den westlichen Mächten, vor allem von Frankreich, noch unter den harten Bedingungen von Versailles gehalten und nicht als gleichberechtigt angenommen wurde". Enttäuscht wurde auch die Hoffnung der ersten deutschen Regierung der Weimarer Republik, eine deutlich dokumentierte Gegnerschaft zur sowjetischen Regierung im Osten würde einer Freundschaft mit dem Westen förderlich sein. Nicht umsonst hatte das deutsche Kabinett die sofort nach der Konstituierung der neuen deutschen Regierung von Moskau ergangene Aufforderung, die "unterbrochenen" diplomatischen Beziehungen wieder aufzunehmen, unbeantwortet gelassen.

In Moskau aber hatte man trotz der Fehlschläge einer sozialistischen Revolution im Frühjahr 1919 in Deutschland die Hoffnung nicht aufgegeben, die "Werktätigen" über die langsam erstarkende KPD in Deutschland zu aktivieren. Lenin selbst gab dieser Hoffnung mit seiner Beurteilung des Versailler Vertrages sehr deutlich am 22. November 1919 vor dem II. All-Russischen Kongreß der Kommunistischen Organisationen der Völker des Ostens in Moskau Ausdruck: "Den Werktätigen sind die Augen aufgegangen, weil der Versailler Frieden ein Raubfrieden ist und gezeigt hat, daß Frankreich und England in Wirklichkeit gegen Deutschland Krieg führten, um ihre Herrschaft über die Kolonien zu festigen und ihre imperialistische Macht zu vergrößern."

Deutschland und Rußland gehörten zu den Verlierern des Krieges

Zweifellos erkannte Lenin, wie viele andere zeitgenössische Beobachter in Mitteleuropa nach dem Weltkrieg, das Gemeinsame in Rußland und Deutschland: Beide Länder gehörten zu den Verlierern dieses Krieges, hatten Millionen von Menschen verloren und "mußten auf einem Trümmerhaufen von vorn beginnen" (Leo Sievers). Rußland und Deutschland hatten sich ihrer Monarchien entledigt und waren dabei, neue Staats- und Gesellschaftsformen durchzusetzen. Nicht zuletzt kämpften auch seit Kriegsende Tausende ehemaliger deutscher Kriegsgefangener auf beiden Seiten des Bürgerkrieges in Rußland, teils gezwungenermaßen, teils aus innerer Überzeugung. In einem Aufruf, der im Februar 1918 bereits in einer Versammlung der Delegierten von 32 Kriegsgefangenenorganisationen angenommen wurde, hieß es: "Jeder der daran glaubt, daß das Proletariat sich vom kapitalistischen Joch befreien wird..., wer am eigenen Leibe die Unterdrückung seitens der Kapitalisten und Generale verspürt hat, wer nach der Rückkehr in die Heimat nicht in schmutzigen Elendsbehausungen dahinsiechen will..., der tritt der Roten Armee bei." In der Roten Armee kämpften bis 1920 etwa 300.000 Deutsche, Österreicher und Ungarn als "Internationalisten", die "aufgrund ihrer internationalistischen Gesinnung davon überzeugt waren, daß sie an den Fronten des Bürgerkrieges in Rußland bleiben mußten" (A.ndrej Markelow in *Sowjetunion heute,* Nr. 11/1987).

Karl Radek, Lenins Experte für Deutschland.

Tschitscherin: "1919 weniger Noten an die deutsche Regierung als Aufrufe an die werktätigen Massen"

Und was die Revolution in Deutschland im Sinne Lenins betraf, so war zum Beispiel Trotzki noch im Jahre 1924 in seiner Schrift "Die Lehren der Revolution" der Meinung, daß "die deutsche Revolution 1918 und 1919 hätte siegen können, wenn sie über eine entsprechende Parteiführung verfügt hätte." Deutschland blieb auch nach dem Scheitern der Räterepublik in Bayern im Blickpunkt der Sowjet-Regierung, wenn auch zunächst weniger auf dem offiziellen Weg der Diplomatie, als mehr auf dem Weg der Beziehungen im Bereich der Propaganda und Agitation. Außenminister Tschitscherin beschrieb das später so: "Im Jahre 1919 sandten wir weniger Noten an die deutsche Regierung als Aufrufe an die werktätigen Massen." Diese Tatsache führte zu einer Doppelgleisigkeit von Partei-Beziehungen einerseits und diplomatisch geführter Außenpolitik andererseits, die für die auswärtigen Beziehungen des Sowjetstaates lange Zeit charakteristisch bleiben sollte.

Auf dem Gebiet der Agitation war auch Karl Radek während seiner Haftzeit in Berlin-Moabit tätig, denn seine Haft war eher eine Art Ehrenhaft und seine Zelle nannte er selbst einen "politiceskij salon" (politischen Salon), wo er Männer empfing, wie den späteren Außenminister Walther Rathenau, den Publizisten Maximilian Harden und den türkischen General und Politiker Enver Pascha, durch den "aller Wahrscheinlichkeit nach" der spätere Chef der Heeresleitung der Reichswehr, Generaloberst von Seeckt, "über die Ideen des russischen Revolutionärs informiert wurde" (Karlheinz Niclauss). Seeckt hat sich dann ab 1920 der Sowjetunion zugewandt und vermerkte in seiner Niederschrift vom 4. Februar 1920 über "Deutschland und Rußland" den Satz: "Nur im festen Anschluß an ein Groß-Rußland hat Deutschland die Aussicht auf Wiedergewinnung seiner Weltmachtstellung." Ab 1922 hat Seeckt dann Karl Radek als offiziellen Vertreter der Sowjet-Regierung "zur Aussprache über eine Zusammenarbeit auf kriegswirtschaftlichem und militärischem Gebiet" (Meier-Welcker) empfangen.

Vorbereitungen zu einer deutsch-russischen Annäherung

Radeks Gespräche im "Salon" hatten das Ziel, eine Zusammenarbeit zwischen Deutschland und Rußland vorzubereiten. Er hat so über seine Kontakte zumindest indirekt dazu beigetragen, daß man im Auswärtigen Amt, bei den deutschen Militärs und in Industriekreisen begann, über die positiven Aspekte einer eventuellen deutsch-russischen Zusammenarbeit nachzudenken. Radeks realistische Einschätzung der damaligen Situation und sein kluges Urteil sowohl gegenüber Deutschland als auch gegenüber Sowjet-Rußland trugen erheblich zu seinen persönlichen Erfolgen bei. So beurteilte er in einem Brief vom 11. März 1919 an den Schriftsteller Alfons Paquet, den dieser Außenminister Brockdorff-Rantzau zur Kenntnis brachte, die revolutionären Aussichten in Deutschland skeptisch, weil das Militär auf der Seite des Bürgertums stehe und der Einfluß der KPD noch relativ gering sei. Er befürworte deshalb eine wirtschaftliche Zusammenarbeit zwischen Deutschland und dem Sowjetstaat.

Der Soziologe und Volkswirtschaftler Alexander Rüstow, der ebenfalls zu Radeks Gesprächspartnern im "Salon" gehörte, brachte dessen wirkungsvolle Agitation auf den Punkt, als er später rückschauend bemerkte: "Für Rathenau war das Zusammentreffen mit Radek eine Art Vorspiel zu Rapallo." Nicht von ungefähr kam es in diesen Monaten des Jahres 1919, als Radek unfreiwillig in Moabit "Hof hielt", auch zu den ersten Kontakten zwischen deutschen Militärs und Russen, voran der als inoffizieller Moskau-Abgesandter in Berlin lebende enge Freund Trotzkis, Viktor Kopp, der Ende 1920, Anfang 1921 als halboffizieller Unterhändler der Sowjet-Regierung Kontakte zu deutschen Rüstungsunternehmen wie Albatros, Blohm & Voss und Krupp herstellte, die wiederum im März 1921 zu Besprechungen in Verbindung mit der Heeresleitung führten. Eine danach entsandte erste Gruppe von Offizieren unter Hauptmann Oskar Ritter von Niedermayer hat dann in Rußland aber bald viel zu ungünstige technische und wirtschaftliche Voraussetzungen vorgefunden, so daß ihre Reise noch erfolglos war.

Mehr Aussichten eröffnete dann am 6. Mai 1921 ein zwischen Deutschland und der Sowjetregierung abgeschlossenes vorläufiges Handelsabkommen, wobei die bestehenden Fürsorgestellen für Kriegsgefangene in Berlin und Moskau mit konsularischen Befugnissen ausgestattet wurden. Der erste deutsche Vertreter in Moskau, Kurt Wiedenfeld, war allerdings der Ansicht, daß Deutschland in seiner Annäherung an Rußland nicht weiter gehen dürfe als mit England. Trotzdem nahmen nach diesem ersten Schritt in Richtung normaler diplomatischer Beziehungen die deutschen Militärs Ende September 1921 ihre Verhandlungen mit den Russen auf, mit Victor Kopp und Leonid Krassin, dem Vorsitzenden des Rates für Außenhandel, noch inoffiziell und meist in der Wohnung von Major Kurt von Schleicher, des späteren letzten Kanzlers der Weimarer Republik. Sie taten dies mit Rückendeckung der deutschen Regierung, denn schon im Januar 1921 hatte Walter Simons, der parteilose Außenminister der vierten, nur von den bürgerlichen Parteien getragenen Regierung unter dem Zentrumspolitiker Konstantin Fehrenbach im Reichstag verkündet: "Der Kommunismus als solcher ist kein Grund, warum nicht eine deutsche republikanische und bürgerliche Regierung mit der Sowjetregierung Handel treiben soll."

Die europäische Nachkriegsordnung nach 1919

Diese ersten Schritte einer neuen deutsch-russischen Annäherung, mehr oder weniger von Karl Radek eingefädelt, ließen deutlich erkennen, daß ihnen weitere folgen würden. Bevor es jedoch dazu kam, hatte sowohl die junge deutsche Republik als auch Lenins Sowjetstaat mehrere schwere innere Krisen zu bestehen, die mehr oder weniger mit der 1919 von den westlichen Siegermächten geschaffenen europäischen Nachkriegsordnung zusammenhingen. So wie Deutschland im Versailler Vertrag, wie man hoffte, für immer geschwächt worden war, wollte man Sowjetrußland, das von den Friedensverhandlungen ganz ausgeschlossen worden war, von Europa ebenfalls für immer fernhalten. Um dies zu gewährleisten, aber auch um eine Ansteckung der Nachbarländer mit dem Bazillus des Bolschewismus zu verhüten, hatten die Friedensunterhändler in Versailles um Lenins Staat einen "Cordon sanitaire" (was eigentlich eine seuchenpolizeiliche Absperrung bedeutet!) in Form eines Gürtels von Pufferstaaten von der Ostsee bis zum Schwarzen Meer geschaffen: von Finnland über die baltischen Staaten und dem neuen Polen bis nach Rumänien. Polen kam dabei eine Schlüsselfunktion zu, denn es sollte einerseits Deutschland abschirmen und einen sowjetrussischen Einbruch nach Mitteleuropa verhindern. Zwanzig Jahre später, als sich das Machtgefälle in Europa erneut veränderte, spielte dann das neue Polen wieder eine entscheidende Rolle.

Sowjetrußlands innere Krisen waren aber vor allem eine Folge des Bürgerkrieges, in dessen Endphase Rußland vor dem wirtschaftlichen Ruin stand. Die Gesamtproduktion der Landwirtschaft war 1920 auf die Hälfte des Vorkriegsstandes gesunken, die Produktion der Großindustrie betrug nur wenig mehr als ein Siebtel der Vorkriegsproduktion. Der Ablieferungszwang im sogenannten "Kriegskommunismus" ließ bald alle Initiative der Bauern erlöschen. Verstärkt wurden die Schwierigkeiten noch durch eine Dürre im Jahre 1920 und eine völlige Lahmlegung des Transportwesens, so daß keine Lebensmittel mehr in die Städte kamen, was wiederum Hunger und Krankheiten zur Folge hatte. Anfang 1921 verschlechterte sich die Situation noch weiter. Die Industrie hörte praktisch auf zu produzieren, weil viele Werke wegen Brennstoffmangel schließen mußten. In der Provinz, vor allem in der Ukraine, wehrten sich die Bauern gewaltsam gegen die Zwangsrequirierung von Getreide.

Kronstadt: Die Aufständischen "wie Enten auf dem Teich abschießen"

Im Februar 1921 kam es zu Streiks der Arbeiter in Petrograd, worauf die Bolschewiki brutal das Standrecht verhängten. Schließlich meuterten auch die Kronstädter Matrosen gegen die Auswüchse des "Kriegskommunismus", erklärten sich mit den Petrograder Arbeitern solidarisch und forderten nach Bildung eines Revolutionskomitees freie Wahlen für den Kronstädter Sowjet, Rede- und Versammlungsfreiheit, Bejahung einer sozialistischen Gesellschaft, aber Ablehnung der Bolschewistischen Partei. Doch die Bolschewiki wollten und konnten sich nicht auf eine weitere Revolution einlassen. Während in Moskau vom 8. bis 16. März 1921 die Delegierten des X. Parteitages tagten, schlugen Truppen der Roten Armee den Kronstädter Aufstand blutig nieder. Zehn Tage lang wehrten sich rund 14.000 Mann der

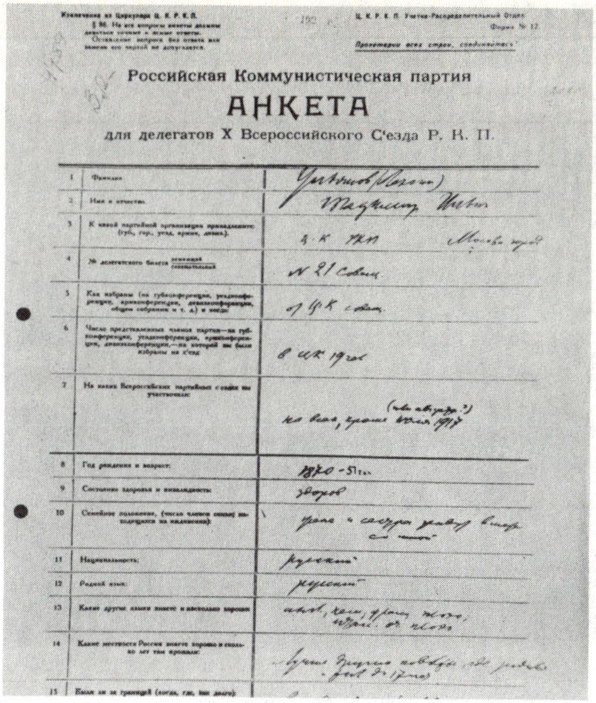
Российская Коммунистическая партия

АНКЕТА

для делегатов X Всероссийского С'езда Р. К. П.

Handschriftlich von Lenin ausgefüllter Fragebogen zum 10. Allrussischen Kongress der Russischen Kommunistischen Partei am 7. März 1921.

Kronstädter Garnison verbissen gegen Trotzkis Rotgardisten. Der hatte in einem Tagesbefehl gefordert , die Aufständischen "wie Enten auf dem Teich" abzuschießen. Der anhaltende Widerstand zwang die Sowjet-Führung sogar dazu, alle auf dem Parteitag anwesenden Militärs nach Petrograd zu schicken. Unter dem Kommando des Oberbefehlshabers der Roten Armee, Michail N. Tuchatschewski, stießen unter entsetzlichen Verlusten Rotgardisten in der Nacht über das Eis nach Kronstadt vor und drangen am Morgen des 18. März in die Stadt ein, wo den ganzen Tag über bis in die Abendstunden in blutigen Straßenkämpfen die letzten Meuterer ausgeschaltet wurden. Dann folgten Repressionen gegen die Zivilbevölkerung, Massenverhaftungen und Massenerschießungen. Ein deutscher Augenzeuge, der über die USPD zur KPD gestoßene Leipziger Curt Geyer, der am X. Parteitag der KPdSU in Moskau teilnahm, stand in Moskau am Straßenrand, als die Sieger von Kronstadt mit Musik und wehenden Fahnen vom Bahnhof zum Kreml marschierten und dabei das Lied "Brüder zur Sonne, zur Freiheit" sangen. Geyer später: "Seither habe ich dieses Lied nicht mehr hören können!"

Lenin rettet seinen Staat mit der NEP

Auf diesem historischen X. Parteitag der sowjetrussischen Kommunistischen Partei hat Lenin auch seinen neuen Staat gerettet, indem er als einziger unter den bolschewistischen Führern die Konsequenzen aus der inneren und internationalen Lage Sowjetrußlands zog und mit einer radikalen Wende in der Wirtschaftspolitik seine Neue Ökonomische Politik (Nowaja Ekonomitscheskaja Politika, abgekürzt NEP) verkündete: "Wir dürfen nicht zu verheimlichen suchen, daß die Bauernschaft mit der Form der Beziehungen, wie sie sich bei uns herausgebildet hat, unzufrieden ist, daß sie diese Form der Beziehungen nicht will und so nicht weiterleben wird. Dem müssen wir Rechnung tragen, und wir sind nüchterne Politiker genug, um geradeheraus zu sagen: Laßt uns unsere Politik gegenüber den Bauern ändern." Gegen großen Widerstand in der Partei warf Lenin das Steuer herum: "Die Bauern durften den größeren Teil der Ernte frei verkaufen; wenigstens die mittleren und kleinen industriellen Unternehmungen wurden ihren privaten Eigentümern überlassen; der Binnenhandel wurde von einer Staatseinrichtung wieder zu einer Angelegenheit persönlichen Gewinnstrebens und persönlichen Wagemuts" (Paul Sethe). Die Neue Ökonomische Politik begann zu greifen, eine leidliche Ordnung kehrte zurück und die gewaltsamen Aufstände gegen den neuen Staat hörten auf, denn die Menschen wurden wieder satt. Großbanken, Großindustrie und der Außenhandel blieben jedoch in Händen des Staates.

Nach dem Zusammenbruch des Kapp-Putsches in Berlin:
Die Kapp-Truppen (rechts) werden von Truppen der alten Reichswehr (links) abgelöst.

Reaktivierung der sowjetischen Außenpolitik ab 1921

Auch in der Außenpolitik gab es ab 1921 auf Lenins Weisung hin ebenfalls entscheidende Veränderungen. Lenin führte seinen Staat aus der selbstgewählten Isolierung der Diplomatie, deren Aktivität der Erwartung der bevorstehenden Weltrevolution geopfert wurde, heraus. Da der Durchbruch dazu nicht erreicht wurde, auch nicht mit Hilfe der Kommunistischen Internationale und andererseits die Staaten des Westens erkannten, daß der Bolschewismus und sein Gesellschaftssystem in Rußland nicht, wie erwartet, schnell zusammenbrechen werde, ging Lenin daran, die Außenpolitik und Diplomatie zu reaktivieren. Ab 1921 schloß der Sowjetstaat in Rußland eine Reihe von Verträgen, wie zum Beispiel am 26. März 1921 ein Abkommen über Handelsfragen mit England sowie das bereits erwähnte vorläufige Handelsabkommen mit Deutschland vom 6. Mai 1921. Weitere Abkommen schloß Sowjetrußland mit Persien, Afghanistan und der Türkei sowie einen Freundschafts- und Hilfsvertrag mit der Äußeren Mongolei. Das vordringliche Ziel der neuen Außenpolitik der Bolschewiki war natürlich, auf internationaler Ebene Unterstützung zur Bekämpfung des Hungers im Lande zu bekommen. Auch über die internationalen Kommunistischen Parteien, darunter auch durch erfolgreiche Sammelaktionen der KPD, kam finanzielle und materielle Hilfe. "Von 1921 an", stellte Werner Conze später fest, "mußte allgemein damit gerechnet werden, daß die Sowjetunion sowohl als Staat unter Staaten wie als Zentrum der kommunistischen Parteien in der Welt (III. Internationale) sich halten und entwickeln würde. Lenin hatte bereits die Grundlagen für das geschaffen, was Stalin später die 'Revolution von oben' genannt hat.

Der Kapp-Putsch und seine nachhaltigen Folgewirkungen in Deutschland: "Rote Armeen" im Ruhrgebiet und im Vogtland

Die durch den Versailler Vertrag politisch und ökonomisch geschwächte junge deutsche Republik von Weimar, die sich für die westliche Demokratie entschieden hatte, mußte sich im Frühjahr 1920 erst einmal gegen einen Frontalangriff der äußersten Rechten wehren, ehe sie dann, folgerichtig daran anschließend, sich Unruhen und Aufständen von der Linken gegenüberstehen sah. Der von reaktionären Freikorps-Truppen mitgetragene Putsch des Generallandschaftsdirektors in Ostpreußen, Wolfgang Kapp, einst Mitbegründer der rechtsextremen "Deutschen Vaterlandspartei" von 1917, brach am 17. März nach vier Tagen in dem von den Gewerkschaften unterstützten Generalstreik und der Verweigerung der Beamten in Ministerien und Behörden gegen den selbsternannten "Regierungschef" Kapp sowie dessen Ablehnung durch die führenden Reichswehroffiziere zusammen. Der Generalstreik dauerte noch eine weitere Woche über das Ende des Kapp-Putsches hinaus an und wurde erst am 23. März abgebrochen, nachdem die Forderungen der Gewerkschaften nach "sofortiger Inangriffnahme der Sozialisierung der dazu reifen Wirtschaftszweige" sowie eine Mitsprache bei der Neubildung der Reichsregierung akzeptiert worden war. Die neue, von dem Sozialdemokraten Hermann Müller als Kanzler ab 27. März geführte Weimarer Koalitionsregierung von SPD, DDP und Zentrum amtierte allerdings nur bis zum 8. Juni 1920, also nur knapp drei Monate. In diesen Zeitraum fielen Folgewirkungen des Kapp-Putsches, die sich als schwerwiegend für die weitere Entwicklung der Weimarer Republik herausstellen sollten.

Die fatalen Folgen des Putsches von rechts begannen damit, daß die Koalitionsregierung weiterhin auf die Hilfe des durch den Putsch diskreditierten Militärs angewiesen war, daß sie Reichswehroffiziere in ihren Stellen behielt, die Kapp entweder unterstützt oder zumindest mit ihm geliebäugelt hatten. Diese Tatsache ließ unter der großen Arbeiterschaft im Ruhrgebiet, von den Agitatoren der KPD initiiert, erneute Hoffnungen auf eine kommunistische Umgestaltung von Staat und Gesellschaft aufkommen, wo sich aus Arbeiterwehren noch während des Kapp-Putsches eine "Rote Armee" in einer Stärke von vier Divisionen formiert hatte, die die wichtigsten Städte im Ruhrgebiet besetzten. Als der Putsch zu Ende war, wollten sich die Soldaten der "Rote-Ruhr-Armee" in Erinnerung an die März- und Mai-Tage des Jahres 1919 in Berlin und München nicht entwaffnen lassen. Diese Erinnerungen trogen nicht, denn am 2. April 1920 rückten Reichswehrtruppen in die von den "Roten" besetzten Städte vor und stellten in blutigen Gewaltakten auf gewohnte Weise die Ordnung wieder her.

Die Bilanz dieser "Säuberung" des Ruhrgebietes: 160 Tote bei den Regierungstruppen gegenüber Hunderten von Toten auf seiten der "Roten", wobei die vielen unbeteiligten Opfer nicht mitgezählt sind. In Unkenntnis der wirklichen Lage in Deutschland, Karl Radek war im Dezember 1919 bereits wieder in die Sowjetunion ausgewiesen worden, hatte Lenin aus dem Erfolg des Generalstreiks gegen den Kapp-Putsch gefolgert, daß die Zeit nicht mehr fern sei, "wo wir Hand in Hand mit einer deutschen Sowjetregierung arbeiten werden". In Deutschland zeigte sich aber rasch, daß die Niederlage der Kapp-Putschisten und die Erfolge gegen die "Rote Armee" im Ruhrgebiet und die "Räterepublik" im Vogtland für die Republik kein Sieg war. Die Vertreter der Staatsordnung verfuhren dabei mit den Putsch-Teilnehmern ausgesprochen milde: nach zwei Jahren Untersuchungen wurden von 700 Straftaten 412 amnestiert, 109 Verfahren abgebrochen, 176 Verfahren eingestellt, 7 noch nicht erledigt und 1 Strafurteil gefällt.

Zwei Rücktritte mit verhängnisvollen Folgen

Geradezu verhängnisvoll wirkten sich aber zwei Rücktritte im Zusammenhang mit dem Kapp-Putsch aus. Der Sozialdemokrat Gustav Noske trat als Reichswehrminister zurück, nachdem ihm seine

Parteigenossen vorgeworfen hatten, er sei gegenüber dem Offizierskorps zu vertrauensselig gewesen. Die SPD ließ damit einen Mann aus ihren Reihen fallen, der zwar seit 1918/1919 mit dem "Bluthund" leben mußte, der aber möglicherweise das Zeug dazu gehabt hätte, das entscheidende Problem der Eingliederung der alten Armee in eine demokratische Gesellschaft doch noch zu lösen. Da die SPD auch keinen Nachfolger stellen konnte, übernahm Otto Geßler von der DDP, ehemaliger OB von Nürnberg, das Amt des Reichswehrministers, das er dann weniger im Sinne einer politischen Kontrolle der Armee, sondern eher umgekehrt, also zu ihrer Abschirmung gegenüber dem Parlament, ausübte. Damit arbeitete er aber dem Mann in die Hände, der nach dem zweiten spektakulären Rücktritt nach dem Kapp-Putsch im Amt des Chefs der Heeresleitung, dem republik-loyalen General Reinhardt, folgte, nämlich dem bereits erwähnten General Hans von Seeckt, der in den folgenden Jahren mit Duldung des neuen Reichswehrministers die angeblich unpolitische Reichswehr zum Staat im Staate ausbaute, sie zu einem bald der Kontrolle des Parlaments entzogenen innenpolitischen Machtfaktor machte, um damit eigene außenpolitische Ziele zu verfolgen, wie zum Beispiel die bereits erwähnten Kontakte zur russischen Roten Armee, die sich dann später zu einer engen Zusammenarbeit entwickelte.

Entwicklung zur Radikalisierung nach links und rechts

Die nachhaltigste Folgewirkung des Kapp-Putsches für die deutsche Republik aber brachten die Reichstagswahlen vom 6. Juni 1920, nämlich die Ausschaltung der Mehrheit der Kräfte der demokratischen Mitte, die ein Jahr zuvor die Weimarer Verfassung geschaffen hatten. Diese Mitte verlor mehr als die Hälfte und bis zum Ende der Republik sollten die Parteien der Weimarer Koalition ihre Mehrheit nie mehr zurückgewinnen. Damit gerieten schon ab 1920 die politischen Kräfte, die den ersten Demokratie-Versuch in Deutschland verantwortlich getragen hatten, in einen innenpolitischen Zweifrontenkrieg im Zeichen der Radikalisierung nach rechts und links. Die Szene der politischen Linken in der Weimarer Republik verschob sich außerdem im Herbst 1920 zugunsten der KPD, nachdem auf einem außerordentlichen Parteitag der USPD, die nach den Reichstagswahlen vom Juni 1920 im deutschen Parlament hinter der SPD die zweitstärkste Fraktion stellte, unter dem Einfluß Moskaus eine Spaltung der gewonnenen Mehrheit der Unabhängigen herbeigeführt wurde. Aus Moskau war Grigorij Sinowjew, der Vorsitzende der III. Internationale, nach Halle gekommen und hielt, wie er später bemerkte, eine viereinhalb Stunden dauernde Rede, die längste Rede seines Lebens, deren Schwerpunkt er auf den Nachweis legte, "daß die Rechte mit großem Eifer an die proletarische Weltrevolution nicht glaubte und nicht glauben will". Mit "Rechte" meinte er die Minderheit in der USPD, die sich gegen eine Spaltung und den Anschluß an die KPD sowie an die III. Internationale aussprach. Sinowjew nannte sie "Reformisten", die Spalter und linke Mehrheit der USPD waren für ihn die "Revolutionäre". Rund 300.000 Mitglieder der USPD, die sich Anfang Dezember 1920 in Berlin der KPD anschlossen, machten die bis dahin nur 78.000 Mitglieder starke Kommunistische Partei Deutschlands mit einem Schlage zu einer Massenpartei. Der verbleibende Rest der USPD-Mitglieder kehrte dann zwei Jahre später, Ende 1922, wieder zur Mutterpartei SPD zurück.

Komintern und "ferngelenkte" KPD

Mit der erstarkten KPD, die sich vorübergehend "Vereinigte Kommunistische Partei" (VKPD) nannte, hatte die Sowjetunion nun noch vor der Aufnahme normaler diplomatischer Beziehungen zwischen beiden Regierungen die Möglichkeit einer direkten Einwirkung auf die deutsche Innenpolitik. Der ab 1920 im Exekutivbüro der Komintern in Moskau tätige Karl Radek leitete von dort aus die Umorganisierung der KPD nach einem von der Komintern ausgearbeiteten Plan, der zum Ziel hatte, die Funktionäre der ehemaligen USPD in der neuen VKPD von wichtigen Posten fernzuhalten. Damit verlor der mitübernommene Apparat der USPD sehr schnell seine Identität, wobei sich ein Kommunist als Vollstrecker der Komintern-Beschlüsse besonders hervortat: Wilhelm Pieck, der spätere Führer der Exil-KPD in der Hitler-Zeit und erste Präsident der DDR von 1949 bis 1960. Trotz dieser "Fernlenkung" durch die Komintern waren jedoch die deutschen Kommunisten und ihre Führer in Deutschland keineswegs bereits willenlose Werkzeuge des Kreml geworden.

Der Plan zur "März-Aktion": die Lage "experimentell prüfen"

Vor dem Hintergrund der Niederschlagung des Kronstadter Aufstandes und des X. Parteitages der Kommunistischen Partei Rußlands im März 1921 faßten die Sowjet-Führer im Kreml den Beschluß, einen Plan für einen neuerlichen Aufstand in Deutschland zu verwirklichen und schickten drei Komintern-Abgesandte, darunter den gescheiterten Ungarn Béla Kun, nach Deutschland, um dort die "März-Aktion" einzuleiten. Dies geschah trotz eindringlicher Warnungen deutscher Kommunisten, die die Lage in Deutschland besser einschätzten, wo zur gleichen Zeit der deutsche Außenminister Simons in London die Forderung der Alliierten auf Zahlung von 226 Milliarden Mark abgelehnt hatte und danach, am 8. März 1921 französische Truppen, wie angedroht, Düsseldorf, Duisburg und Ruhrort besetzten und die deutschen Behörden unter Besatzungskontrolle stellten. Selbst Lenin hat damals, wie später bekannt wurde, die Hoffnungen des Komintern-Präsidiums und Trotzkis auf einen Aufstand in Deutschland sehr skeptisch beurteilt, dann aber doch freie Hand gegeben, um die Lage "experimentell zu prüfen".

Die drei Moskauer Abgesandten Béla Kun, August Guralski und Josef Pogany trafen in Deutschland ein, als in der Führung der deutschen Kommunisten gerade ein Wechsel eingetreten war: Paul Levi und

Bildkarte von den angeblichen "Taten" des Anarchisten Max Hölz.

fünf weitere Mitgliedern der KPD-Zentrale, darunter auch Clara Zetkin, waren nach einer scharfen Kritik Radeks aus Moskau von ihren Mandaten zurückgetreten. Die neue KPD-Führung unter Heinrich Brandler ließ sich am 17. März von den drei Komintern-Abgesandten überzeugen, daß in Deutschland der Augenblick für eine neue Revolution gekommen sei. Während das Ruhrgebiet von Franzosen besetzt wurde und Oberschlesien gerade mehrheitlich in einer Volksabstimmung für den Anschluß an Deutschland votierte, was in Deutschland alle konservativ Gesinnten wie einen Sieg feierten, wollten die Kommunisten am 27. März losschlagen. Doch einen Tag nach dem Beschluß der KPD-Führung vom 17. März ließ die sozialdemokratische preußische Regierung unter dem Oberpräsidenten der Provinz Sachsen, Otto Hörsing, das Mansfelder Kohlenrevier, wo die Kommunisten besonders stark waren, von Truppen der Sicherheitspolizei besetzen. Daraufhin rief das KPD-Organ *Die Rote Fahne* schon am 18. März zum Generalstreik und zur Bewaffnung der Arbeiter auf.

Doch außer bei den Mansfelder Bergarbeitern kam von den Millionen von Arbeitern in anderen Gebieten keine Unterstützung für den KPD-Aufstand. Auch von der KPD organisierte Bombenattentate auf Gerichtsgebäude in Dresden, Leipzig und anderen Städten sowie einem Sprengstoffanschlag auf einen Schnellzug zwischen Leipzig und Halle hatten nicht den gewünschten Erfolg, die Arbeiter aufzuputschen. Zu Massenstreiks und wirklichen Kämpfen kam es nur im Mansfelder Industriegebiet. Die Mansfelder Arbeiter mußten bald erkennen, daß sie allein gegen die Sicherheitspolizei standen. Der Kommunist Oskar Hippe, ein Augenzeuge, schrieb später: "Weder im Ruhrgebiet - außer im linksrheinischen Gebiet um Moers, wo es zu Solidaritätsstreiks kam - noch in anderen Bezirken und Städten gab es Unterstützungsaktionen."

Max Hölz, der "Robin Hood" vom Vogtland

In dieser aussichtslosen Lage für die Mansfelder Arbeiter kam ihnen Max Hölz zu Hilfe, der ein Jahr zuvor schon mit einer "Räterepublik" und "Roten Armee" im Vogtland gescheitert und dann "untergetaucht" war. Ohne Kontakt zur KPD erfuhr er am 21. März in Berlin vom ausgerufenen Generalstreik in Mitteldeutschland und reiste sofort mit dem Zug ins Streikgebiet, obwohl auf seine Ergreifung eine Belohnung von 55.000 Mark ausgesetzt war. In Mansfeld sprach er in Versammlungen und organisierte eine Sturmkompanie, die sich am 24. März bei Hettstedt ein längeres Gefecht mit der Polizei lieferte. Aus den umliegenden Orten erhielt er Zulauf und befehligte schließlich vier Sturmkompanien von je hundert Mann und sechs Maschinengewehrabteilungen. Zur Verbindung untereinander hatte er eine Radfahrabteilung aufgestellt. Mit diesen Einheiten gelangen Hölz, den seine Kampfgefährten den "Robin Hood vom Vogtland" nannten, mehrere Überfälle auf Polizeistationen, ehe er gegen Halle vorrückte und dann mit etwa 2000 Mann bei Ammendorf von der Sicherheitspolizei umzingelt wurde. Aus dieser Falle konnte er mit der Mehrheit seiner Leute entkommen, wurde aber am 1. April erneut von der Polizei bei Beesenstedt zu einem Gefecht gezwungen, das verloren ging. Er teilte seine ihm verbliebenen Leute in kleine Trupps von vier bis sechs Mann auf und entließ sie in die Ungewißheit. Kurze Zeit später wurde Max Hölz von Sicher-heitspolizisten gestellt und gefangengenommen. Mit falschen Papieren, ausgestellt auf den Namen Reinhold König, konnte er noch einmal die Polizei täuschen, da aufgrund seiner Angaben er zu Frau und Kindern unterwegs war, als er in die Schießerei geraten sei. Das Unwahrscheinliche geschah: die Polizei stellte fest, daß es tatsächlich einen Reinhold König gab, der drei Kinder hatte und auch seine Steuern immer bezahlt hatte. Max Hölz wurde freigelassen.

"Bei Leuna floß Arbeiterblut..."

Das Ende der Hatz kam für ihn dann in Berlin, wo er sich erneut versteckte. Der Kopfpreis für seine Ergreifung war inzwischen auf 158.000 Mark heraufgesetzt worden. Diesen Judaslohn holte sich einer aus dem Kreis alter Genossen, die sich am 15. April 1921 in einem Café am Rankeplatz mit Hölz trafen. Ein gewisser Henke verriet ihn an die Polizei, die ihn beim Verlassen des Cafés verhaftete und nach Moabit brachte. Kurze Zeit später wurde Max Hölz zu lebenslänglichem Zuchthaus verurteilt, ein Urteil, das noch jahrelang die Gemüter in Deutschland erregte. Einem zur Erreichung einer Begnadigung gegründeten Komitee "Freiheit für Max Hölz" schrieb noch 1927 der Dichter Stefan Zweig: "In diesem Fall ist wieder einmal die traurige Klassenjustiz am Werke, die in allen Ländern Europas in gleich einseitiger Weise ihre Schärfe einzig gegen die radikale Gesinnung wendet." 1928 wurde Hölz dann amnestiert und ging in die Sowjetunion, wo die Umstände seines Todes im Jahre 1933 bis heute ungeklärt sind.

Unabhängig von den Aktionen eines Max Hölz und seiner Leute vollzog sich das Schicksal der aufständischen Mansfelder Arbeiter. Einige von ihnen, die der Polizei entkamen, suchten Schutz in den Leuna-Werken in Leuna im Bezirk Halle. Dort wollten sie sich verteidigen, weil sie hofften, daß die Polizei gegen das Chemiewerk keine Artillerie einsetzen würde. Der Kampf, auf der Seite der Arbeiter mit Gewehren, Maschinengewehren und zwei Minenwerfern, auf der Seite der Polizei mit ungleich mehr Waffeneinsatz und auch Artillerie, dauerte fast eine Woche, wobei ein Teil des Werkes zerstört wurde. Als die Munition ausging, mußten die Arbeiter schließlich kapitulieren und wurden gefangengenommen. Drei Tage später wurde im Kampfgebiet der Ausnahmezustand aufgehoben und in den Leuna-Werken, wie in anderen Betrieben, die Arbeit wieder aufgenommen. Den Kommunisten blieb nur das später viel gesungene Lied: "Bei Leuna sind viele gefallen, bei Leuna floß Arbeiterblut..."

Die KPD verlor "das Vertrauen der Arbeiter"

Die von Moskau befohlene "März-Aktion" war kläglich gescheitert. Die deutschen Kommunisten erschütterte das unrühmliche Ende der "März-Aktion" tief. Die KPD verlor nicht nur danach wieder fast die Hälfte ihrer Mitglieder, die sie erst vor wenigen Monaten gewonnen hatte, sondern auch einige ihrer besten Köpfe. Vor allem verlor sie die Sympathien der deutschen Arbeiter, ja sogar, wie auf dem Dritten Komintern-Kongreß im Juli 1921 offen zugegeben wurde, "das Vertrauen der Arbeiter". Lenin gab zu: "Wir müssen für unsere Rückständigkeit und unsere Schwäche zahlen, dafür, daß wir jetzt lernen und nochmals lernen müssen." Und dann fügte er wie ein Signal nach Westen für die weitere Entwicklung hinzu: "Wir sind nicht allein auf der Welt. Wir existieren in einem System der kapitalistischen Staaten als Glied der Weltwirtschaft."

Tschitscherin: "Der Tisch ist gedeckt..."

Zu diesem "System der kapitalistischen Staaten" zählte Lenin auch Deutschland, das sich in dem am 6. Mai 1921 abgeschlossenen deutsch-sowjetischen Handelsabkommen verpflichtet hatte, die Sowjet-Regierung als einzige russische Regierung anzuerkennen. Und mit der Verkündung der NEP hatten nach diesem Abkommen mehrere deutsche Firmen ihr Interesse am Handel mit Rußland bekundet, hatten "eine Anzahl von Konzessionen für die Ausbeutung von Rohstoffen gemäß der Außenhandelspolitik der NEP beantragt und auch erhalten", wobei die Konzessionen "jedoch weniger bedeutsam blieben als der direkte Warenaustausch, den die deutschen Geschäftsleute weniger kompliziert und lohnender fanden" (Walter Laqueur). Ende des Jahres 1921 lobte dann auch der sowjetrussische Außenminister Tschitscherin: "Unter den gegenwärtigen Umständen ist eine starke wirtschaftliche Betätigung Deutschlands in Rußland zugleich die beste politische Betätigung." Paul Scheffer, deutscher Korrespondent des *Berliner Tageblatt* in Moskau, berichtete am 4. Dezember 1921, daß sowohl Tschitscherin als auch Trotzki darauf hingewiesen hätten, "daß eine Politik auf weite Sicht, für zehn oder zwanzig Jahre, in Deutschlands und Rußlands Interesse liege", daß jedoch immer noch eine große Zurückhaltung "der deutschen, überhaupt der internationalen Geschäftswelt" gegenüber einem "bereitwilligen Rußland" zu beobachten sei. Scheffer zitierte Tschitscherin: "Der Tisch ist gedeckt, aber die geladenen Gäste kommen nicht." Dies sollte sich bald ändern.

Zur Erörterung der damals in Deutschland wie auch in Frankreich und England alles beherrschenden Reparationsfrage trat Mitte Januar 1922 in Cannes eine Konferenz zusammen, die zu der Erkenntnis kam, daß die Reparationsfrage letztlich nicht nur ein deutsches, sondern ein gesamteuropäisches Wirtschaftsproblem sei, das nur in einem größeren Rahmen, eingebettet in die große Weltwirtschaft, einer möglichen Lösung nähergebracht werden könnte. Dazu wurde für den Monat April 1922 eine Weltwirtschaftskonferenz beschlossen, die in Genua stattfinden sollte. Dort trafen dann am 10. April 1922 Delegationen aus 28 Ländern ein, darunter erstmals auf der internationalen Bühne Vertreter Sowjetrußlands, an ihrer Spitze Volkskommissar Tschitscherin.

Genua: Deutsche und Russen isoliert

Die Delegation hatte Moskau bereits am 27. März in Richtung Riga verlassen, wo sie zwei Tage mit Vertretern Estlands, Lettlands, Litauens und Polens verhandelten, alles Staaten, die Sowjetrußland bereits diplomatisch anerkannt hatten und nun in einem gemeinsamen Papier die De-jure-Anerkennung der sowjetrussischen Regierung als einen geeigneten Schritt zum wirtschaftlichen Wiederaufbau Osteuropas allen Delegationen in Genua empfehlen wollten. Am 1. April traf die sowjetrussische Delegation dann auf dem Weg nach Genua in Berlin ein, um mit der deutschen Regierung Vorgespräche zu führen. Aber der damalige Reichskanzler Josef Wirth (Zentrum) und sein Außenminister Walther Rathenau (DDP) wollten keine offiziellen Abmachungen unterzeichnen, um sich "nicht in einen Konflikt mit den Westmächten treiben (zu) lassen", wie Rathenau meinte. Aber für den Fall, daß Russen und Deutsche in Genua sich isoliert sähen, hatte man in einem

Die alliierten Teilnehmer der Konferenz von Genua 1922 (vordere Reihe v.l.n.re.): Schanzer (Italien), Horne und Lloyd George (England), Facta (Italien), Barthou (mit Brille, Frankreich).

Rapallo 1922, eine Gruppe der sowjetischen Delegation: Litwinow, Worowskij, Piljawskij, Krassin (von links nach rechts).

Dokument gemeinsame Absichten festgelegt, die dann wenige Tage später die Kernpunkte des Rapallo-Vertrages wurden.

Die Befürchtungen traten ein: Deutsche und Russen waren zwar nach Genua eingeladen worden, fühlten sich aber beide weitgehend isoliert. Die deutsche Frage stand dort nicht im Vordergrund, da "der Hauptgläubiger der Welt, Amerika" (Rathenau) der Konferenz fernblieb. Die zur Debatte stehende Frage der Wiedereingliederung Rußlands in die Weltwirtschaft geriet sehr schnell ins Stocken bei der Diskussion der russischen Vorkriegsschulden. Als dann die Westmächte den Sowjets vorschlugen, doch zur Abdeckung der Schulden gegenüber Deutschland Reparationen geltend zu machen, wie im Versailler Vertrag ausdrücklich vermerkt, sahen Reichskanzler Wirth und sein Auswärtiges Amt schon Sowjetrußland in einer gemeinsamen Front mit den Westmächten. Wirth erinnerte sich an die politische Regel: "In Zeiten, in denen unsere Politik im Westen festgefahren war, ist es immer richtig gewesen, im Osten aktiv zu werden." Der Leiter der Ost-Abteilung im Auswärtigen Amt, der im Umgang mit Russen wie Karl Radek und anderen Moskauer Gesprächspartnern geübte Adolf Georg Otto ("Ago") Freiherr von Maltzan, wurde beauftragt, entsprechend den Vereinbarungen von Berlin mit den Russen Verbindung aufzunehmen. Maltzan sondierte beim russischen Delegationsmitglied und Gesandten in Berlin, Adolf Joffe, ob man auf die in Berlin besprochenen Entwürfe zurückkommen könnte. Joffe wollte mit Tschitscherin darüber sprechen und sich wieder melden.

Rapallo, Ostersonntag 1922: "Wendepunkt in den deutsch-sowjetischen Beziehungen"

In der Nacht zum Ostersonntag erreichte Maltzan im Hotel ein Rückruf Joffes, der ihm mitteilte, daß sein Chef bereit sei, noch einmal auf der in Berlin gefundenen Basis miteinander zu verhandeln. Das Gespräch, so Joffe weiter, müsse aber am Ostersonntag in Rapallo, dem Quartier der russischen Delegation, stattfinden, da man sich einen Tag später wieder mit den Vertretern der Alliierten treffen und dann Klarheit haben wolle. Maltzan sagte das Treffen zu und weckte dann Wirth, Rathenau und andere Delegationsmitglieder. Man traf sich im Zimmer Rathenaus im Pyjama zu einer "Nachtsitzung". Der vorsichtige Rathenau wollte sich vorher noch mit dem englischen Premier Lloyd George treffen, aber Maltzan setzte sich mit seiner Demissions-Drohung durch, wenn Rathenau diesen Mißtrauensbruch gegenüber Tschitscherin begehen würde. Maksim Litwinow, Stellvertreter Tschitscherins, telegrafierte zwei Tage später nach Moskau: "Unsere halbprivaten Verhandlungen mit den Alliierten haben in den Seelen der Deutschen Angst gesät, und Rathenau kam gestern, halb lebendig und halb tot, zu uns gelaufen und schlug uns vor, an Ort und Stelle den gleichen Vertrag zu unterschreiben, dem er bei unserer Durchfahrt durch Berlin auswich." Trotz der boshaften Übertreibungen im Text dieses Telegramms entsprach der Sachverhalt der Wahrheit.

Nach einigen Diskussionen und einer telefonischen Einladung Rathenaus zu Lloyd George am Sonntagabend oder Montagfrüh, die die Russen beunruhigte, setzten dann in dem bei Genua liegenden Badeort Rapallo Walther Rathenau und Grigorij Tschitscherin am späten Nachmittag des 16. April 1922 ihre Unterschriften unter ein drei Schreibmaschinenseiten umfassendes Papier, das als "Vertrag von Rapallo" einen wichtigen "Wendepunkt in den deutsch-sowjetischen Beziehungen" brachte und "auf der internationalen Szene wie eine Bombe einschlug" (Walter Laqueur). Der Vertrag bestand aus sechs Artikeln, die im wesentlichen festlegten: sofortige Aufnahme voller diplomatischer Beziehungen bei beiderseitigem Verzicht auf den Ersatz von Kriegskosten sowie auf den Ersatz von Kriegsschäden; beide Regierungen sind sich einig, daß für die allgemeine Regelung der Handels- und Wirtschaftsbeziehungen der Grundsatz der

Protestdemonstration republikanischer Jugendverbände vor dem Berliner Schloß gegen die Ermordung Walter Rathenaus .

Meistbegünstigung gelten soll; beide Regierungen werden den wirtschaftlichen Bedürfnissen beider Länder in wohlwollendem Geiste wechselseitig entgegenkommen.

Der "Rapallo-Komplex"

Die westlichen Siegermächte und die Neutralen, die in Genua versammelt waren, fühlten sich von den beiden Verlierern des Weltkrieges mit diesem Vertrag ausgetrickst. Um Deutschland und die Sowjetunion möglichst weitgehend auszuschließen, wurden die Hauptarbeiten der Konferenz in Ausschüsse verlegt. Schließlich wurde die Konferenz am 19. Mai 1922 ergebnislos abgebrochen, da Sowjet-Rußland sich weigerte, russische Vorkriegsschulden, vor allem an Frankreich, anzuerkennen. "So mündete die Konferenz auf ihrem Hauptgleise", schrieb später der deutsche Diplomat Wipert von Blücher, "in eine Sackgasse und führte auf einem Nebengleise zu dem Rapallo-Vertrag, der in Genua von seinen Kritikern als ein Wechselbalg angesehen wurde." Während Lloyd George im ersten Aufbrausen über den Vertrag dessen Annullierung verlangte, dann aber durch Wirth und Rathenau wieder besänftigt werden konnte, sprach der unversöhnliche französische Ministerpräsident Poincaré von einer Gefährdung des europäischen Gleichgewichts und fand harte Worte der Empörung, wonach die Deutschen unzuverlässig seien und man ihnen nicht trauen könne. Dieser Argwohn führte vor allem in Frankreich zu einem "Rapallo-Komplex", der als Sorge vor einer deutschen "Schaukelpolitik" zwischen Ost und West noch jahrzehntelang durch die internationale Politik geisterte.

Mord an Rathenau: "Der Feind steht rechts!"

Für Lenin war der Vertrag ein Erfolg, denn mit ihm hatte man die drohende kapitalistische Einheitsfront gegen sein Land mit Hilfe der Deutschen aufgebrochen. Aber auch für Deutschland war der Vertrag ein strategischer Erfolg, der hilfreich für die Außenpolitik der späten Jahre der Weimarer Republik werden sollte. Das erkannte man nach anfänglicher Kritik aus den Reihen der SPD und des Reichspräsidenten Ebert auch im Reichstag, wo der Vertrag schon am 29. Mai 1922 vom Parlament, bei nur wenig Gegenstimmen und unter besonderer Befürwortung des Fraktionsvorsitzenden der Deutschen Volkspartei, des späteren Außenministers Gustav Stresemann, ratifiziert wurde. In den reaktionären Reihen der äußersten Rechte der Straße jedoch brach ein Haßsturm gegen den Juden Rathenau los, der das Reich angeblich "an die Bolschewisten verschachern" wollte. Die Konsequenz war der Mord an Rathenau am 24. Juni 1922. Die Bluttat säte erneut Mißtrauen bei den Westmächten, auch wenn Kanzler Wirth am Tag nach dem Mord im Reichstag leidenschaftlich ausrief: "Da steht der Feind, der sein Gift in die Wunden seines Volkes träufelt. Da steht der Feind und darüber ist kein Zweifel: dieser Feind steht rechts!"

Zusammenarbeit von Reichswehr und Roter Armee

Der Rapallo-Vertrag bewährte sich als stabile Basis für eine künftige Zusammenarbeit mit Moskau auf vielen Gebieten, in Handel und Industrie, im Gesundheitswesen und im Bereich der Landesverteidigung, denn hinter dem Vertrag standen auch die Interessen des Chefs der deutschen Heeresleitung, des Generals von Seeckt. Da die deutsche Reichswehr laut Auflage der Alliierten auf hunderttausend Mann begrenzt worden war und weder Panzerwagen noch Flugzeuge haben durfte, solche Beschränkungen aber für Sowjetrußland nicht galten, lernten in der Zusammenarbeit mit der Roten Armee deutsche Offiziere auf russischen Übungsplätzen fliegen und Panzertruppen führen. Die militärische Zusammenarbeit wurde rasch ausgedehnt. Die Reichswehr erhielt in Rußland Übungsplätze zugewiesen, in Kama bei Kasan für Panzer und in Lipezk bei Woronesch für die Flieger. So lag der Gewinn der Zusammenarbeit für die Reichswehr mehr auf praktischem Gebiet, wobei sie einen Stamm von Spezialisten heranbilden konnte und damit die Voraussetzungen für den späteren

Aufbau einer neuen deutschen Armee schuf. Für die Rote Armee lag der Gewinn der Zusammenarbeit vor allem im theoretischen Bereich, in der Übermittlung von taktischen und technischen Erkenntnissen, die wiederum die Grundlagen zur Reorganisation und dem Aufbau der späteren sowjetrussischen Militärmacht schuf.

Deutsche Rüstungsunternehmen in Rußland

Neben der rein militärtaktischen Schiene der Zusammenarbeit gab es eine noch geheimere Tätigkeit deutscher Rüstungsfabriken in Rußland, die sich hinter der Fassade einer Industriefirma verbarg, der sogenannten "Gesellschaft zur Förderung gewerblicher Unternehmungen" (GEFU), einem Bindeglied zwischen den Forschungsbüros, die sich in Deutschland befanden, und den Fabriken in der Sowjetunion, wo Prototypen der Rüstung erarbeitet wurden. Wie bereits erwähnt gab es ab 1922 einen Vertrag zwischen der Flugzeugfabrik Junkers und der Sowjetunion, ab 1925 zog Fokker nach mit Filialen in Moskau, Leningrad, Smolensk und Kiew; die Firma Dornier errichtete eine Fabrik in Kronstadt. Diese Firmen lieferten nicht nur an die Sowjetunion Flugzeuge, sondern sie verbesserten dabei auch ihre eigene Produktion. Darüber hinaus betrieben deutsche Chemieunternehmen ab 1924 in ihren Filialen in Rußland Forschungen über den Gaskrieg, wobei in den Laboratorien in Rußland vor allem mit Knall- und Brandgasen experimentiert wurde. Und in Kronstadt bauten Ingenieure aus Kiel auch noch Modelle von Unterseebooten.

Die Zusammenarbeit der Reichswehr mit der Roten Armee bewährte sich durch alle politischen Wechselfälle in der Entwicklung beider Länder bis in die dreißiger Jahre hinein. Selbst Gustav Stresemann und alle anderen Kanzler und Außenminister der Weimarer Republik sowie alle größeren Parteien, die Führung der SPD mit eingeschlossen, wußten von der deutsch-russischen Militärkooperation und hießen sie gut, das beweisen die Dokumente des deutschen Außenministeriums. Sie wurde auch trotz Indiskretionen und Enthüllungen aus Quellen westlicher Geheimdienste im wesentlichen geheimgehalten. Als dann 1931 der spätere Friedensnobelpreisträger Carl von Ossietzky aus pazifistischen Beweggründen die heimliche deutsch-russische Aufrüstung in einem Artikel seiner Zeitschrift Die *Weltbühne* aufdeckte, brach ein Sturm der Entrüstung los, aber nicht wegen der aufgedeckten Fakten, sondern aus der bürgerlich-nationalistischen Ecke gegen Ossietzky, der danach schließlich wegen "Landesverrat" ins Gefängnis mußte.

Lenin 1922: "Ein sehr einsamer, hart mit sich umgehender Kopfarbeiter."

Für Rußland war das Jahr 1922 trotz der anlaufenden Neuen Ökonomischen Politik ein Jahr der Epidemien und Hungersnöte, denen rund fünf Millionen Russen zum Opfer fielen. Lenin nahm wenige Wochen vor seinem ersten Schlaganfall im Mai 1922 zum letzten Mal an einem Parteitag, dem XI., vom 27. März bis 2. April, teil und äußerte sich skeptisch über die allgemeine wirtschaftliche Lage, kritisierte die zunehmende Bürokratisierung der Partei, die den Kontakt zum Volk zu verlieren drohe, und beklagte die schwindende Hoffnung auf eine Weltrevolution und auf den Sieg revolutionärer Bewegungen in anderen Ländern. Der *Berliner Tageblatt*-Korrespondent Paul Scheffer hat als Augenzeuge den letzten großen Auftritt der "historischen Gestalt" beobachtet: "Vor mir sah ich einen proletarisch untersetzten, sehr stämmigen mageren Mann, mit einem ganz in den Kopf gedrückten, fast wilden Gesicht, einem höchst ausdrucksvollen Schädel voller unwahrscheinlicher Verkürzungen und Erweiterungen, wie ich sie nie bei einem anderen Menschen gesehen habe... Man erinnert sich wieder, daß dieser Mann ein sehr einsamer, hart mit sich umgehender Kopfarbeiter ist, der sich mit der ganzen Kraft seines Willens der Masse mitteilt."

Als er nach dem ersten Schlaganfall in sein Landhaus nach Gorki umgesiedelt war, griff er nur noch gelegentlich in die Politik ein, wobei er auf die Weichenstellung für seine Nachfolge in der Partei

Ruhrbesetzung durch die Franzosen 1923: Ein französischer Soldat hält mit aufgepflanztem Bajonett einen Zivilisten an.

keinen entscheidenden Einfluß mehr nehmen konnte. Viele seiner Aufrufe, in denen er die rücksichtslose Nationalitätenpolitik Stalins, die Bürokratisierung und die unter Stalins Kontrolle stehende Arbeiter- und Bauerninspektion kritisierte, erreichten ihre Adressaten nicht mehr. Lediglich seine Idee eines Bundesstaats in Gestalt einer Union sozialistischer Sowjet-Republiken (UdSSR) setzte sich in der Partei 1922 durch; 1923 wurde die Union dann auch in der ersten Verfassung der UdSSR verankert.

Im Januar 1923, als französisches und belgisches Militär ins Ruhrgebiet einmarschierten, weil Deutschland in Sachlieferungen (Telegrafenstangen und Kohle) nicht die im Versailler Vertrag verlangten Mengen abliefern konnte, stand die Moskauer Regierung im Geist des Rapallo-Vertrages auf seiten Deutschlands, das mit "passivem Widerstand" auf den französischen Belagerungszustand antwortete. In einem dramatischen Aufruf "An die Völker aller Länder" protestierte das Gesamtrussische Zentral-Exekutiv-Komitee gegen das "neue Verbrechen des Imperialismus": Frankreich habe damit den Versailler Vertrag in seiner "unersättlichen Eroberungsgier" selbst gebrochen, um "das deutsche Volk zu würgen". Und über verbale Proteste hinausgehend, verkündete Kriegskommissar Trotzki angesichts einer Warschau-Reise von Marschall Foch, die die französisch-polnische Allianz gegen Deutschland aktivieren sollte, an die Adresse Polens, daß die Rote Armee marschieren werde, wenn Polen in den Zeiten der Ruhrwirren weitere Teile Oberschlesiens an sich reißen sollte.

"Russische Jugend, lernt Deutsch, der deutsche Oktober steht vor der Tür!"

Nur einmal noch nach Rapallo vollzog die Sowjetunion gegenüber Deutschland "den Wechsel von Staatenpolitik und Diplomatie zur revolutionären Strategie" (Theodor Schieder), nämlich im Sommer 1923, als Gustav Stresemann eine neue deutsche Regierung einer "Großen Koalition" als Kanzler übernommen hatte und mit britischer Rückendeckung in Paris sondierte, um den das Reich finanziell ruinierenden Ruhrkampf beenden zu können. In Moskau sah man darin eine Abkehr vom Rapallo-Kurs, und der innenpolitische Niedergang in Deutschland mit dem Höhepunkt der Inflation, chaotischen Zuständen im Ruhrgebiet, separatistischen Regungen im Rheinland und Hitlers drohendem "Marsch nach Berlin" tat ein übriges zu einer überzogenen Einschätzung der Lage. In Moskau glaubte man erneut, daß in dem aus den Fugen geratenen Deutschland doch noch ein deutscher "Oktober" zu erreichen sei. Obwohl Stalin Anfang August noch der Meinung war, die deutschen Genossen müßten "gebremst und nicht angespornt werden", beschloß Ende August 1923 das Politbüro, eine Sonderkonferenz der Komintern für September nach Moskau einzuberufen, die einen Aktionsplan für die Revolution in Deutschland ausarbeiten sollte. In der Delegation der deutschen Kommunisten unter dem neuen Chef Heinz Brandler befand sich neben Arkadij Maslow, Ernst Thälmann, Ruth Fischer und Clara Zetkin auch der damals dreißigjährige Walter Ulbricht. Die deutsche Delegation wurde in Moskau mit Spruchbändern und Plakaten mit der Aufschrift "Russische Jugend, lernt Deutsch, der deutsche Oktober steht vor der Tür!" empfangen.

Mit der Auflage strengster Geheimhaltung wurde in Moskau ein Revolutionsplan ausgedacht, der in etwa dem Plan zur "Märzaktion" von 1921 glich und wie dieser auf einer Fehleinschätzung der tatsächlichen Lage basierte. Nach diesem Plan sollten die Kommunisten, auf die sich die linken SPD-Regierungen stützten, in die Länderregierungen von Sachsen und Thüringen eintreten, um dann die Arbeiter zu bewaffnen und schließlich zum Aufstand aufzurufen. "Proletarische Hundertschaften" sollten dann aus Sachsen und Thüringen nach Berlin marschieren. Ende September wurde dieser Plan zu einer Zeit beschlossen, als in Deutschland die Reichsregierung den Abbruch des passiven Widerstandes im Ruhrgebiet verkündete und der offene Konflikt zwischen dem Reich und Bayern zum Ausnahmezustand führte, wobei die vollziehende Gewalt dem Reichswehrminister übertragen wurde. Diese Entwicklung schien die Einschätzung der Kommunisten zu bestätigen und ließ auch solche Genossen ihre Bedenken fallen

Polizeirazzia gegen Kommunisten in Hamburg-Altona im Oktober 1923.

lassen, die bis dahin skeptisch gewesen waren. Mehrere Kominternbeauftragte, an der Spitze Karl Radek, und eine Anzahl Offiziere der Roten Armee wurden in den ersten Oktobertagen zusammen mit den deutschen Kommunisten nach Deutschland in Marsch gesetzt. Illegale Organisationen für Waffenschmuggel, für den Nachrichtendienst und die "moralische Zersetzung" von Reichswehr und Polizei wurden eingerichtet, insgesamt ein nicht unerheblicher sowjetrussischer "Einsatz" für einen "deutschen Oktober" 1923.

Die Farce des "deutschen Oktober" 1923

Am 10. Oktober traten jeweils zwei Kommunisten als Minister in die thüringische und sächsische Landesregierung ein. Diese "Beteiligung" war aber zu gering und eher symbolisch, denn sie konnte nichts bewirken, vor allem keine radikalen Maßnahmen der Regierungen. Vier Tage später erhielt der Wehrkreisbefehlshaber in Dresden, Generalleutnant Alfred Müller, den Befehl, eine "Reichsexekutive in Sachsen und Thüringen" vorzunehmen, also beide Länder zu besetzen und anstelle der "Arbeiter-Regierungen" die Regierungsgewalt des Reiches, gemäß dem Ausnahmezustand, zu übernehmen.

Die KPD-Führung wurde - entgegen dem vorgefaßten Plan - nun zu schnellerem Handeln gezwungen. Sinowjew kabelte auf Anfrage von Radek aus Moskau nach Berlin: "Sofort Bewaffnung von Fünfzig- bis Sechzigtausend wirklich durchführen. General Müller ignorieren. Dasselbe in Thüringen." Die KPD berief für den 20. Oktober eine "Arbeiterkonferenz" nach Chemnitz ein. Sie wollte nach den Erfahrungen von 1921 diesmal auch die Mehrheit der SPD-Arbeiterschaft gewinnen. Aber diese lehnte einen Aufstand gegen die Reichswehr ab. Noch während die Kommunisten die Arbeiter vom linken Flügel der dortigen SPD umzustimmen suchten, marschierten Reichswehrtruppen in die sächsischen Städte ein, besetzten die öffentlichen Gebäude, verboten die kommunistischen Zeitungen und ließen Hunderte von KPD-Mitgliedern verhaften. Da unter diesen Umständen der KPD und der Komintern eine isolierte alleinige Aktion nach dem Beispiel vom März 1921 zu gewagt erschien, beschloß schließlich die KPD-Führung auf einer geheimen Sitzung in Chemnitz einstimmig, das ganze Unternehmen "deutscher Oktober" abzublasen. Bei der Sitzung waren auch russische Berater anwesend. Durch Kuriere wurden dann in ganz Deutschland die kommunistischen Aktivisten von der Absage des Aufstandes informiert. Nur der Kurier für Hamburg war aus Chemnitz bereits vor dem Beschluß in der irrigen Annahme abgefahren, daß der Aufstand losgehen sollte. So wurde nur in Hamburg in der Nacht vom 22. auf 23. Oktober der bewaffnete Aufstand beschlossen.

Die Tragödie des Arbeiter-Aufstandes in Hamburg: "Sympathie im Herzen, aber die Hände in den Hosentaschen."

Am Morgen des 23. Oktober sammelten sich in Hamburg die Arbeiter-Stoßtrupps an den vereinbarten Plätzen; nur spärlich bewaffnet, auf etwa fünfzig Mann kamen in der Regel drei Revolver und zwei Gewehre. Manche verloren den Mut, einige gingen gleich wieder nach Hause. Doch die Mehrheit blieb, in der Meinung, ganz Deutschland befände sich im Aufstand und die Rote Flotte der Russen liefe bald in den Hamburger Hafen ein. Gegen fünf Uhr früh überfielen die Stoßtrupps eine Anzahl Polizeireviere in den Stadtbezirken Barmbek, Wandsbek, Hamm, St.Georg, Schiffbek, Eimsbüttel und Hummelsbüttel. Im ersten Ansturm gelang es, insgesamt 26 Polizeireviere zu überrumpeln. Solche Anfangserfolge machten Mut, aber es zeigte sich bald, daß die Hamburger Bevölkerung keine Sympathien für die Aufständischen hatte. Vorentscheidend aber war die Tatsache, daß die Masse der durch den Aufruf zum "Generalstreik" aufgerufenen Dockarbeiter im Hafen den KPD-Agitatoren, die sie zur Unterstützung des Aufstandes bewegen wollten, nicht folgten. "Tausende gingen an den Kämpfenden vorüber", berichtete später Clara Zetkin, "Tausende und Abertausende von Streikenden. Sie trugen, so wird versichert, die

Sympathie für die Kämpfenden im Herzen..., aber sie selbst hatten die Hände in den Hosentaschen."

Am frühen Morgen des 24. Oktober wendete sich das Blatt. Anstatt der Roten Flotte legte der Kreuzer "Hamburg" der Reichsmarine im Hamburger Hafen an, und Marinetruppen wurden mit Lkws nach Barmbek gekarrt. Wenige Stunden später wurde in Altona auf dem Güterbahnhof eine Kavallerieabteilung der Reichswehr ausgeladen und in Marsch gesetzt. Ein Torpedoboot lief ebenfalls im Hamburger Hafen ein. Seine Besatzung wurde ebenso gegen die Aufständischen eingesetzt, wie eine aus Lübeck mit Kraftfahrzeugen eingetroffene Abteilung der Reichswehr. Erst am Nachmittag des 24. Oktober, gegen 16 Uhr, überbrachte ein Kurier der KPD-Zentrale unter Ernst Thälmann, der später in der kommunistischen Publizistik zum Helden dieses Aufstandes aufgebaut wurde, den Befehl zum Abbruch der Kämpfe: "Die Reichswehr schließt ganz Hamburg ein, so daß jeder weitere Kampf sinnlos ist, vor allem auch, weil die Arbeiter anderer Teile Deutschlands nicht losgeschlagen haben." Im Verlauf des 25. Oktober, dem dritten Tag des Aufstandes, löste sich der Kampf in kleinere Gefechte auf. Polizei und Reichswehr entwaffneten schließlich die letzten Widerstandsnester.

Der Aufstand in Hamburg, der eigentlich gar nicht stattfinden sollte, war zusammengebrochen und mit ihm der "deutsche Oktober" 1923. Der tschechische Kommunist Arnost Kolman, der während des Aufstandes als Abgesandter der Komintern in Deutschland war, schrieb später: "Dies war nicht nur eine Niederlage der KPD, sondern auch der Komintern und der ganzen Konzeption Lenins vom nahen Sieg der Weltrevolution." "Das Pendel der russischen Deutschland-Politik schwang nun wieder auf die staatenpolitische Linie zurück. Der Sowjetstaat war gezwungen, den Kampf um Deutschland mit diplomatisch-politischen Mitteln fortzusetzen" (Theodor Schieder). Das kam auch den führenden Politikern in Deutschland entgegen: Vor allem dem Chef der Heeresleitung, der schon immer die Verbindung eines Antikommunismus im Innern mit einer prosowjetischen Außen- und Militärpolitik angestrebt hatte; aber auch dem ab Ende 1923 als deutscher Außenminister weitere sechs Jahre mit einem durchdachten Konzept verantwortlichen Politiker Gustav Stresemann, der einerseits mit steigendem Erfolg eine gezielte Westpolitik gegenüber Frankreich und England unter geschickter Einbeziehung der Interessen Amerikas verfolgte, dabei aber andererseits die Politik der Rückendeckung nach Osten nicht vernachlässigte und darauf drängte, daß die schmale Basis dieser östlichen Rückendeckung, nämlich der Rapallo-Vertrag, baldmöglichst verbreitert werden sollte. So stand das Jahr 1924 unter dem Zeichen der Veränderungen sowohl in Deutschland als auch in der Sowjetunion, wo dieses Jahr zum "ersten Jahr ohne Lenin" werden sollte.

Lenin, der nach seinem ersten Schlaganfall im Mai 1922, dem 1923 weitere folgten, in den Kampf um seine Nachfolge nicht mehr eingreifen konnte, mußte noch miterleben, wie Stalin Zug um Zug seinen Anspruch auf Alleinherrschaft in der Partei durchzusetzen suchte. In Form eines Briefes an das Zentralkomitee, später als "Testament" bezeichnet, hatte Lenin im Dezember 1922 vor einer Spaltung der Partei gewarnt, aber auch vor der "ungeheuren Macht", die in Stalins Händen als Generalsekretär vereinigt sei und er "sich nicht sicher sei, ob er (Stalin) es immer versteht, von dieser Macht mit genügender Behutsamkeit Gebrauch zu machen". Lenins Brief wurde nicht veröffentlicht, und einen Nachtrag dazu vom 4. Januar 1923, in dem er Stalin als "zu rücksichtslos" und als nicht mehr tragbar als Generalsekretär bezeichnete, unterschlug Stalin der Partei, die inzwischen von der Troika Sinowjew, Kamenew und Stalin geführt wurde. Diese Troika einigte sich darauf, Trotzki, den Lenin noch "als den fähigsten Kopf im ZK" gelobt hatte, nicht als Nachfolger antreten zu lassen.

Als Lenin am 21. Januar 1924 starb, wurde der sich wegen Krankheit im Kaukasus aufhaltende Trotzki über den Zeitpunkt der Beisetzung falsch informiert,

Josef Stalin

so daß Trotzki bei den Feierlichkeiten nicht anwesend war. Sinowjew hielt die Trauerrede, und wenige Tage später, am 26. Januar 1924, hielt Stalin bei seinem ersten öffentlichen Auftreten vor dem Zweiten Sowjet-Kongreß eine Gedenkrede, ein feierliches Gelöbnis, das den späteren Leninkult einleitete. "Es war eine Rede, in der sich eigentlich schon bereits all das fand, was später für die Stalin-Ära so typisch werden sollte" (Wolfgang Leonhard).

Stalin spricht vom "Sieg der Revolution in einem Land"

Stalin, der seine Mitkonkurrenten um das Erbe Lenins zuerst auf der "Linken", nämlich zuerst Trotzki, dann Sinowjew und Kamenew, 1925 entmachtete und sich dann 1927 auch der "Rechten" im Politbüro, nämlich Bucharin, Rykow und Tomski, entledigte, war jedenfalls schon 1924 nüchtern genug, um die veränderte Situation der Außenpolitik der Sowjetmacht gegenüber dem Westen und Deutschland klar zu erkennen. Er bemühte sich um, wie er es nannte, "Wiederherstellung der gestörten Einheit von Theorie und Praxis" und schrieb im April 1924, ein Vierteljahr nach Lenins Tod, in einer Vorlesungsreihe über die "Grundlagen des Leninismus" diese Sätze: "Früher hielt man den Sieg der Revolution in einem Lande für unmöglich, da man annahm, daß zum Sieg über die Bourgeoisie eine gemeinsame Aktion der Proletarier aller fortgeschrittenen Länder oder jedenfalls der Mehrzahl dieser Länder erforderlich sei. Jetzt entspricht diese Ansicht nicht mehr der Realität..."

Stalins These vom "Sieg der Revolution in einem Land", nämlich dem russischen Land, wurde dann später zur offiziellen Theorie vom "Sozialismus in einem Land" der Stalin-Ära. Und das Echo des nicht mehr "bedrohten" Auslandes blieb nicht aus: Im "ersten Jahr ohne Lenin" begann ab Februar 1924 eine Kette diplomatischer Anerkennungen Sowjetrußlands durch die Länder Europas, zuerst durch Großbritannien, dann folgte das faschistische Italien, dann Norwegen, Österreich, Griechenland, Schweden, Dänemark, China, schließlich, mit Verspätung, im Oktober 1924 auch Frankreich.

Zwei Jahre nach Rapallo waren die damaligen beiden Vertragspartner nicht mehr die "outcasts" der internationalen Völkergemeinschaft, nun hatten Rußland und Deutschland erfolgreich ihre politischen und wirtschaftlichen Beziehungen zu anderen Ländern weiterentwickelt. Für Deutschland wurde das im Sommer 1924 mit der Annahme des Dawes-Planes auf der Londoner Konferenz deutlich, der eine Entspannung auch zwischen Deutschland und Frankreich nach Vermittlung durch den britischen Premier MacDonald brachte, der wiederum, ebenfalls im Sommer 1924, in Genf den Eintritt Deutschlands in den Völkerbund vorschlug, was von Frankreich gebilligt und von der deutschen Regierung angenommen wurde.

Die Verträge von Locarno (1925): "Nach beiden Seiten gute Beziehungen unterhalten"

Im Eintritt Deutschlands in den Völkerbund sah Moskau erneut die Gefahr einer "antisowjetischen Einheitsfront". Der bis 1930 auch Stalin dienende Außenkommissar Georgij W. Tschitscherin befürchtete, Deutschland könne gegen seinen Willen in antisowjetische Aktionen hineingezogen werden. Konkret besagten nämlich die Artikel 16 und 17 der Völkerbundakte, daß die Mitglieder zu Sanktionen gegen die Sowjetunion und zur Gewährung des Durchmarschrechts für westliche Truppen gegen Rußland verpflichtet werden. Aber Stresemann gelang es in zähen Verhandlungen nicht nur, für Deutschland eine Art Sonderstatus hinsichtlich dieser Sanktionsbestimmungen zu erreichen, er "nahm darüber hinaus durch eine geschickte chronologische Kombination der Verhandlungen und Vertragsabschlüsse nach Ost und West der Sowjetregierung die Besorgnis, daß der Eintritt in den Völkerbund und der Abschluß des Locarno-Paktes gleichzeitig eine Option gegen Rußland sei" (Karlheinz Niclauss).

Vier Tage vor Unterzeichnung der Verträge von Locarno, am 12. Oktober 1925, wurde in Moskau vom stellvertretenden Volkskommissar für Auswärtige Angelegenheiten, Maksim Litwinow, und dem deutschen Botschafter Graf Brockdorff-Rantzau ein deutsch-sowjetischer Wirtschaftsvertrag unterzeichnet, der den Russen die volle Exterritorialität ihrer Handelsvertretung in Berlin einräumte. Die *Prawda* begrüßte "die Herstellung von Verbindungen mit einem der kultiviertesten und höchstentwickelten Länder, die die Sowjetunion zum schnelleren Ausbau ihrer sozialistischen Wirtschaft benötigt". In Locarno erklärte Stresemann gleich nach seiner Ankunft vor der Presse: "Für uns gibt es keine Option zwischen Ost- und Westpolitik. Wir wollen nach beiden Seiten gute Beziehungen unterhalten!" Eine weitere Geste gegenüber Rußland machte Stresemann, als er die von Frankreich in Locarno geforderte Anerkennung der deutschen Ostgrenzen gemäß dem Versailler Vertrag verweigerte, aber mit Polen und der Tschechoslowakei Schiedsverträge aushandelte, in denen er die deutsche Politik auf Gewaltverzicht festlegte, sich aber Revisionsmöglichkeiten, vor allem wegen des durch den "Korridor" abgetrennten Ostpreußen, offenhielt. Wenn Stresemann in Locarno auch Deutschland wieder an die Seite des Westens führte, tat er dies doch so, daß dieser Verständigung mit dem Westen eine Spitze gegen Osten, gegen die Sowjetunion, genommen wurde.

Der "Berliner Vertrag" (1926): Von der "Schicksalsgemeinschaft" zur "Zweck - gemeinschaft"

Der deutsche Botschafter in Moskau, Graf Brockdorff-Rantzau, erreichte im Dezember 1925, daß Stresemann mit Tschitscherin Besprechungen über ein Neutralitätsabkommen aufnahm, an deren Ende dann der Freundschafts- und Neutralitätsvertrag vom 24. April 1926 zwischen Deutschland und der Sowjetunion stand. Dieser Vertrag ging auf Stresemanns Vorschlag als "Berliner Vertrag" in die Geschichte der deutsch-russischen Beziehungen ein. Aus der alten "Schicksalsgemeinschaft" von Rapallo war nun, so formulierte es der deutsche Botschaftsrat Gustav Hilger, eine "Zweckgemeinschaft" geworden, denn mit dem "Berliner Vertrag" ergänzte Stresemann den in Locarno geschlossenen Garantiepakt nach Westen durch einen Neutralitätspakt nach Osten. Das Dokument umfaßte drei Schreibmaschinenseiten mit vier Artikeln, von denen der erste den Vertrag von Rapallo noch einmal als Grundlage der beiderseitigen Beziehungen bestätigte und die Vertragspartner verpflichtete, in "freundschaftlicher Fühlung" miteinander zu bleiben und sich gegenseitig in gemeinsam interessierenden Fragen zu konsultieren. Kernpunkt des Berliner Vertrages war Artikel 2, wo es wörtlich hieß: "Sollte einer der vertragschließenden Teile trotz friedlichen Verhaltens von einer dritten Macht oder von mehreren dritten Mächten angegriffen werden, so wird der andere vertragschließende Teil während der ganzen Dauer des Konfliktes Neutralität beobachten."

Stresemann sah in dem Vertrag für Deutschland "die Chance erhalten, kraft seiner geographischen Lage der gegebene große Mittler und die Brücke zwischen Ost und West zu sein". In einer Studie über den Staatsmann Stresemann schrieb Paul Sethe später: "Er nahm die Sowjetunion als die Macht, die sie war, er verhandelte mit ihr, er schloß mit ihr einen Freundschaftsvertrag. Und weil er die Lage Deutschlands sah, mitten in Europa, zwischen zwei großen und einander befehdenden Mächteblöcken, deshalb lehnte er alle Versuchungen westlicher Generalstäbe ab, Deutschland zu einem Aufmarschgebiet des Westens zu machen." Nach dem Vertrag erhielt die UdSSR auch einen 300-Millionen-Kredit und in den folgenden Jahren halfen Tausende deutscher Spezialisten den Russen bei der Industrialisierung des Sowjetstaates.

Auch wenn Frankreichs Außenminister Aristide Briand bei der Nachricht vom Abschluß des Berliner Vertrages angeblich "einen kalten Luftzug" verspürte, ein Echo auf den Vertrag bei den Westmächten wie 1922 nach Rapallo blieb aus, denn der umsichtige Politiker Stresemann hatte über seine Botschafter im Foreign Office in London und am Quai d'Orsay in Paris immer wieder die Motive des Berliner Vertrages erläutern lassen. Mit der im September 1926 erfolgten Aufnahme Deutschlands in den Völkerbund hatte Gustav Stresemann den Höhepunkt seiner staatsmännischen Aktivität erreicht, tatkräftig unterstützt von dem damaligen deutschen Botschafter in Moskau, Ulrich Graf Brockdorff-Rantzau, der schon 1918 die Auffassung vertrat, "daß das Wohl der Völker über dem Schicksal einzelner Familien - wie der Hohenzollern und der Romanows - steht, die versagt haben".

Die Sowjetunion als "Helfershelfer des deutschen Militarismus"

Im Dezember 1926 stand die geheime Zusammenarbeit der Reichswehr und der Roten Armee für kurze Zeit im Mittelpunkt des politischen Interesses der deutschen Öffentlichkeit. Die in Opposition zu der "bürgerlichen" Regierung des Zentrumspolitikers Wilhelm Marx und seines Außenministers Stresemann stehenden Sozialdemokraten deckten durch den Abgeordneten Philipp Scheidemann am 16. Dezember im Reichstag mit vielen Details die Hintergründe und bis dahin bekannt gewordenen Ergebnisse der deutsch-russischen Militärkooperation auf. Vorausgegangen war ein Bericht des Berliner Korrespondenten des britischen *Manchester Guardian* vom 3. Dezember, wo über "Russische Enthüllungen an Deutschland" und "Geheime Absprachen zwischen Reichswehroffizieren und den Sowjets" die Rede war, zwei Monate nachdem der Mitinitiator des bestgehüteten Geheimnisses der Weimarer Republik, nämlich die Zusammenarbeit zwischen Reichswehr und Roter Armee, Generaloberst von Seeckt, aus dem Amt des Chefs der Heeresleitung geschieden war. Die Sozialdemokraten verfolgten damit auch die Absicht, die Sowjetunion und die deutschen Kommunisten als "Helfershelfer des deutschen Militarismus" bloßzustellen. Für wenige Tage waren dadurch die Kommunisten in der peinlichen Situation, in grotesker Umkehrung der Fronten in Deutschland mit Dementis die Reichswehr verteidigen zu müssen. Doch mehr als eine neue Regierung, nämlich das vierte Kabinett Marx ab 29. Januar 1927, erreichten die Sozialdemokraten nicht, und das Echo auf die Enthüllungen verhallte nach einer heftigen Presse-Fehde zwischen Sozialdemokraten und Kommunisten sehr schnell.

Die KPD-Theorie von der "sozialfaschistischen" SPD

In den "guten Jahren" der Weimarer Republik von 1925 bis zu Stresemanns Tod im Jahre 1929 - und darüber hinaus - geriet die unter fortschreitender "Bolschewisierung" bei gleichzeitiger Stabilisierung der politischen und sozialen Verhältnisse leidende KPD mit ihrer ständigen Agitation gegen die "bürgerlich-kapitalistische" Ordnung in Deutschland immer mehr in die Isolation, zumal ihre Führungskräfte immer wieder Konflikte mit der Komintern-Spitze in Moskau austragen mußten. So wurde im Sommer

Gustav Stresemann spricht 1929 vor dem Völkerbund in Genf als Mittler zwischen dem Osten und dem Westen.

1925 der kominterntreue Ernst Thälmann und eine "Mittelgruppe" um Ernst Meyer an die Spitze der KPD berufen, um die Partei für zwei Jahre zu konsolidieren. Sie gewann dabei auch durch eine gemäßigte Politik nach außen wieder Autorität und Mitglieder-Zuwachs, vor allem durch den gemeinsam mit der SPD veranstalteten Volksentscheid für eine entschädigungslose Enteignung der Fürsten am 20. Juni 1926, der aber nur von 36,6 Prozent der Stimmen unterstützt wurde. Aber schon bald führte Stalins Kampf gegen die Politbüromitglieder um das Erbe Lenins zu einem militant ultralinken Kurs in der KPD, mit dem diese ihre Mitglieder- und Wählerzahlen mehr und mehr vergrößern konnte, je schwerer und je länger dann in Deutschland die Wirtschaftskrise ab 1929 andauerte. Gleichzeitig versperrte aber der KPD die Auffassung ihrer Führer, die Sozialdemokratie sei ihr "Hauptgegner", sei als "soziale Hauptstütze der Bourgeoisie" zugleich "sozialfaschistisch", jeden denkbaren Einfluß auf die Arbeitermassen und nahm auch dem linken Flügel in der SPD jegliche Basis in Richtung einer Einheitsfront gegen die immer stärker werdenden Nationalsozialisten. Diese Theorie der "sozialfaschistischen" Sozialdemokratie wurde in der KPD nach Weisung der Komintern entwickelt, eine geradezu selbstmörderische Politik angesichts des Aufstiegs der NSDAP. Stalin hat dafür die Grundthese vorgegeben: "Der Faschismus ist eine Kampforganisation der Bourgeoisie, die sich auf die aktive Unterstützung der Sozialdemokratie stützt. Die Sozialdemokratie ist objektiv der gemäßigte Flügel des Faschismus... Die Organisationen schließen einander nicht aus, sondern ergänzen einander. Das sind keine Antipoden, sondern Zwillingsbrüder."

Im Jahre 1930 versuchte die KPD mit der "Programmerklärung zur nationalen und sozialen Befreiung des deutschen Volkes" die unzufriedenen Wähler der Mittelschichten zu erreichen, die als Wählerpotential der NSDAP galten. Doch die NSDAP kletterte bei den Reichstagswahlen 1930 von 2 Prozent im Jahre 1928 auf 18,3 Prozent, wurde zweitstärkste Partei (107 Mandate) hinter der SPD mit 24,5 Prozent

(143 Mandate). Die KPD fiel mit 13,1 Prozent (77 Mandate) hinter die NSDAP auf den dritten Platz zurück.

Der Niedergang der KPD und ihre Mitschuld am Untergang der Weimarer Republik

Trotzdem blieb für die KPD bis zum Sommer 1932 nicht die NSDAP, sondern die SPD der Hauptgegner und schwächte damit natürlich in den letzten Jahren der Republik der "Demokratie ohne Demokraten" die einzige potentielle politische Macht, die eine nationalsozialistische Machteroberung mit Sicherheit hätte verhindern können, nämlich die gemeinsame Front einer zusammenstehenden Arbeiterschaft und deren Organisationen. Wer in der KPD gegen diesen Kurs aus Moskau opponierte, wurde aus der Partei ausgeschlossen. Diese realitätsferne Politik fand 1931 ihren Höhepunkt bei der Beteiligung der KPD an dem von der NSDAP gegen die SPD-Landesregierung in Preußen initiierten Volksentscheid. Erst 1932 schwächte die KPD ihre Haltung gegen die SPD ab, gab sie aber nicht grundsätzlich auf. Ein Einheitsfrontangebot der KPD an die SPD nach dem Putsch Papens in Preußen am 20. Juli 1932 blieb politisch wirkungslos, genauso wie ein KPD-Angebot in letzter Minute, nämlich am 20. Januar 1933. Die radikal-ultralinke Politik der KPD auf Weisung der Komintern führte am Ende der Weimarer Republik zur Krise und politischen Niederlage der deutschen Arbeiterbewegung.

Auf dem letzten, dem 12. Parteitag der KPD, der vom 16. bis 19. Juni 1929 in Berlin-Wedding stattfand, deutete sich bereits klar der Weg der KPD in den Abgrund an. Die KPD war keine eigenständige Partei mehr, sie war zu einem Anhängsel der stalinistischen KPdSU herabgesunken. Entsprechend einem Wort Sinowjews, daß die Komintern "eine einzige Kommunistische Partei sein sollte, die Abteilungen in den verschiedenen Ländern hat", waren in der deutschen "Abteilung" die gleichen Organisationsformen und -Apparate eingeführt worden wie in Moskau. Die Funktionäre der Partei wurden nicht mehr gewählt, sondern eingesetzt; entscheidend war nicht mehr die Qualifikation, sondern die Bereitschaft zur bedingungslosen Abhängigkeit von Moskau. Die neue Führung der KPD machte völlig willenlos alle Schwankungen der sowjetischen Politik mit und verteidigte ohne Zögern die schlimmsten Geschehnisse in der Sowjetunion der beginnenden Stalin-Ära, die Ausschaltung der legalen Opposition in der KPdSU und die Verfolgung und Ermordung Tausender von Sowjetbürgern.

Der Historiker der KPD, Hermann Weber, hat den Niedergang der deutschen Kommunisten so charakterisiert: "Es war nicht zuletzt die KPD, die durch ihre Politik zum Untergang der Weimarer Republik beitrug, weil sie die SPD als 'sozialfaschistischen' Hauptfeind bekämpfte, die Gewerkschaftsbewegungen spaltete, mit der NSDAP zusammenarbeitete und versuchte, in nationalistischer Demagogie mit dieser Partei zu konkurrieren... Die diversen Bocksprünge der KPD-Strategie in den Jahren 1929-1933 offenbarten den Bankrott der Trabanten Stalins; Hitlers Schergen haben diesen Bankrott dann auf eine für das deutsche Volk, für die Völker Europas und auch für alle Kommunisten verhängnisvolle Weise besiegelt."

Radikalisierung in Deutschland zwischen "Heil Moskau" und "Heil Hitler"

Am 8. September 1928 starb der erste Botschafter der deutschen Republik beim sowjetrussischen Kreml, Graf Brockdorff-Rantzau. Paul Scheffer berichtete aus Moskau, daß die sowjetische Diplomatie betont habe, "daß sein Fortgehen die ganze internationale Politik treffe". In der *Prawda* wurde Brockdorff-Rantzau geradezu hymnisch als 'der allerloyalste, allerwohlwollendste, allerzugänglichste und daher allerangenehmste bürgerliche Botschafter im Roten Moskau' apostrophiert.

Mit dem Tode von Gustav Stresemann am 3. Oktober 1929 trat dann aber der profilierteste Staatsmann der Weimarer Republik von der politischen Bühne ab, in einer Zeit, als die Auflösung dieser Republik sich bereits abzeichnete und der Parteienstaat der Weimarer Demokratie zusehends verfiel. Und ab dem Jahr 1919 veränderte sich mit dem Aufstieg Stalins zum unumschränkten Diktator der Sowjetunion auch das Klima des Verhältnisses der Deutschen zu den Russen, vor dem Hintergrund der beschriebenen Radikalisierung der Kampffronten in Deutschland zwischen "Heil Moskau" und "Heil Hitler" sowie der Auswirkungen der Wirtschaftskrise. Stresemann hat noch die kennzeichnenden Tendenzen der Stalin-Ära, nämlich einerseits den ökonomischen Aufschwung unter rücksichtslosem Einsatz und Opfern der russischen Bevölkerung und andererseits den Massenterror, in ihren Anfängen verurteilt: "Ich sehe in diesem Vorgehen der russischen Regierung die größte moralische Schwächung, die Sowjetrußland bisher erlitten hat." Aber Stresemann hatte auch gemahnt: "Wir dürfen unsere Politik nicht von Empörung beeinflussen lassen, sondern ich bin der Meinung, daß wir ein gemeinsames Interesse haben, Rußland diese Evolution zu ermöglichen und unsere Beziehungen aufrechtzuerhalten."

Der "Geist von Rapallo" in der wirtschaftlichen Partnerschaft

Die offizielle Außenpolitik der Sowjetunion gegenüber Deutschland blieb jedoch auch unter dem ab Ende 1928 nominell an Stelle des kränkelnden Tschitscherin die Geschäfte des Volkskommissars des Äußeren übernehmenden Maksim Litwinow (ab 5.2.1930 offiziell) nach wie vor auf Rapallo-Kurs. Wieder zeigte sich die schon mehrmals angesprochene Zweigleisigkeit in den deutsch-russischen Beziehungen besonders deutlich. Während die Komintern der KPD in Deutschland den Frontalangriff auf die demokratische Linke befahl, lobte die regierungsamtliche Zeitung *Iswestija* die deutsche Außenpolitik: "Rußland hat allen Grund, im großen und ganzen mit Deutschland zufrieden zu sein... Die Beziehungen zwischen der UdSSR und Deutschland stellen - trotz zeitweiliger Mißverständnisse über konkrete Fragen - das Muster einer Beziehung dar, die dem wohlverstandenen Interesse auf politischem und wirtschaftlichem Gebiet entspricht." Was hier auf den ersten Blick widersprüchlich erscheint, ist es auf den zweiten schon nicht mehr, denn Stalin, der sich an seinem 50. Geburtstag, am 21. Dezember 1929, mit riesigen Porträts an den Häusern in der ganzen Sowjetunion als Lenins Nachfolger, Vollstrecker seines Werkes und als alleiniger Führer feiern ließ, brauchte zur Absicherung seiner diktatorischen "Revolution von oben" gute außenpolitische Beziehungen zu Deutschland und vor allem zu den Westmächten, nachdem inzwischen die diplomatische Anerkennung der UdSSR durch alle wichtigen Staaten der Welt erfolgt war.

So paßte es durchaus ins Bild, daß Herbert von Dirksen, der Nachfolger von Brockdorff-Rantzau in Moskau, am 25. Januar 1929 mit Litwinow ein deutsch-sowjetisches "Abkommen über ein Schlichtungsverfahren" traf, wonach alle auf diplomatischem Wege nicht zu bereinigenden Meinungsverschiedenheiten in einer jährlich einmal tagenden, paritätisch zusammengesetzten Schlichtungskommission behandelt werden sollten. In einem dazu veröffentlichten Kommuniqué wurde nachdrücklich der "Geist von Rapallo" beschworen. Schon ein Jahr später, als in Deutschland und im Regime Stalins schwere wirtschaftliche Krisen ins Haus standen, verständigte sich die Schlichtungskommission darauf, Streitfälle des Jahres als unbedeutend abzutun, das Prinzip der Nichteinmischung in die inneren Angelegenheiten der anderen Seite zu bekräftigen und sich gegenseitig zu versichern, daß der Unterschied der politischen Systeme der "gedeihlichen Weiterentwicklung der freundschaftlichen Beziehungen" nicht im Wege stehen soll. Diese Beziehungen bezogen sich ab 1930 noch stärker auf wirtschaftliche Partnerschaft mit der Bewilligung von neuen Krediten, die den deutschen Anteil am sowjetischen Import von 37 Prozent im Jahre 1931 auf die Rekordhöhe von 46 Prozent im Jahre 1932 ansteigen ließen.

Staatspolitik vor Parteiinteressen bis 1933

Am 24. Juni 1931 wurde in Moskau die Verlängerung des im Sommer 1931 auslaufenden Berliner Vertrages paraphiert, aber erst am 5. Mai 1933, also nach Hitlers Machtübernahme, in Moskau ratifiziert. In den Jahren 1931 und 1932 wurden dann die Probleme in Berlin im Bemühen, vor Hitler zu retten, was noch zu retten war, so groß, daß es zu keinen nennenswerten Ereignissen innerhalb der deutsch-russischen Beziehungen kam, abgesehen von Stalins Einmischung über die Komintern in die deutsche Innenpolitik. Die Moskauer Außenpolitik sah das anders: Litwinow machte noch im Dezember 1932 bei einem Besuch in Berlin gegenüber Reichskanzler von Schleicher das Grundprinzip des Kreml seit Rapallo deutlich, daß nämlich die "Staatspolitik", also die sowjetischen Staatsinteressen, Vorrang vor den kommunistischen Parteiinteressen hätten. Und der Vorsitzende des Rats der Volkskommissare, Wjatscheslaw Molotow, seit 1926 einer der engsten Mitarbeiter Stalins im Politbüro, betonte noch eine Woche vor Hitlers Machtübernahme auf einer Tagung des Zentralen Exekutivkomitees, dem Sowjet-Parlament, daß Deutschland einen "besonderen Platz" in den auswärtigen Beziehungen der Sowjetunion einnehme und zwischen beiden Ländern "stärkste wirtschaftliche Bande" bestünden. Der "Geist von Rapallo" hat auch noch eine geraume Zeit Hitlers Machtergreifung überlebt, als dieser in der ersten Zeit seiner Herrschaft unnötigen außenpolitischen Belastungen aus dem Wege ging. Erst nach fast einem Jahrzehnt Gültigkeit des deutsch-russischen Sicherheitssystems hat es Hitler mit der "Todfeindschaft zwischen Hakenkreuz und Sowjetstern" (Krummacher/Lange) abgelöst.

"Alles, was ich unternehme, ist gegen Rußland gerichtet..."

Hitler-Deutschland und die Sowjetunion vor und nach dem Hitler-Stalin-Pakt bis 1945

> Zu einem einzigen Staat haben wir kein Verhältnis gesucht und wünschen auch, zu ihm in kein engeres Verhältnis zu treten: Sowjetrußland. Wir sehen im Bolschewismus mehr noch als früher die Inkarnation des menschlichen Zerstörungstriebs.
>
> Adolf Hitler, 1938

> Wir haben einander jahrelang kübelweise Unrat über die Köpfe gegossen, und unsere Propagandisten konnten in dieser Richtung nicht genug tun. Und nun soll plötzlich alles vergeben und vergessen sein? Solche Dinge gehen nicht so schnell...
>
> Josef Stalin, 1939

Mit der Machtergreifung Hitlers am 30. Januar 1933 wurde, wie später der Historiker Günther Stöckl schrieb, "eine Veränderung der europäischen Konstellation eingeleitet, die jene von 1871 an unheilvollen Auswirkungen noch bei weitem übertreffen sollte". Aber: "Den Zeitgenossen wurde das nicht sogleich klar."

Selbst denen nicht, die Adolf Hitler vor der Machtergreifung schon immer als seine Todfeinde bezeichnet hatte, den Kommunisten und dem "jüdisch-bolschewistischen Weltfeind", in dem Hitler "den Versuch des Judentums" sah, "sich die Weltherrschaft anzueignen", weshalb man auch keinen Vertrag "mit einem Partner schließt, dessen einziges Interesse die Vernichtung des anderen ist", wie Hitler schon 1924 in "Mein Kampf" geschrieben hatte. Zwei Tage nach der Machtübernahme, am 1. Februar 1933, sagte Hitler in einem "Aufruf an das deutsche Volk" im Rundfunk: "14 Jahre Marxismus haben Deutschland ruiniert. Ein Jahr Bolschewismus würde Deutschland vernichten... Selbst das Leid der letzten anderthalb Jahrzehnte könnte nicht verglichen werden mit dem Jammer eines Europas, in dessen Herzen die rote Fahne der Vernichtung aufgezogen würde."

Moskau 1933: Hitler, "eine vorübergehende Episode"

In Moskau aber glaubte man - wie übrigens auch in weiten Kreisen in Deutschland selbst - daran, daß Hitlers Drittes Reich "nur eine vorübergehende Episode in der Geschichte Deutschlands" sein werde und daß nach einigen Monaten dessen Zusammenbruch und die Revolution folgen würden. Dabei hatte Hitler seit Jahren vorher immer öffentlich betont: "Ich will nur die Macht. Wenn wir einmal die Macht bekommen, dann werden wir sie, so wahr uns Gott helfe, behalten. Wegnehmen lassen wir sie uns dann nicht mehr."

Hinter Hitlers Machtanspruch verbarg sich eine höchst einfache Vorstellung seiner Idee vom Dritten Reich, das er in den ersten Sätzen seines "Mein Kampf" als eine Synthese von Nationalismus und Imperialismus unübertrefflich so formuliert hatte: "Erst wenn des Reiches Grenze auch den letzten Deutschen umschließt, ohne mehr die Sicherheit seiner Ernährung bieten zu können, ersteht aus der Not des eigenen Volkes das moralische Recht zur Erwerbung fremden Grund und Bodens. Der Pflug ist dann das Schwert, und aus den Tränen des Krieges erwächst für die Nachwelt das tägliche Brot." Die "Erwerbung fremden Grund und Bodens" suchte Hitler von Anfang an nach seiner außenpolitischen Konzeption im Osten, in der Eroberung, Unterwerfung und Kolonisierung Rußlands - bei gleichzeitiger Rückendeckung durch Italien und England (eine Fehlkalkulation!) und Ausschaltung Frankreichs.

Die Führer der Komintern hielten zu Beginn des Dritten Reiches an ihrer Doktrin fest, daß Sozialdemokraten und Faschisten verschiedene Variationen derselben Sache seien, nämlich der Bourgeoisie, ihrem Hauptfeindbild. Und obwohl Hitler die deutschen Kommunisten nach dem Reichstagsbrand, hinter dem er diese als Brandstifter sah, zu Hunderten in Gefängnisse und Konzentrationslager stecken ließ, verkündete das Zentralkomitee der KPD noch im Mai 1933, "die brutale Unterdrückung (...) der sozialdemokratischen Organisation und ihrer Presse" ändere "nichts an der Tatsache, daß sie nach wie vor die soziale Hauptstütze der Kapitalsdiktatur" darstelle.

"Verwirrendes Gesamtbild der deutsch-sowjetischen Beziehungen"

In Moskau sah man über die innenpolitischen und ideologischen Gegensätze und auch über die von Hitler in "Mein Kampf" niedergelegten politischen Zielsetzungen hinweg und enthielt sich jeglicher Kommentare zu den Vorgängen in Deutschland. Bestärkt in ihrer Haltung, daß die "Staatspolitik" immer vor jeder innenpolitischen Ideologie komme, wurden die Sowjets auch dadurch, daß eine der ersten Amtshandlungen von Hitlers Regierung war, großzügig der UdSSR am 25. Februar 1933 einen Überbrückungskredit von 125 Millionen Reichsmark einzuräumen, damit Moskau 1933 die fälligen Kreditraten an das Reich zurückzahlen könne. Allerdings blieb damals den neuen Herren in Berlin gar keine andere Wahl, denn sie mußten ja die von sowjetischen Aufträgen lebende deutsche Maschinenindustrie weiter erhalten.

Die Russen warteten erstmal ab - und trotz aller ideologischen Bolschewistenfeindschaft in der Agitation der Gefolgsleute Hitlers verhielt man sich in Berlin zuerst nicht anders. Am 5. Mai 1933 wurde unauffällig die Verlängerung des Berliner Vertrages von 1926 ratifiziert, ohne daß daran irgendwelche Veränderungen vorgenommen worden waren. "Das Gesamtbild der deutsch-sowjetischen Beziehungen" in den ersten Monaten der Hitler-Regierung, so Günther Stöckl, "mußte für die Zeitgenossen verwirrend sein und ist es für die Historiker noch heute. Unzweifelhaft ist nur, daß in dem Hin und Her von ideologiebestimmten Haßausbrüchen und beschränkten Sympathiekundgebungen die Kooperation im oft beschworenen Geiste von Rapallo allmählich zum Erliegen kam."

Hitler mit führenden Nationalsozialisten im Berliner Hotel Kaiserhof nach der Ernennung zum Reichskanzler am 30. Januar 1933(v.l.n.re.):Paul Wagner, Wilhelm Kube, Hans Kerrl, Wilhelm Frick (sitzend), Josef Göbbels,Adolf Hitler, Ernst Röhm, Hermann Göring, Richard Darré, Heinrich Himmler, Rudolf Hess.

Hitlers Kurswechsel 1934: "Mit Warschau gegen Moskau"

Im November 1933 betonte der neue deutsche Botschafter in Moskau, Rudolf Nadolny, bei seiner Amtseinführung gegenüber dem sowjetischen Staatsoberhaupt, dem 58jährigen Michail Kalinin, seine Entschlossenheit, "das Verhältnis zu Rußland wieder zu normalisieren". Sein Vorgänger, Herbert von Dirksen, hatte zum Abschied am 30. Oktober 1933 aus Moskau nach Berlin geschrieben: "Das Rapallo-Kapitel ist abgeschlossen." Wenige Tage vorher, am 19. Oktober, war Hitler-Deutschland aus dem Völkerbund ausgetreten, und ab November kamen Gespräche mit Polen in Gang, die am 26. Januar 1934 zu einem Nichtangriffspakt und Verständigungsabkommen zwischen Deutschen und Polen führten. Mit diesem Pakt markierte Hitler einen Kurswechsel in Deutschlands Ostpolitik, denn das auf zehn Jahre befristete deutsch-polnische Bündnis war eigentlich gegen die polnisch-französische Koalition gerichtet.

Hatte es nach Rapallo noch "Mit Moskau gegen Warschau" - und damit auch gegen Paris! - geheißen, so drehte Hitler nun den Slogan um in "Mit Warschau gegen Moskau", was wiederum genau seiner in "Mein Kampf" vorgegebenen außenpolitischen Konzeption entsprach. Deutschland durchbrach damit die von Frankreich angelegte Umgehung Deutschlands, die nach Versailles die Deutschen lähmen sollte, an der wichtigsten Stelle. Hitlers Entscheidung für Polen bedeutete aber auch eine Entscheidung gegen Sowjetrußland, das er ja für nicht bündnisfähig hielt. Mit diesem Kurswechsel, der im Herbst 1933 eindeutig von Hitler ausging, gab Deutschland auch die "Brücken"-Position zwischen Ost und West auf. Von nun an richtete sich die Politik des nationalsozialistischen Deutschlands klar und eindeutig gegen die Sowjetunion, wobei Hitler zunächst im Bündnis mit Polen - später dann auch mit Italien und Japan - hoffte, daß England ihm bei einem späteren Vorstoß nach Osten "freie Hand" ließe.

Hitlers Gegenspieler, Stalin, hatte natürlich auch dessen "Mein Kampf" studiert und war sich klar darüber, daß Hitlers Hauptziel seiner Aggressionspolitik die Sowjetunion war. Wenn er trotzdem im Jahr 1933 die Politik des Abwartens verfolgte, dann war er sich über die Frage eben nicht klar, ob die Eroberungsziele Hitlers nur Parteipropaganda waren oder ob sie doch eines Tages die praktische Politik Hitlers bestimmen würde. Wann dies der Fall sein könnte, war aber bis Anfang 1934 unklar. Solange hieß es Zeit gewinnen und der beginnenden Aufrüstung in Deutschland eine solche in Sowjetrußland entgegenzustellen. Stalin hat dann später das Tempo der deutschen Aufrüstung unterschätzt.

Reichswehr und Rote Armee: Auflösung statt Unterbrechung der Kontakte

Eine Andeutung der Umorientierung in den deutsch-sowjetischen Beziehungen konnten die Russen allerdings schon vor dem deutsch-polnischen Bündnis beobachten, als nämlich Hitler im Sommer 1933 den Befehl gab, die deutschen Stationen der Zusammenarbeit zwischen Reichswehr und Roter Armee in der Sowjetunion "so rasch wie möglich" aufzulösen. Die Abwicklung des Rücknahme-Befehls zog sich wegen technischer Schwierigkeiten hin, und Marschall Tuchatschewski versicherte noch im November 1933 den abziehenden deutschen Militärs, daß die Rote Armee niemals ihre Zusammenarbeit mit der Reichswehr anderen Mächten verraten werde und daß in der Roten Armee für die Reichswehr die größten Sympathien bestünden, die ja "in einer schweren Zeit der Lehrmeister der Roten Armee" gewesen sei, was in der Sowjetunion niemals vergessen werde.

Der Chef der deutschen Panzertruppen-Schule in Kasan gab für prominente Sowjetoffiziere ein Abschiedsessen in Moskau, wobei man nur von "Unterbrechung" der Kontakte, nicht von Auflösung sprach. Die Tür zu weiteren Kontakten, so meldete der deutsche Militärattaché nach Berlin, sollte offenbleiben.

Ein wachsendes Mißtrauen in Moskau gründete nicht nur in den sich häufenden Anzeichen der

Aufgabe der Rapallo-Politik von deutscher Seite, sondern auch in der ständig wachsenden Sorge der Sowjet-Führung im Kreml um die Sicherheit der Sowjetunion. Hitler verschleierte deshalb Anfang 1934, in der Phase der endgültigen Absicherung seiner Macht, noch seine wahren Ziele gegen Moskau. So sagte er am ersten Jahrestag seiner Machtergreifung, am 30. Januar 1934, vor dem Reichstag: "Wenn Herr Stalin in seiner letzten großen Rede der Befürchtung Ausdruck gab, in Deutschland möchten sowjetfeindliche Kräfte tätig sein, so muß ich an dieser Stelle diese Meinung dahin korrigieren, daß genau so wenig, wie in Rußland eine deutsche nationalsozialistische Tendenz geduldet wird, Deutschland eine kommunistische Tendenz oder gar Propaganda dulden wird! Je klarer und eindeutiger diese Tatsache in Erscheinung tritt und von beiden Staaten respektiert wird, um so natürlicher kann die Pflege der Interessen sein, die den beiden Ländern gemein sind..."

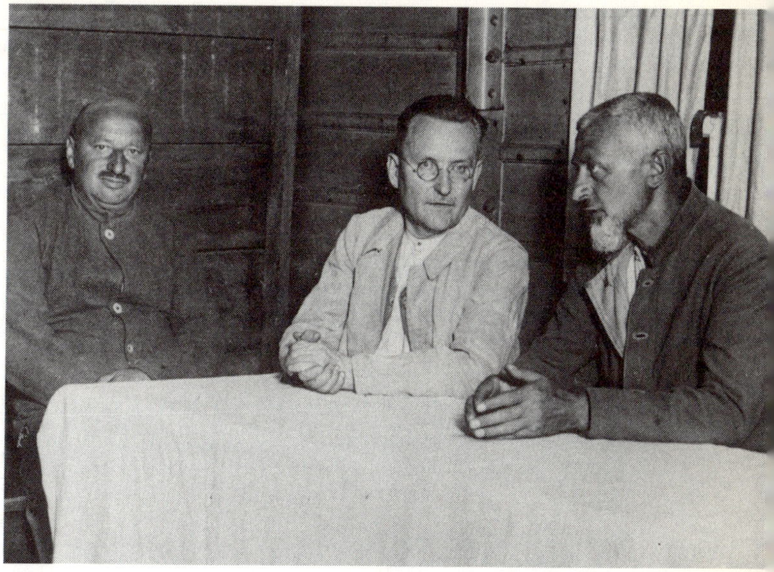

Inhaftierte SPD-Politiker im KZ Breslau-Dürrgoy: Mache, Paul Löbe und Hermann Lüdemann.

Hitler und die Kreml-Führung: "Ich will mit den Leuten nichts zu tun haben."

Daß Hitlers Worte nur leeres Gerede waren, zeigte sich rasch, als die Russen durch ihren Außenkommissar Litwinow ein Protokoll vorschlugen, in dem eine gemeinsame Garantie für die baltischen Staaten abgegeben werden sollte, was ein deutsch-sowjetisches Einvernehmen vor aller Welt demonstrieren sollte. Doch in Berlin lehnte Hitlers erster Außenminister von Neurath ein solches Garantieprotokoll barsch als "unmöglich und überflüssig" ab. Botschafter Nadolny in Moskau wurde aus Berlin beschieden, die Russen seien mit ihren Ängsten hysterisch, ihre Anschuldigungen seien nicht der Mühe eines Dementis wert, denn ein solches fände doch keinen Glauben. Nadolny solle größere Zurückhaltung im Umgang mit den Russen üben und so wenig wie möglich tätig sein. Eine antideutsche Außenpolitik der Sowjetunion befürchtend, reiste Nadolny nach Berlin, um Hitler persönlich seine Bedenken vorzutragen. Hitler wollte aber keine Verständigung mit Moskau, er sprach Nadolny gegenüber davon, daß er "mit den Leuten nichts zu tun haben" wolle. Zurückgekehrt auf seinen Posten und nach weiteren Brandtelegrammen nach Berlin, die nichts ausrichteten, trat Nadolny demonstrativ von seinem Posten zurück. Mit ihm verließ der letzte Vertreter der Rapallo-Politik die deutsche Botschaft in der Leontjewskigasse in Moskau. In den Akten des Auswärtigen Amtes wurde am 13. Juni 1934 aus Schloß Neudeck, dem Sommersitz des Reichspräsidenten von Hindenburg, der dort am 2. August 1934 starb, Nadolnys "Versetzung in den einstweiligen Ruhestand" bestätigt und als Nachfolger in Moskau Werner Graf von der Schulenburg genannt.

"Lieber mit Hitler als mit Stalin"

"Ich muß England und Frankreich glauben machen", hatte Hitler schon vor seiner Machtübernahme gesagt, "daß Deutschland das letzte Bollwerk gegen den Bolschewismus ist, denn das ist der einzige Weg, um die Gefahrenperiode durchzustehen, Versailles loszuwerden und aufzurüsten." Ein "Bollwerk gegen den Bolschewismus" wollten die demokratischen deutschen Politiker der Weimarer Koalition schon 1918/19 errichten, allerdings waren diese im Gegensatz zu Hitler von einer Gefahr der Bolschewisierung noch überzeugt. Ab 1934, nach dem Weggang Botschafter Nadolnys, erkannte man in Moskau eine andere Gefahr, nämlich die Gefahr, die von einem wiederaufgerüsteten Deutschland ausgehen könnte. Deshalb suchte die sowjetische Außenpolitik für den verlorenen Partner Deutschland nun die Partnerschaft mit dem Westen, vor allem mit Frankreich. Zur selben Zeit aber warb auch Hitler, während er sein Terror-Regime in Deutschland festigte, um Sympathien bei den ehemaligen Siegermächten im Westen. Und nicht ohne Erfolg, denn in London und Paris setzte sich in Hitlers ersten "ruhigen" Jahren noch die Meinung durch: "Lieber mit Hitler als mit Stalin."

In der UdSSR hatte Stalin ab 1934 seine "Revolution von oben", die im Verlauf der Zwangskollektivierung der Bauern und der Industrialisierung Millionen von Opfern kostete, soweit vorangetrieben, daß sich nicht nur die Versorgung mit Konsumgütern besserte, eine Basis für Schwerindustrie geschaffen und die Rüstungsindustrie angelaufen war, sondern auch die Sowjetunion selbst mehr und mehr gefestigt erschien. Im Zuge dieses Aufbauschwungs durch Stalins Programm des "Sozialismus in einem Land" wurden auch nationale Werte wieder in den Vordergrund gestellt. Es wurde von einem neuen russischen "Sowjetpatriotismus" gesprochen, die Begriffe "Heimat" und "Vaterland" wiederentdeckt, ebenso die russische Geschichte. Unter anderen Vorzeichen waren solche Veränderungen zur Stärkung der Diktatur mit durchaus gleicher Zielsetzung auch in Hitlers Drittem Reich zu beobachten, wo die Nationalsozialisten die Heroen der preußisch-deutschen Geschichte für sich beanspruchten. Das deutsche Volk wurde von Hitler genauso wie das russische von Stalin mit falschen Idealen ruhiggestellt.

1934 in Moskau: Schdanow proklamiert den "Sozialistischen Realismus"

Diese Konsolidierung im Innern wurde beispielhaft demonstriert, ja zelebriert, vom 17. August bis 1. September 1934 auf dem "Ersten Allunionskongreß der Sowjetschriftsteller" mit 600 sowjetischen Delegierten, in der Hauptsache Schriftsteller, und in Anwesenheit von rund 40 ausländischen Autoren, darunter 17 deutschsprachige. Präsident des Kongresses war der Vorsitzende des neugegründeten sowjetischen Schriftstellerverbandes, Maxim Gorki, der 1917 die Bolschewiki zuerst kritisiert, dann unterstützt hatte, wegen der Verfolgung von Kulturschaffenden aber mit Lenin in Konflikt geraten war und erst 1928 aus dem Exil in Italien wieder in die Sowjetunion zurückgekehrt war. Stalin, der Maxim Gorkis internationale Anerkennung für sein Regime einspannen wollte, hatte seine Rückkehr wie einen Triumphzug organisieren, seine Heimatstadt Nischni Nowgorod und viele öffentliche Gebäude nach ihm umbenennen lassen - "ein Kult, wie er um einen Schriftsteller nie zuvor und nie seither getrieben worden ist" (Michael Rohrwasser). Nun, am 1. August 1934, hing im Säulensaal des Moskauer Gewerkschaftsgebäudes bei der Eröffnung des Schriftstellerkongresses neben dem überlebensgroßen Bild Stalins in gleicher Größe ein Porträt von Maxim Gorki, dem "Literaturkönig", dem "Patriarchen, ehrwürdigen Liebling", der "hohen Instanz", wie Klaus Mann als Augenzeuge später schrieb. Andrej Schdanow, dem Stalin noch am Ende desselben Jahres nach dem Mord an Kirow den wichtigen Posten des Chefs der Leningrader Parteiorganisation übertrug, der dann später, nach dem Zweiten Weltkrieg, als Leiter der Propagandaabteilung beim ZK durch seine kulturellen "Säuberungsaktionen" unter den sowjetischen Künstlern, Schriftstellern und Wissenschaftlern berühmt-berüchtigt wurde, sprach in seiner Eröffnungsrede davon, daß der Genosse Stalin "unsere Schriftsteller die Ingenieure der menschlichen Seele nannte". Schdanows Rede mit dem Titel "Die Sowjetliteratur, die ideenreichste und fortschrittlichste Literatur der

Welt" wurde dann später zusammen mit der Rede Gorkis zum richtungsweisenden Manifest des "Sozialistischen Realismus" erklärt.

Die eingeladenen 17 deutschsprachigen Autoren kamen alle aus ihren Exilländern angereist. Sie waren vorher aus Hitlers Deutschland emigriert oder waren von dort vertrieben worden, und waren in einem fremden Land und in einer fremden Sprache meist zur Bedeutungslosigkeit verurteilt. Einig waren sie sich lediglich in ihrer antifaschistischen Geisteshaltung. Sie gehörten alle zu den Besten in der deutschen Literatur, als sie sich im Sommer 1934 in Moskau einfanden: Johannes R. Becher, Egon Erwin Kisch, Klaus Mann, Theodor Plivier, Oskar Maria Graf, Gustav Regler, Ernst Toller, Adam Scharrer, Erwin Piscator, Willi Bredel, F.C. Weiskopf, Balder Olden, Albert Ehrenstein, Friedrich Wolf, Wieland Herzfelde, Alfred Kantorowicz und Heinrich Vogeler. Einige von ihnen haben die Hitler-Zeit nicht überlebt, einige sind heute in Vergessenheit geraten, nur wenige kamen nach 1945 in Ost- oder Westdeutschland wieder zu Ehren und Erfolgen.

Die Literatur als "Kampfruf von Millionen"

Klaus Mann, Gustav Regler, Wieland Herzfelde und Oskar Maria Graf haben später in Berichten und Büchern über den Moskauer Kongreß von 1934 geschrieben. Begeistert von dem Land, seiner Aufbauarbeit und seinen Menschen, aber skeptisch über die großen Worte bei den Reden, äußerte sich der aus der Tschechoslowakei nach Moskau gekommene Graf in seinem Bericht "Reise in die Sowjetunion 1934", wo über die politische Absicht des Kongresses zu lesen war: "Die Sowjetdichter hatten die Begriffe 'sozialistischer Realismus' und 'revolutionärer Romantizismus' als Losung für das künftige Kunstwerk ausgegeben. Bei richtiger Anwendung und Mischung folgerten sie, muß Bleibendes entstehen. Es war nicht recht einzusehen, wieso, immerhin aber war es unterhaltend und anregend, wie scharfsinnig man sich zu dieser neuen und - wie übrigens Gorki ausdrücklich erklärte - zeitweiligen Richtlinie der revolutionären Literatur stellte..."

Welche kulturpolitische Bedeutung für die sowjetische Innenpolitik und den neupropagierten "Sowjetpatriotismus" der "Sozialistische Realismus" bekommen sollte, läßt sich an der Tatsache ablesen, daß er weit über die Stalin-Ära hinaus, bis in die sechziger Jahre hinein, die Kulturszene in der Sowjetunion geprägt hat. Auch zwei weitere Eigenheiten des Schriftstellerkongresses von 1934 paßten in das Bild von Moskau vor der Zeit der "Säuberungs"-Prozesse, die im selben Saal stattfanden: der Aufmarsch der Roten Armee als Demonstration der Stärke, die Vorliebe für militärische Metaphern in den Reden der sowjetischen Schriftsteller und schließlich der Personenkult um Stalin. Da wurde die Literatur als Faktor der Nützlichkeit beim Aufbau des Sozialismus eingespannt, als "Kampfruf von Millionen"; es war die Rede von "einer Literatur des Kampfes" und "des Sieges", von einer Literatur "vor der Endschlacht" und gipfelte schließlich in folgendem Zitat:"Diese Welt geht unter, das ist sicher - und wenn über ihrer Leiche Hammer und Sichel wehen, dann wird nicht als letzte unsere Schriftsteller - Feder dabei sein - als eine scharfe Waffe".

Die Protokolle der Reden auf dem Kongreß, wo es auch kontroverse Meinungen über Literaturgrößen wie Proust und Joyce gab, die Karl Radek "kleinbürgerlich" nannte, wurden in der Sowjetunion nie veröffentlicht. Die dort noch angeklungene Vielfalt von Meinungen war schon Monate später nicht mehr opportun, auf dem Kongreß äußerten sich ja auch noch die späteren "Unpersonen", bzw. Opfer von Stalin wie Karl Radek und Nikolai Bucharin, die später umgekommenen Schriftsteller Sergej Tretjakow, Michail Kolzow, Boris Pilnjak und Isaak Babel; außerdem haben an dem Kongreß die später sich als "Renegaten" entpuppenden Schriftsteller Gustav Regler, Theodor Plivier und der Franzose André Malraux teilgenommen.

Die Sowjetunion im Völkerbund und der sowjetisch-französische Vertrag gegen Hitler-Deutschland

Dieser bedeutsame Schriftsteller-Kongreß fand statt, als außenpolitisch Hitler-Deutschland in Moskau keinen amtlichen Vertreter hatte. Nadolny war im Juni zurückgetreten. Sein Nachfolger, Graf von der Schulenburg, trat erst im Oktober 1934 in Moskau seinen Dienst an. In dieser Zeit verbuchte die Sowjetunion einen spektakulären außenpolitischen Erfolg: die Aufnahme in den Völkerbund, dank der Unterstützung des sowjetischen Aufnahmeantrags durch Frankreich, an das sich die Sowjetunion anzunähern suchte. Nachdem 34 Staaten eine ausdrückliche Einladung an die Sowjetunion zum Beitritt unterschrieben hatten, wurde die Sowjetunion am 18. September 1934 bei nur drei Gegenstimmen in den Völkerbund aufgenommen, den Lenin einst als "Räuberhöhle" und Brutstätte antisowjetischer Verschwörungen beargwöhnt hatte und dem Hitler-Deutschland ein Jahr zuvor den Rücken gekehrt hatte.

Innerhalb von rund zwei Jahren hatten sich damit die Positionen Deutschlands und der Sowjetunion ins Gegenteil verkehrt: Hitler hatte mit dem Völkerbund gebrochen, den noch ein Stresemann für seine Verständigungspolitik zwischen Ost und West erfolgreich genutzt hatte; die Sowjetunion unter Stalin hatte nun Anschluß an den Zusammenschluß der Völker gefunden und sich auf die Seite Frankreichs geschlagen, mit dem die UdSSR nach einigen Problemen am 5. Mai 1935 ein Abkommen in Paris unterzeichnete, in dem Frankreich und die Sowjetunion sich für den Fall "eines nicht herausgeforderten Angriffs von seiten eines europäischen Staates" zum gegenseitigen Beistand verpflichteten. Mit dem eventuellen Angreifer war natürlich Deutschland gemeint, das kurz zuvor, am 16. März 1935, die Allgemeine Wehrpflicht wieder eingeführt und erklärt hatte, daß es sich nicht mehr an die Rüstungsbeschränkungen des Versailler Vertrages halten werde. Damit war Hitlers Aufrüstung in aller Offenheit vor der Welt bestätigt worden.

Neuorientierung der Komintern gegen Hitler-Deutschland

Auch die vom Kreml gesteuerte Politik der Komintern nahm 1934/35 eine Neuorientierung gegenüber Hitler-Deutschland vor, die auf dem geschilderten sowjetischen Schriftstellerkongreß mit der Einladung der antifaschistischen Autoren als Gäste bereits offenkundig geworden war. Auch die Komintern war nun bereit, "sich mit allen den Nationalsozialisten feindlichen Gruppen und Parteien, unbekümmert um deren soziale Zusammensetzung und Klasseninteressen, zu verbünden" (Walter Laqueur). Schon im Februar 1934 hatte auf dem XVII. Parteitag der KPdSU für die Komintern deren Generalsekretär D.S.Manuilski zur internationalen Lage und zur Außenpolitik Deutschlands Stellung genommen und Deutschland zum Hauptkriegstreiber Europas erklärt, da es überall Wirren und Anarchie stifte, indem es über die Grenze des Versailler Vertrages hinauszustreben suche. Manuilski wörtlich: "Die deutschen Faschisten wollten ganz Europa gegen den Bolschewismus aufwiegeln, aber vorläufig haben sie nur erreicht, daß Frankreich und Polen, der Hammer und der Amboß, zwischen denen das faschistische Deutschland ausgestreckt liegt, gezwungen sind, angesichts der drohenden Gefahr eines neuen imperialistischen Krieges sich der Sowjetunion, dem wahren revolutionären Hüter des Völkerfriedens, zuzuwenden..."

So führten nun das antibolschewistische Deutschland und die antifaschistische Sowjetunion gegeneinander "einen weltweiten, ideologie-bestimmten kalten Krieg" und "versuchten zur Sicherung gegen den anderen Bündnissysteme aufzubauen" (Günther Stöckl). Die nur noch auf ein Minimum reduzierten Kontakte auf diplomatischer Ebene führte Botschafter von der Schulenburg auf die ihm eigene verbindliche Art, da er erkannt hatte, "daß die beste Strategie für ihn Bismarcks Grundsatz war, die Dinge zu gestalten, ohne gegen den Strom zu schwimmen" (Hans von Herwarth). Bei der Überreichung seines Beglaubigungsschreibens, so berichtete der Botschaftsangehörige Gustav Hilger später, habe er "eine ungewöhnliche, wenn nicht gespannte Atmosphäre" gespürt. Hilgers Kollege Hans von Herwarth dagegen berichtete auch von einem Bonmot des sowjetischen Staatsoberhaupts Kalinin nach dem offiziellen Teil der Zeremonie. Den hochgewachsenen neuen Botschafter und seine Begleiter soll der kleinwüchsige Kalinin "mit verschmitztem Lächeln betrachtet" und bemerkt haben: "Man sieht es gleich - die Vertreter einer höheren Rasse!" Für den sowjetischen Außenkommissar Litwinow war der deutsche Botschafter Schulenburg, den Hitler am 10. November 1944 als Mitverschwörer des Attentats vom 20. Juli 1944 hinrichten ließ, nach dem Zeugnis von Hans von Herwarth "der Vertreter des alten Deutschland". Herwarth erzählte in seiner Autobiographie "Zwischen Hitler und Stalin", daß Litwinow "eines Tages zu Schulenburg bemerkte, er bedauere es, als Jude nicht mehr nach Deutschland auf Urlaub fahren zu können, was er immer so gerne getan hätte". Möglicherweise waren die diskriminierenden "Nürnberger Rassegesetze" vom 15. September 1935, der Auftakt zu Hitlers Vernichtungsprogramm gegen die Juden, der Anlaß zu dieser Bemerkung.

Propagandakrieg: Der "Hitlerfaschismus ist tierischer Chauvinismus", die Sowjetunion ist "Weltfeind Nummer eins"

Im Frühjahr 1935 war in Moskau laut diplomatischen Berichten viel die Rede von einem bevorstehenden Krieg. Doch Stalin beharrte in einem "vorsichtigen Mißtrauen" (Walter Laqueur) gegenüber Deutschland, und ab Sommer 1935 gab es immer wieder Anzeichen dafür, daß Stalin keine weitere Verschlechterung des deutsch-sowjetischen Verhältnisses wünschte, obwohl die Sprache der Propaganda auf beiden Seiten immer aggressiver wurde. Im August 1935 definierte der neue Komintern-Vorsitzende Georgi Dimitroff, der bulgarische Kommunist, der seit seinem Rededuell mit Göring im Leipziger Reichstagsbrandprozeß im Jahre 1933 in antifaschistischen Kreisen großes Ansehen genoß, auf dem VII. Kominternkongreß den Faschismus in Deutschland so: "Der Hitlerfaschismus ist nicht bloß bürgerlicher Nationalismus, er ist tierischer Chauvinismus. Das ist ein Regierungssystem des politischen Banditentums, ein System der Provokationen und Folterungen... Das ist mittelalterliche Barbarei und Grausamkeit, zügellose Aggressivität gegenüber anderen Völkern und Ländern." Von heute aus gesehen, wo wir über Hitlers Verbrechen in Lidice, Oradour, Babi-Jar oder Auschwitz Bescheid wissen, fast prophetische Worte.

Auf dem im September 1935 in Nürnberg stattfindenden "Reichsparteitag der Freiheit" überboten sich dann die NS-Größen Alfred Rosenberg und Joseph Goebbels mit antisowjetischer Propaganda in bisher ungekanntem Ausmaß. Da wurde der Bolschewismus als "Aktion einer fremden Rasse" und als "erklärter Feind aller Nationen" angeprangert. Rosenberg sprach von einer "Naturnotwendigkeit", daß "überall in der bolschewistischen Bewegung und ausnahmslos der Jude als der Einpeitscher der Revolution gegen die europäische Kultur gestanden hat und heute noch steht". Und dort, wo keine Juden am Werke seien, handle es sich um "Kinder der Steppe, wie Lenin, oder kranke, halbirre, hemmungslose Geschöpfe". Die Schlußfolgerung der Anwürfe lautete: "Wer gegen Deutschland kämpft, macht sich zum Verbündeten des Bolschewismus." Die Sowjetunion wurde zum "Weltfeind Nummer eins" erklärt.

Stalins "Säuberungen", Hitlers Ausfälle und die wirtschaftliche Zusammenarbeit

Mitten in diesem Propagandakrieg streckte Stalin auf diplomatischem Wege immer wieder Fühler über das Auswärtige Amt in Berlin aus, um Verbesserungen zwischen beiden Ländern zu erreichen. Botschafter von der Schulenburg berichtete aus Moskau, daß Litwinow bei den Feiern des 7. November 1935 ihm gegenüber einen Toast "auf die Wiedergeburt unserer Freundschaft" ausgebracht habe. Aber die Annäherungsversuche führten zu nichts. In der Neujahrsbotschaft 1936 griff Hitler die Sowjetunion wieder heftig an und erklärte kurze Zeit später, daß irgendwelche Kontakte mit den Sowjets nicht in Frage kämen, denn der Bolschewismus sei ein "bösartiges Gift", er wolle nicht, daß sein eigenes Volk damit angesteckt werde. Stalin wiederum war ab 1936 dann zu stark mit inneren Angelegenheiten beschäftigt, nämlich mit der "Säuberung" seiner Parteihierarchie und den sich daraus ergebenden Prozessen. Diese wirkten sich auch auf die deutsch-sowjetischen Beziehungen aus, da auch deutsche Staatsangehörige in die Prozesse verwickelt waren.

Während in Rußland Stalin planmäßig mit der Beseitigung jener Landsleute und Kommunisten begann, die Stalins neuen Staatskapitalismus und Staatspatriotismus nicht mittragen wollten, marschierte Hitlers neue Wehrmacht als Antwort auf den Ende Februar 1936 die beiden französischen Kammern passierenden französisch-sowjetischen Beistandspakt, der dann den Weg zur "Volksfront"-Regierung in Frankreich unter dem Sozialisten Léon Blum ab Mai 1936 freimachte, am 7. März 1936 in die "entmilitarisierte Zone" im Rheinland ein. Vor dem Reichstag widerrief Hitler noch am selben Tag die Locarno-Verträge von 1925, kaschierte seinen neuen Vertragsbruch mit dem Hinweis auf den französisch-sowjetischen Beistandspakt und attackierte erneut die Sowjetunion.

Zur gleichen Zeit aber ging im Bereich der Wirtschaft, vor allem beim Außenhandel, die Zusammenarbeit Deutschlands mit der Sowjetunion reibungslos weiter. Deutschland exportierte nach wie vor hochwertige industrielle Erzeugnisse, die für den Ausbau der sowjetischen Industrialisierung dringend benötigt wurden. 1936 gingen 2,7 Prozent des gesamten deutschen Außenhandels an Ausfuhren in die Sowjetunion und 2,2 Prozent Einfuhren aus der Sowjetunion nach Deutschland; 1937 waren es noch 2,0 Prozent an Export und 1,2 Prozent an Import. Auch die Kreditpolitik der Weimarer Republik wurde von den Nationalsozialisten fortgesetzt. Beide Seiten stellten eben, wie Hans von Herwarth schrieb, "die wirtschaftliche Entwicklung höher als die Reinheit der Lehre".

Der Spanische Bürgerkrieg: Hitler probt den Ernstfall

Im Jahr 1936 spitzten sich aber trotz solcher Prioritäten und dem "Friedensfest" der XI. Olympischen Sommerspiele in Berlin, wo die Nationalsozialisten der Welt Macht und Stärke ihres Regimes demonstrierten, die internationalen Beziehungen und ganz besonders diejenigen zwischen Deutschland und Rußland, weiter zu. Während Frankreich und England noch durch politisches Taktieren den "toll gewordenen Diktator" (Chamberlain) wegen seines Vertragsbruches ohne Krieg im Zaum halten wollten, brach nach dem Durchbruch der "Volksfront" in Spanien im Februar 1936 und der Revolte eines Teils der spanischen Generale gegen die neue Regierung in Madrid, in der ausschließlich Demokraten und Republikaner und kein einziger Sozialist oder Kommunist saß, der Spanische Bürgerkrieg aus, der bis 1939 dauerte und ein Vorspiel für den späteren

Reichsparteitag der Freiheit 1935 in Nürnberg. Aufmarsch der Fahnenkompanie

großen Konflikt wurde. Die Gewalttaten spanischer Anarchisten gegen den Großgrundbesitz und den mit ihm verbündeten Klerus entsetzte die Weltöffentlichkeit, gab den putschenden Generalen um Franco das Argument in die Hand, wieder für "Ruhe und Ordnung" zu sorgen und lieferte den NS-Propagandisten in Deutschland die angeblichen "Beweise" für ihre wiederholte These vom "roten Schreckgespenst" des Bolschewismus und seinem "wahren Gesicht". Wie schon bei der Verkündung der "Nürnberger Gesetze", die die Juden ein Jahr zuvor rechtlos machten, die NS-Formel Hitlers "Bolschewist=Jude=Untermensch" herhalten mußte, um der Propaganda die richtige Munition zu liefern, so wurde im September 1936 auf dem Reichsparteitag in Nürnberg unter dem Stichwort "Vierjahresplan" propagandistisch die Umstellung der deutschen Wirtschaft vom Frieden auf den Krieg vorgenommen. Die Entsendung der "Legion Condor" nach Spanien, die bald eine Stärke von 6500 Mann erreichte, sollte die militärische Stärke des Dritten Reiches bei der Unterstützung der spanischen Faschisten um General Franco demonstrieren. Hitler wollte aber auch den Ernstfall eines großen Krieges proben.

Die Hilfeleistung der Sowjetunion in Spanien und Hitlers "Antikominternpakt"

Auf republikanischer Seite kam Hilfe zuerst von französischen und britischen Freiwilligen. Eine Spendensammlung in sowjetischen Städten für das "revolutionäre Spanien" erbrachte bis zum Oktober die Summe von über 47 Millionen Rubel. Ab Oktober 1936 leistete dann die Sowjetunion materielle Hilfe mit Flugzeugen, Geschützen und Munition, obwohl aus sowjetischer Sicht ein Sieg der buntgemischten "Linken" in Spanien nicht wünschenswert war. Zu dieser "Linken" gehörte auch die von der Komintern organisierte Aufstellung von "Internationalen Brigaden", deren erstes Kontingent mit 500 Mann, bestehend aus Franzosen, Deutschen und Polen, am 14. Oktober 1936 in Spanien eintraf und Freiwillige aus allen europäischen Ländern erfaßte. Auf Umwegen kamen auch viele Kommunisten aus der Emigration nach Spanien, um der bedrohten Republik zu helfen. Es kamen aber keineswegs nur Kommunisten, sondern auch viele Sozialisten und Linksliberale, die sich dann als Kern der republikanischen Verteidigung bewährten. Insgesamt wurden die "Brigaden" auf etwa 40.000 Mann geschätzt, von denen nach den Franzosen etwa 5000 Deutsche das zweitstärkste Kontingent stellten - fast ausnahmslos aus Hitler-Deutschland geflohene Emigranten. Etwa die Hälfte von ihnen fiel im Kampf gegen Franco, der seinen Sieg am Ende vor allem der deutschen "Legion Condor" und Mussolinis "Schwarzhemden" verdankte, die bis Mitte 1937 etwa 50.000 Mann stark waren. Inzwischen war nämlich das faschistische Italien dem Antikominternpakt beigetreten, den Deutschland am 25. November 1936 mit Japan gegen die Kommunistische Internationale abgeschlossen hatte und der u.a. beinhaltete, daß beide Staaten während der Dauer des Abkommens "ohne gegenseitige Zustimmung mit der Union der Sozialistischen Sowjetrepubliken keinerlei politische Verträge schließen". Auch 1937 setzte Hitler seine Ausfälle gegen die Sowjetunion und "den Bolschewismus, vom Weltjudentum finanziert" fort. Er sprach sogar von deutschen Interessen an den Schätzen des Urals, Sibiriens und der Ukraine. Und am 20. Februar 1938 bestätigte Hitler in einer Rede vor dem Reichstag erneut einen Tiefstand der deutsch-russischen Beziehungen: "Zu einem einzigen Staat haben wir kein Verhältnis gesucht und wünschen auch, zu ihm in kein engeres Verhältnis zu treten: Sowjetrußland. Wir sehen im Bolschewismus mehr noch als früher die Inkarnation des menschlichen Zerstörungstriebs."

1936 bis 1938: Etwa sieben Millionen Sowjetbürger verhaftet

Im Jahr 1938 erreichte die Säuberungswut Stalins einen letzten Höhepunkt. Mit den Schauprozessen in Moskau ging eine gigantische Welle von Verhaftungen durch das ganze Land, bei der nach neuesten Berichten in den Jahren 1936 bis 1938 ungefähr sieben Millionen Sowjetbürger festgesetzt wurden. Dabei ging es nicht um die Verhaftung Schuldiger oder Unschuldiger, es ging um die Ausschaltung ganzer Gruppen und Kategorien der Bevölkerung: frühere Oppositionelle, Angehörige anderer Linksparteien, im Ausland gewesene Kommunisten, Rückkehrer aus dem Spanischen Bürgerkrieg, alte und mit der Entwicklung unzufriedene Bolschewiki, Unzufriedene in nichtrussischen Unionsrepubliken, Funktionäre des sowjetischen Partei-, Staats- und Wirtschaftsapparats sowie des Offizierskorps, aber auch viele ausländische Kommunisten in der Sowjetunion - sei es, daß sie aus ihrem Heimatland fliehen mußten und Emigranten waren, oder zu den vielen Intellektuellen gehörten, die in den dreißiger Jahren aus westlichen Ländern in die UdSSR pilgerten, um dort im "Vaterland aller Proletarier" bei der Schaffung des neuen Menschen mitzumachen.

Wer zu diesen Gruppen gehörte und verhaftet wurde, mußte mit einer Haftstrafe von mindestens fünf, aber auch bis zu fünfzehn Jahren rechnen, die nach einer Gefängnishaft in einem der vielen Straflager, den GULAGs, abgearbeitet werden mußten. Auch die Spur vieler deutscher Kommunisten, Emigranten aus Hitler-Deutschland, verlor sich in diesen GULAGs, die, entsprechend den deutschen Konzentrationslagern, zu einem Synonym für Zwangsarbeit, Folter und Tod geworden sind. Hunderttausende, die die Stalinsche "Säuberung" überlebt hatten, wurden in diesen sibirischen Lagern als Arbeitssklaven zu Tode geschunden. Viele erschütternde literarische Zeugnisse und Berichte von Überlebenden geben heute darüber Auskunft. Die ganze Perversion menschlichen Leidens in den totalitären Regimen Stalins und Hitlers wird deutlich, wenn man sich in Erinnerung ruft, daß viele verfolgte Deutsche nach überlebter Haft und Lagerzwangsarbeit wenig später von der NKWD an die SS übergeben wurden. Etwa 800 Emigranten "wechselten" so vom sowjetischen GULAG in ein deutsches KZ.

Stalins Entschluß, sich mit Hitler zu einigen

Im Spätherbst 1938 gingen die Verhaftungen endlich zu Ende. Stalin erkannte, daß eine Fortsetzung das Überleben der Partei und ihres Apparates in Frage stellen würde, denn unter der Psychose der Wachsamkeit war ein Mißtrauen aller gegen alle gewachsen. Damit hatte Stalin erreicht, was er wollte: die Sowjetbürger völlig seinem Willen unterzuordnen und zu gehorsamen Werkzeugen seiner Diktatur zu machen. Mit Beginn des Jahres 1939 stand für Stalin wieder die Reorganisation des völlig dezimierten Partei-, Staats- und Wirtschaftsapparates sowie die Stärkung des Militärs im Vordergrund aller innenpolitischen Überlegungen. Auf dem XVIII. Parteitag der KPdSU im März 1939 wurde die "Große Säuberung" nur am Rande erwähnt; Stalin erklärte, sie sei, abgesehen von einzelnen Fehlern, "positiv" verlaufen und er versprach, daß es in Zukunft keine Säuberungen mehr geben werde. Auf diesem Parteikongreß wurde der 3. Fünfjahresplan von 1938 bis 1942 mit der Priorität für die Schwerindustrie bestätigt. Unter den neu zugewählten Mitgliedern für das durch die Säuberungen dezimierte Politbüro war auch der damalige Erste Sekretär der ukrainischen Parteiorganisation, der 45jährige Nikita Sergejewitsch Chruschtschow, der es 17 Jahre später als Erster wagte, den drei Jahre vorher verstorbenen Stalin zu verurteilen.

Als dieser XVIII. Parteitag in Moskau stattfand, marschierten zur selben Zeit deutsche Truppen in Prag ein, nachdem Hitler zuvor im "Münchner Abkommen" vom September 1938 die Politiker der Westmächte übertölpelt und im Oktober 1938 das Sudetenland "heimgeholt" hatte. Stalin, der schon vor dem Münchner Abkommen die Westmächte vergebens gedrängt hatte, gemeinsam mit ihm gegen Hitler vorzugehen, war über den erneut vor Hitler zurückweichenden Westen, vor allem über England, tief enttäuscht. "Er hielt den Westen", schrieb später Paul Sethe, "für unfähig, gegen Hitler vorzugehen, und er zog es vor, sich mit ihm zu einigen". Wie kam es dazu?

Stalin am 10. März 1939: "Keine sichtbaren Gründe für einen Konflikt mit Deutschland"

Ende 1938 hatte Hitler seine Aufrüstung so weit vorangetrieben, daß er nun auch das deutsche Volk psychologisch auf einen Krieg vorbereiten wollte. Vor deutschen Journalisten und Verlegern sagte er am 10. November 1938 in München offen, daß "der Zwang die Ursache war", weshalb er "jahrelang nur vom Frieden redete", daß nun "diese Platte, die pazifistische Platte, bei uns abgespielt" und es nun "notwendig" sei, "das deutsche Volk psychologisch allmählich umzustellen und ihm langsam klarzumachen, daß es Dinge gibt, die, wenn sie nicht mit friedlichen Mitteln durchgesetzt werden können, mit Mitteln der Gewalt durchgesetzt werden müssen". Hitler hatte damit die Maske fallen lassen, es war nun klar, daß er den Krieg wollte. Sein erstes Kriegsziel war Polen, mit dem seit 1934 ein Nichtangriffspakt bestand. Ein wohl nicht ganz ernst gemeintes Angebot an Polen, einerseits Danzig und einen Zugang durch den Korridor zu fordern und andererseits dafür eine Garantie für Polens Westgrenze abzugeben und den Nichtangriffspakt auf eine Frist von 25 (!) Jahren zu verlängern, mußte von Polen mit Rücksicht auf seine Grenze mit der Sowjetunion abgelehnt werden.

Am 10. März 1939 sprach dann Stalin vor dem XVIII. Parteitag von "keinen sichtbaren Gründen für einen Konflikt mit Deutschland". Dieses indirekte Annäherungs-Angebot Stalins war von den Diplomaten in Berlin zwar registriert worden, Hitler aber reagierte nur insofern, als er sich in seinen Reden künftig mit Anwürfen gegen die Sowjetunion auffallend zurückhielt. Als dann am 3. Mai 1939 die Absetzung des Außenkommissars Litwinow, anerkanntermaßen ein Freund der Politik der "kollektiven Sicherheit" mit dem Westen, und seine Ersetzung durch Wjatscheslaw Michailowitsch Molotow bekannt wurde, meldete die Deutsche Botschaft nach Berlin: "Der plötzliche Wechsel hat hier größte Überraschung hervorgerufen, da Litwinow sich mitten in Verhandlungen mit der englischen Delegation - zur Einkreisung Deutschlands - befand." Weiter sah man dort in der Entlassung Litwinows "die Folge eines spontanen Entschlusses Stalins, ...Molotow, kein Jude, gilt als engster Freund und engster Mitarbeiter Stalins. Seine Ernennung soll offenbar Gewähr dafür bieten, daß die Außenpolitik streng im Stalinschen Sinn fortgesetzt wird."

Hitlers und Stalins Ziele "decken sich"

Nach Litwinows Entlassung wurde Botschaftsrat Gustav Hilger aus Moskau zu Hitler beordert, da Botschafter Schulenburg zu dieser Zeit in Urlaub war. Hitler ließ sich von Hilger die allgemeine Lage in Rußland schildern. Zehn Tage später wurde ihm mitgeteilt, er könne die Sowjets davon informieren, daß Deutschland wieder über ein neues Handelsabkommen mit der UdSSR sprechen wolle. Hitler erkannte die Chance, mit einer Verständigung mit Moskau einerseits Polen endgültig isolieren zu können und gleichzeitig die sowjetisch-britisch-französischen Verhandlungen in Moskau zu verhindern. Diese Chance sollte ihn seinem Ziel nahebringen, bald Polen niederzuwerfen und im Falle eines Krieges im Westen Europas durch eine Verständigung mit der UdSSR ein sicheres Hinterland im Osten zu bekommen. "Im Endeffekt", erklärte 1989 der sowjetische Historiker Daniil Proëktor, "deckte sich dieses Ziel mit den Absichten Stalins, der Deutschland den ('wenig verläßlichen' westeuropäischen Mächten vorzog." Diese Überlegungen über Stalins Motive, sich mit Hitler zu verständigen, hat Stalins späterer britischer Waffenbruder gegen Hitler, Winston Churchill, in seinen Memoiren ähnlich interpretiert: "Vom Standpunkt der Sowjetregierung muß gesagt werden, daß es für sie lebenswichtig war, das Aufmarschgebiet der deutschen Armee so weit wie möglich im Westen zu halten." Denn daß Hitler gegen Polen marschieren würde, war inzwischen klar geworden. Stalin aber wußte, daß der Um- und Ausbau seiner Roten Armee nach dem Aderlaß durch seine "Säuberungen" noch einige Zeit beanspruchen würde und daß er deshalb sein Land so lange wie möglich aus einem sich abzeichnenden Krieg heraushalten mußte.

Bei den wohl von Anfang an zum Scheitern verurteilten Verhandlungen in Moskau mit Franzosen und Engländern lehnten die Westmächte einen von Stalin vorgeschlagenen Beistandspakt und eine gemeinsame Garantie für die mittel- und osteuropäischen Staaten, verbunden mit einem Durchmarschrecht der Sowjetunion durch Polen, ab. Ende Juni beschuldigte dann Schdanow in einem Zeitungsartikel die Westmächte, die Verhandlungen mit der Sowjetunion als Deckmantel zu benutzen und wiederholte, was Stalin schon am 10. März betont hatte, daß die Sowjetunion nicht gewillt sei, "für andere die Kastanien aus dem Feuer zu holen".

Hitler sucht "freie Hand im Osten"

Noch während dieser Moskauer Verhandlungen traf sich Botschafter Schulenburg mit dem neuen Außenkommissar Molotow, um auf Hitlers Weisung die Ernsthaftigkeit einer möglichen Verständigung zu prüfen. In dem Gespräch, das am 20. Mai 1939 stattfand, erklärte Molotow, daß für eine Verhandlung über Wirtschaftsfragen vorher eine "politische Grundlage" notwendig sei. Wie sich Stalin diese vorstellte, erfuhr eine Woche später Staatssekretär Ernst von Weizsäcker von dem bulgarischen Gesandten in Berlin: für das sowjetische Sicherheitsbedürfnis dachte man in Moskau an einen Nichtangriffspakt, verbunden mit territorialen Forderungen nach Bessarabien und den baltischen Staaten. Bevor Hitler sich auf einen so weitgehenden Vertrag mit Moskau einlassen wollte, glaubte er, noch einmal prüfen zu sollen, ob nicht doch die Engländer zum Stillhalten zu bewegen seien, wie im Fall der Tschechoslowakei ein Jahr zuvor. Aus London signalisierte man Anfang Juni tatsächlich Bereitschaft zum Entgegenkommen. In Chamberlains Umgebung war immer noch die Maxime "Lieber mit Hitler als mit Stalin" gültig. London sprach sogar von der Rückgabe ehemaliger deutscher Kolonien, aber Hitler wollte nur "freie Hand im Osten". Die deutsch-britischen Sondierungsversuche, die bis in den August hinein anhielten, fanden unter regierungsoffizieller Ebene statt, aber nicht völlig geheim. Als sich Ende Juli, noch vor Schdanows Zeitungsartikel gegen die Westmächte, eine Einigung in Moskau mit London und Paris abzeichnete, man aber dort einen Vertrag von einer erst auszuhandelnden Militärkommission abhängig machen wollte, hatte es Hitler plötzlich eilig, zu einem Ergebnis mit der Sowjetunion zu kommen, denn sein festgelegter Angriffstermin gegen Polen am 1. September rückte immer näher. Ende Juli ließ er über seinen Botschafter den Kreml wissen, daß Deutschland in der polnischen Frage, das Baltikum betreffend "alle sowjetischen Interessen wahren" wolle.

Am 15. August 1939 erschien der sowjetische Geschäftsträger auf Weisung Molotows in Berlin bei seinem bisherigen Gesprächspartner, Legationsrat Schnurre, und schlug Moskau als Ort für sofortige Verhandlungen vor. Am 19. August 1939, als Stalin das polnische "Nein" zur Forderung eines Durchmarsches sowjetischer Truppen im Falle eines Bündnisses mit den Westmächten erhielt, gab er grünes Licht für die Unterzeichnung eines Wirtschaftsabkommens mit Deutschland, mit dem sich Hitler gegen einen Kredit von 200 Millionen Mark und Industriegütern umfangreiche Lieferungen strategisch wichtiger Rohstoffe aus Rußland sicherte. Zugleich wurde vereinbart, daß eine Woche später der deutsche Außenminister Joachim von Ribbentrop nach Moskau kommen sollte. Damit waren die Würfel gefallen. Die beiden Verlierer im Ersten Weltkrieg einigten sich auf eine Wiederherstellung der Grenzen von 1914 und die Weltöffentlichkeit hatte ihre erste Sensation, der dann am 23. August die zweite, noch größere Sensation folgte: der Abschluß des berühmt-berüchtigten Hitler-Stalin-Paktes, der "Pakt mit dem Satan gegen den Teufel" (Franz Halder, deutscher Generalstabschef des Heeres), mit dem das Unmögliche geschah, das "weniger vorstellbar schien als die Richtungsänderung des Golfstroms" (Walentin Falin, sowjetischer Deutschlandexperte).

Deutscher Einmarsch in Prag am 15. März 1939; Wut und Verzweiflung in den Gesichtern der Prager .

Hitler: "Jetzt habe ich die Welt in meiner Tasche!"

In einem Telegramm Hitlers an "Herrn Stalin, Moskau", vom 20. August, teilte Hitler mit, daß der Abschluß eines Nichtangriffspaktes mit der Sowjetunion für ihn "eine Festlegung der deutschen Politik auf lange Sicht bedeute" und schlug Stalin vor, seinen Außenminister, der "umfassendste Generalvollmacht" habe, spätestens am 23. August zu empfangen, da "eine längere Anwesenheit in Moskau mit Rücksicht auf die internationale Lage unmöglich sei". Schon einen Tag später, am 21. August, ließ Stalin über die deutsche Botschaft sein Einverständnis für den Besuch Ribbentrops zurückdrahten. Nach Erhalt dieser Nachricht, so beobachtete Walter Hewel, Ribbentrops Verbindungsmann zu Hitler, jubelte Hitler: "Jetzt habe ich die Welt in meiner Tasche!" und trommelte mit beiden Fäusten gegen die Wand, wobei er sich wie ein Irrer gebärdet habe. Wieder einen Tag später, am 22. August, flog von Berlin-Tempelhof eine Focke-Wulf 200 "Condor" über Königsberg nach Moskau, an Bord der Außenminister des "Großdeutschen Reiches"mit seinem Stab . Nach Zwischenhalt in Königsberg landete die Maschine am 23. August mittags in Moskau, das jahrelang von der NS-Propaganda als "Zentrum der jüdisch-bolschewistischen Weltverschwörung" beschimpft worden war.

Vertrag in Moskau: Stalins Trinksprüche auf Hitler

In zwei Verhandlungsrunden von etwa je drei Stunden - die erste begann nachmittags 15.30 Uhr, die zweite dauerte bis weit nach Mitternacht - wurden die von Molotow vorbereiteten Vertragstexte einschließlich eines geheimen Zusatzprotokolls verabschiedet. Die juristische Formulierungshilfe leistete dabei auf deutscher Seite derselbe Friedrich Gaus als Unterstaatssekretär, der bereits siebzehn Jahre zuvor beim Abschluß des Rapallo-Vertrages zwischen Rathenau und Tschitscherin mit dabei war. Gegen zwei Uhr morgens am 24. August stellten sich im Kreml die Hauptakteure bei der Unterzeichnung den Fotografen: auf sowjetrussischer Seite neben Molotow auch Stalin, der erstmals bei einem diplomatischen Empfang persönlich von Anfang an die Verhandlungen geleitet hatte, obwohl er gar nicht Mitglied der Sowjetregierung war; auf deutscher Seite Ribbentrop und Botschafter von der Schulenburg. Unter den dabei ausgebrachten Trinksprüchen soll Stalin, nach der vom Gesandtschaftsrat Andor Hencke verfaßten Aufzeichnung, spontan gesagt haben: "Ich weiß, wie sehr das deutsche Volk seinen Führer liebt. Ich möchte deshalb auf seine Gesundheit trinken."

Stalins Skrupel über den Vertrag

Während der Verhandlungen war zwischen Moskau und Berlin eine direkte Telefonleitung eingerichtet, die Hans von Herwarth in der deutschen Botschaft in Moskau überwachte: "Einige Male hatte ich die Zustimmung Hitlers zu Veränderungen im Vertragstext, vor allem für kleine Grenzverschiedenheiten, einzuholen. Es war erstaunlich, wie rasch Hitler seine Zustimmung gab, um möglichst schnell den Vertrag unter Dach und Fach zu bringen." Stalin, so berichtete Botschaftsrat Hilger, der als Dolmetscher dabei war, beteiligte sich intensiv auch an der Abfassung der Vertragstexte und eines gemeinsamen Kommuniqués, das nach der Unterzeichnung veröffentlicht wurde. Einen Entwurf von Ribbentrop, in dem die neue deutsch-russische Freundschaft "in überschwenglichen und schwülstigen Redensarten" gerühmt wurde, lehnte Stalin, laut Hilger, mit diesen Worten ab: "Glauben Sie nicht, daß wir auf die öffentliche Meinung in unseren beiden Ländern etwas mehr Rücksicht nehmen müßten? Wir haben einander jahrelang kübelweise Unrat über die Köpfe gegossen, und unsere Propagandisten konnten in dieser Richtung nicht genug tun. Und nun soll plötzlich alles vergeben und vergessen sein? Solche Dinge gehen nicht so schnell..." Stalins Entwurf für "ein gemäßigteres Kommuniqué" wurde danach von Ribbentrop ohne Widerrede akzeptiert. Offenbar hatte Stalin selbst Skrupel bekommen über diesen Vertrag, den er vor allem deshalb schloß, um die unmittelbare Gefahr eines deutschen Angriffs gegen die Sowjetunion zu beseitigen.

Der Inhalt des Hitler-Stalin-Paktes und der Streit um das Geheime Zusatzprotokoll

Der sogenannte Hitler-Stalin-Pakt vom 23. August 1939 enthielt im ersten von sieben Artikeln einen Gewaltverzicht gegeneinander, im zweiten Artikel einen Verzicht auf Unterstützung der Vertragspartner im Falle einer kriegerischen Verwicklung eines Partners und im entscheidenden vierten Artikel die Vereinbarung, daß sich kein Vertragspartner an einer

Händedruck nach der Unterzeichnung des deutsch-russischen Nichtangriffspaktes zwischen Josef Stalin und Joachim v. Ribbentrop.

Mächtegruppierung beteiligt, die sich gegen den anderen Teil richtet. Der Vertrag wurde laut dem sechsten Artikel auf die Dauer von zehn Jahren abgeschlossen. Der eigentliche politische Kern dieses Bündnisses der beiden bis dahin so feindlichen Vertragspartner aber war das Geheime Zusatzprotokoll zu dem Vertrag, dessen Existenz von der Sowjetunion bis zum Jahre 1989 abgestritten wurde, um den damit erreichten Landgewinn im Westen zu bewahren. Bereits 1946 haben im Nürnberger Kriegsverbrecherprozeß die sowjetischen Vertreter das Dokument bestritten. Erst zum 50. Jahrestag des Hitler-Stalin-Paktes ließ Michail Gorbatschow die Beweislage über das Geheime Zusatzprotokoll prüfen, wobei der eingesetzte Untersuchungsausschuß des Volksdeputiertenkongresses unter Alexander Jakowlew nach heftigen Auseinandersetzungen zu dem Schluß kam, daß es das Zusatzprotokoll gegeben habe, worauf das Parlament in Moskau den Vertrag samt den Zusatzprotokollen annullierte.

"Dieser Vertrag bringt uns einen zweiten Weltkrieg und stürzt Deutschland ins Verderben."

In diesen Protokollen waren "für den Fall einer territorial-politischen Umgestaltung" - so ließ Hitler seinen geplanten Überfall auf Polen umschreiben - die Grenzen zwischen der deutschen und sowjetrussischen "Interessensphären in Osteuropa" abgesteckt worden. Für Polen bedeutete das die Liquidierung als Staat und die Aufteilung des Landes zwischen Deutschland und der Sowjetunion entlang der Flüsse Pissa, Narew, Weichsel und San; außerdem überließ Hitler der Sowjetunion den "Einfluß" auf die Staaten Finnland, Estland, Lettland und (ab Ende September) Litauen sowie im Südosten das rumänische Bessarabien. Die Wirkung des Hitler-Stalin-Paktes auf die Zeitgenossen hat wohl am besten Winston Churchill, damals noch Erster Lord der Admiralität und im Gegensatz zu Chamberlain frühzeitiger Warner vor Hitler, in seinen Memoiren umschrieben: "Die düstere Nachricht brach über die Welt wie eine Explosion herein." Der deutsche Botschafter von der Schulenburg sagte am Morgen des 24. August zu seinem Mitarbeiter Hans von Herwarth in der deutschen Botschaft in Moskau: "Dieser Vertrag bringt uns einen zweiten Weltkrieg und stürzt Deutschland ins Verderben".

Aus den Erinnerungen von Nikita S. Chruschtschow geht hervor, daß Stalin seine damaligen Politbüro-Mitglieder über die Vorbereitungsgespräche zu dem Pakt überhaupt nicht informiert hatte. Während der Vertragsunterzeichnung waren Woroschilow, Bulganin, Malenkow und Chruschtschow zusammen auf der Entenjagd. Hinterher besuchten sie Stalin in seiner Datscha und luden ihn zum Enten-Essen ein. Dabei unterrichtete Stalin sie über den Vertrag, den Chruschtschow so beurteilte: "Es war sehr schwer für uns Kommunisten und Antifaschisten, die in der philosophischen und politischen Opposition den Faschisten unverändert feindlich gegenüberstanden, den Gedanken eines Bündnisses mit Deutschland zu akzeptieren." Genauso dachten natürlich auch die vielen in Moskau anwesenden Antifaschisten und Kommunisten, die bis dahin von Stalins Säuberungen verschont geblieben waren, vor allem die Deutschen unter ihnen, wie etwa der 1935 von Prag nach Moskau gekommene Herbert Wehner, der spätere SPD-Fraktionsführer im westdeutschen Bundestag, der 1946 notierte: "Der deutsch-russische Pakt war die äußerliche Kennzeichnung einer seit längerer Zeit spürbaren Entwicklung. Für die deutschen Kommunisten in Moskau bedeutete er eine furchtbare Belastung." Fast unerträglich war die Belastung für die spanischen Kommunisten, die wenige Wochen zuvor den Sieg der Faschisten mit deutscher Hilfe in ihrem Heimatland akzeptieren mußten.

Der damals als Vertreter der KP Spaniens in Moskau weilende Enrique Castro Delgado reagierte voller Verzweiflung: "Ich bin Spanier: Deutschland hat Franco geholfen, an die Macht zu gelangen und unsere Republik zu vernichten. Ein Flugzeug, eine Messerschmitt, hat mit dem Feuer seiner Maschinengewehre das Leben meines Bruders Manolo in einem kleinen Dorf in Katalonien ausgelöscht... Hitler strebt danach, Europa zu beherrschen. Ich erschrecke über meine Gedanken..." Auch für die Söhne und Töchter deutscher und österreichischer politischer Emigranten war die Nachricht von diesem Bündnis zwischen Stalin und Hitler ein "Schock", wie der spätere Rußland-Experte Wolfgang Leonhard schrieb: "Wir waren wie vom Donner gerührt. Fassungslos und schweigend saßen wir da. Schließlich meinte Egon Dirnbacher, der Jüngste unter uns, traurig: "Ach, wie schade, jetzt werden wir ganz bestimmt Chaplins Film Diktator nicht sehen dürfen.' Der kleine Egon hatte die Situation sehr richtig erfaßt, denn in der Tat wirkte sich der Paktabschluß - wie wir in den nächsten Tagen sehen sollten - sofort innenpolitisch aus."

"Der Verräter, Stalin, bist du!"

Daß mit dem "Geheimen Zusatzprotokoll" das Bündnis wegen der territorialen Veränderungen zu einer Komplizenschaft zwischen Hitler und Stalin entartete, wurde in Moskau und in den Emigrantenkreisen im Ausland erst sehr viel später klar, nachdem langsam der Inhalt dieses Geheimprotokolls durchsickerte und vier Wochen später das Bündnis mit einem "Grenz- und Freundschaftsvertrag" bestätigt wurde. Der Komintern-Funktionär Leopold Grünwald, ein gebürtiger Wiener, Gründungsmitglied der KP Österreichs und der KP der Tschechoslowakei, den die deutsche Besetzung im März 1939 in die Sowjetunion fliehen ließ, kommentierte die neue Situation mit einem Vergleich Stalins mit Lenin: "Stalin und Hitler grenzten ihre 'osteuropäischen Interessensphären' im gegenseitigen Einvernehmen ab. Lenin hat solche Geheimverträge 'Vereinbarungen von Räubern hinter dem Rücken der Völker' genannt."

Nicht wenige enttäuschte und verbitterte antifaschistische Kommunisten und Sozialisten im Ausland zogen endgültige Konsequenzen, wie zum Beispiel der Schriftsteller Arthur Koestler, der noch als Berichterstatter bis 1937 in Spanien tätig war, dann aus der deutschen KP austrat und danach immer wieder das "Krebsgeschwür der Bürokratie", den Terror und die Unterdrückung im Stalinschen Regime kritisiert hatte, dabei aber sich noch immer zur Sowjetunion als "unsere einzige und letzte Hoffnung auf einem in schnellem Verfall begriffenen Planeten" bekannte. Nach dem Hitler-Stalin-Pakt brach Koestler endgültig mit dem Kommunismus: "Dieser Schwebezustand dauerte für mich bis zu dem Tag, an dem zu Ehren Ribbentrops die Hakenkreuzfahne auf dem Moskauer Flugplatz gehißt wurde und die Kapelle der Roten Armee das 'Horst-Wessel-Lied' anstimmte. Damit war es Schluß; von nun an war es mir egal, ob mich die neuen Verbündeten Hitlers einen Konterrevolutionär schimpften."

Auch der 1933 nach Frankreich emigrierte Publizist Willi Münzenberg, der in Zürich schon mit Lenin zusammen war, bevor dieser 1917 durch Deutschland nach Rußland zurückkehrte, und der 1937 bereits wegen Kritik an Stalin aus der KPD ausgeschlossen worden war, prangerte in seiner ab 1938 in Paris erscheinenden Emigranten-Zeitschrift *Die Zukunft* "den russischen Dolchstoß" an: "Heute stehen in allen Ländern Millionen auf, sie recken den Arm, rufen, nach dem Osten deutend: 'Der Verräter, Stalin, bist du!"

Hitlers Wehrmacht und Stalins Rote Armee teilen sich Polen

Nach dem 24. August, als die *Prawda* mit großen Bildern von Stalin und Ribbentrop den Vertragstext veröffentlichte und durch einen Leitartikel erklärte, wurde in der Sowjetunion weder in der Presse noch über Partei oder Regierung ein Wort mehr über den Vertrag verloren - bis zum 31. August, als der Oberste Sowjet einberufen wurde, der dann nach einer Rede Molotows den Pakt mit Hitler ratifizierte.

Hitler aber, dem der Vertrag die Rückendeckung für den geplanten Überfall auf Polen gab, war nun am Ziel seiner Wünsche, er konnte den Krieg führen, den er gewollt hatte und dem Stalin mit dem Vertrag ausweichen wollte. Gemäß dem Vertragstext wurde nun von beiden Seiten gehandelt - brutal und rücksichtslos. Neun Tage nach dem Vertragsabschluß entfesselte Hitler mit dem Einmarsch deutscher Truppen in Polen den Zweiten Weltkrieg, der dann fast sechs Jahre später, im Mai 1945 mit der vollständigen Vernichtung des Deutschen Reiches enden und der die Welt grundlegend verändern sollte. In 18 Tagen holte sich Hitler seine vertraglich festgelegte Hälfte Polens, am 17. September marschierte die Rote Armee in Ostpolen ein und kassierte den vertraglich der Sowjetunion zugesprochenen Anteil aus der Beute Polen.

Das Bündnis zwischen Hitler und Stalin dauerte nur 21 Monate und 22 Tage, wobei sich die beiden "Führer" nie begegnet sind, einander aber mit Bewunderung als "genialen Burschen", "Teufelskerl" oder "gewaltige Persönlichkeit" bezeichneten. Und Stalin hielt sich buchstabengetreu an die mit Hitler getroffenen Vereinbarungen, wobei seine Vertragstreue sogar soweit ging, daß er im Juli 1940, nach Hitlers "Blitzkriegen" und "Blitzsiegen" über Dänemark und Norwegen sowie Holland, Belgien, Luxemburg und Frankreich, den deutschen Botschafter in Moskau, Graf von der Schulenburg, über ein Angebot des britischen Botschafters Sir Stafford Cripps, sich mit Großbritannien gegen Deutschland zu verbünden, genauestens informierte. Außerdem, so erinnerte sich Botschaftsrat Hilger, "verschwand aus Presse und Rundfunk, von Bühne und Leinwand alles, was auch nur entfernt als Kritik an Deutschland und dem Nationalsozialismus hätte aufgefaßt werden können..." Hilger berichtete weiter, daß in der Presse wieder Aufsätze über "die wohltätige Wirkung deutschen Geistes auf die kulturelle Entwicklung des russischen Volkes" erschienen, daß Wagner-Opern im Moskauer "Bolschoi-Theater" aufgeführt wurden.

Hitlers Feldzug gegen Polen wurde von der Sowjet-Führung mit Sympathie und unverhohlener Genugtuung verfolgt, die amtlichen deutschen Wehrmachtsberichte wurden von allen Sowjet-Zeitungen abgedruckt. An der Küste der Halbinsel Kola richteten die Sowjets sogar als Zeichen des guten Willens - nach dem am 28. September in Moskau von Ribbentrop noch nachträglich mit Molotow unterzeichneten "Grenz- und Freundschaftsvertrag", der, über den Pakt vom 23. August hinausgehend, die endgültigen Grenzen im liquidierten Polen - festlegte, für die deutschen U-Boote im Nordmeer Versorgungsbasen ein. Unter sowjetischem Druck erklärten sich die drei baltischen Staaten noch im Spätherbst 1939 zu Beistandspakten mit der Sowjetunion bereit, wobei die Länder der UdSSR Marinebasen und Luftstützpunkte zur Verfügung stellen mußten. Im Sommer 1940 annektierte dann die UdSSR die baltischen Staaten. Schließlich schlossen am 10. Januar Deutschland und die UdSSR noch einen Vertrag über die Führung der gemeinsamen Staatsgrenze vom Fluß Igorka bis zur Ostsee, ein Geheimprotokoll über den deutschen Verzicht auf Gebietsansprüche auf Litauen und einen Umsiedlungsvertrag über Litauen, Lettland und Estland, aufgrund dessen dann aus den baltischen Staaten rund 67.000 Deutsche umgesiedelt wurden. Der Versuch der Sowjetunion, auch mit Finnland ein Arrangement wie mit den baltischen Staaten zu erreichen, mißlang. Die Folge war der russisch-finnische "Winterkrieg" 1939/40, der im März mit territorialen Abtretungen Finnlands an die UdSSR endete.

Der Krieg "eines einzigen Mannes" mit Morden und Plündern

Das deutsche Volk nahm in der Mehrheit am 1. September, wie Paul Sethe schrieb, die Nachricht vom Kriegsausbruch so entgegen: "Kein Hauch von der vaterländischen Begeisterung des Augusts 1914 war zu spüren. Zu bitter waren die Erfahrungen des Krieges gewesen; und diesmal hatte Deutschland als Nation ein schlechtes Gewissen... es wußte auch nicht, daß der größte Teil der Generalität und selbst führende Kreise in der Partei gegen den Krieg gewesen waren. Aber es ahnte doch, daß dieser Krieg wirklich der Krieg eines einzigen Mannes war, und es fürchtete neue Leiden und neue Niederlagen." Und dieser "eine Mann" konnte im sicheren Gefühl, daß sein Vertrag mit Stalin ihm den Rücken freihielt, nun politisch und militärisch ungehindert handeln, wie er wollte. Von Anfang an wurde auch die verbrecherische Komponente seiner Kriegführung, der Rassen- und Verfolgungs-Krieg gegen Juden und "Untermenschen", offenkundig. Nachdem Hitler nach der brutalen Zerschlagung Polens einen Teil von Westpolen zum Reich holte und den anderen Teil als "Generalgouvernement" unter deutsche Verwaltung gestellt hatte, "stürzte sich auf das unglückliche polnische Volk eine kleine, aber fanatische Horde, die es niederhalten und versklaven, die seine Führerschicht ausrotten wollte. Noch versuchten die Oberbefehlshaber der deutschen Armeen in ihrem Bereich die alte Überlieferung preußisch-deutschen Soldatentums und die Ehre der Nation zu retten, indem sie die von Himmler entsandten Mörder vor die Kriegsgerichte stellten. Vergebens, die oberste Führung kassierte die Todesurteile und gab damit das Morden und Plündern frei. Die düsterste Epoche der deutschen Geschichte hatte begonnen." (Paul Sethe). Aber auch in Ostpolen, unter sowjetischer Herrschaft, geschahen Unrecht und Verbrechen: Aus Ostpolen wurden 900.000 Menschen deportiert, die Führungsschicht dezimiert, und im April 1940 erschoß bei Katyn (Smolensk) der sowjetische Geheimdienst - mit deutscher Munition - über 4000 polnische Kriegsgefangene, meist Reserveoffiziere. Größenwahnsinnig machte Hitler im Sommer 1940 Großbritannien das "Friedensangebot", mit ihm die Welt aufzuteilen: England sollte die Meere, er mit Deutschland das europäische Festland beherrschen. Aber das nun "allein" stehende England unter Führung Churchills hatte noch nie in seiner Geschichte an der flandrischen Küste eine Großmacht geduldet. Hitler machte mit seiner Einschätzung Englands als "liebstem Verbündeten" einen entscheidenden Fehler, und Stalin gefiel dieses "Angebot" an England sicher auch nicht.

Aber Hitler "eroberte" weiter, kam seinem "Achsenpartner" Mussolini bei dessen selbstmörderischen Kriegszügen gegen Albanien, Abessinien, Griechenland, Tunesien, Jugoslawien und Britisch-Somaliland zu Hilfe. Prompt kollidierte er auf dem Balkan mit den Interessen Stalins, was ihm aber egal war, denn er hielt sich daran, was er in schöner Offenheit schon 1938 gegenüber Carl Jakob Burckhardt, dem damaligen Hohen Kommissar des Völkerbundes in Danzig, gesagt hatte: "Alles was ich unternehme, ist gegen Rußland gerichtet; wenn der Westen zu dumm und zu blind ist, um dies zu begreifen, werde ich gezwungen sein, mich mit den Russen zu verständigen, den Westen zu schlagen und dann nach seiner Niederlage mich mit meinen versammelten Kräften gegen die Sowjetunion zu wenden. Ich brauche die Ukraine, damit man uns nicht wieder wie im letzten Krieg aushungern kann."

12. November 1940: Molotow in Berlin

Im Verlauf der Machtausdehnung beider Bündnis-Partner hatte sich das deutsch-sowjetische Verhältnis merklich verschlechtert. Auch auf dem Gebiet der wirtschaftlichen Zusammenarbeit gab es immer mehr Probleme. Während die sowjetischen Lieferungen korrekt und pünktlich erfolgten, wurden deutschen Gegenlieferungen an Industriewaren mit Verspätung geliefert, was im März 1940 zu ersten Beschwerden Moskaus führte. Auch blieb Moskau nicht verborgen, daß seit Juli 1940 in zunehmendem Maße deutsche Truppen an die deutsch-russische Grenze verlegt wurden.

Hinzu kam noch die Interessen-Kollision auf dem Balkan, zuerst in Bulgarien, dann in Jugoslawien. Unter diesen Voraussetzungen kam der sowjetische Außenminister Molotow am 12. November zu Besprechungen mit Hitler nach Berlin, wo er mit einem von Hitler vorbereiteten Entwurf eines neuen Geheimprotokolls über "das Konzept einer euro-asiatischen Kontinental-Koalition" konfrontiert wurde, die ,laut dem *Spiegel*-Ost-Experten Fritjof Meyer, so aussah: "Stalin möge sich an der Konkursmasse des Britischen Empire beteiligen und seine Interessen auf Indien umorientieren, zum Persischen Golf." Außerdem bot Hitler Molotow den Beitritt Moskaus zur Achse Berlin-

Rom-Tokio an. Molotow blieb unbeeindruckt und verlangte kühl und nüchtern konkrete Konzessionen im Raume Bulgariens, der Dardanellen, Finnlands (dort Räumung der deutschen Truppen, die die nordnorwegischen Stützpunkte sicherten) und an der Ostsee sowie auch einen Zugang zur Nordsee (am Belt). Abends wurden die Gespräche zeitweise im Luftschutzbunker geführt, weil wegen Einflug britischer Flugzeuge Luftalarm gegeben wurde - worüber natürlich Molotow seinerseits Witze machte.

Die Verhandlungen endeten am 13. November ohne Ergebnis, Hitler wollte alles noch einmal überdenken und traf dann für sich allein eine Entscheidung, als er wenige Tage später, am 10. Dezember 1940, den Befehl für das "Unternehmen Barbarossa" unterschrieb, demzufolge "die deutsche Wehrmacht bereit sein muß, die Sowjetunion noch vor Beendigung des Krieges gegen England in einem schnellen Feldzug zu vernichten". Hitler blieb seiner Marschroute treu, nach der er im Osten Land gewinnen wollte. Ein noch engeres Bündnis mit Moskau bedeutete trotz eines eventuellen gemeinsamen Sieges über Großbritannien - die USA klammerte er noch ganz aus! - den Verzicht auf seine "Lebensraum"-Politik. Da er aber doch "in die weiten Ebenen des Dnjepr und der Wolga vorstoßen" und "die Herrschaft des Bolschewismus ausrotten wollte" (Paul Sethe), konnte er sich nicht anders entscheiden.

Stalins falsche Einschätzung Hitlers

Stalin machte nach dem Besuch Molotows in Berlin noch weitere schriftliche Vorschläge an Hitler, wobei er auch Einverständnis für einen Beitritt zur "Achse" durchblicken ließ. Aber Hitler hatte seine Entscheidung getroffen, er ließ Stalin ohne Antwort. Dieser verließ sich aber weiterhin auf Hitlers Zusagen und lehnte eine Überraschungs-Offensive der Roten Armee gegen Deutschland ab, die ihm der spätere Marschall Georgij Schukow schon am 15. Mai 1941 vorschlug, um Hitlers Angriff zuvorzukommen. Die Bedrohung Rußlands wurde immer offenkundiger. Am 3. Februar 1941 hatte Hitler den Operationsplan zur Durchführung des "Unternehmens Barbarossa" gebilligt und Anfang April den Angriff auf die zweite Juni-Hälfte festgesetzt. Zuvor noch, am 7. April, überfiel seine Wehrmacht Jugoslawien, dessen Revolutionsregierung wenige Tage zuvor einen Freundschaftspakt mit der Sowjetunion abgeschlossen hatte. Stalin reagierte darauf nur insoweit, daß er am 6. Mai 1941 den Vorsitz der Sowjetregierung an Stelle von Molotow selbst übernahm und damit die Führung von Staat und Partei in seiner Person vereinigte.

Die sich häufenden Warnungen vor einem deutschen Angriff von englischer Seite, vom sowjetischen Geheimdienst und von seinen Diplomaten in Berlin nahm Stalin nicht ernst, weil er wohl überzeugt war, daß Hitler nicht den Fehler machen werde, von sich aus einen Zwei-Fronten-Krieg heraufzubeschwören. Stalin betrachtete solche Warnungen als irreführend, ja sogar als bewußte Provokation mit dem Ziel, die deutsch-sowjetische Zusammenarbeit zu stören und ließ diese Überzeugung schließlich in einer offiziellen TASS-Agentur-Meldung am 14. Juni 1941 seinem Land und Volk erklären. Stalins Sicherheitschef Lawrentij Berija schrieb sogar noch am 21. Juni 1941, also einen Tag vor Hitlers Überfall, an seinen Chef: "Ich bestehe wiederum auf der Abberufung und Bestrafung unseres Botschafters in Berlin, Dekanosow, der mich weiterhin mit Desinformationen über einen angeblich von Hitler vorbereiteten Überfall auf die UdSSR bombardiert. Er teilte mit, daß dieser Überfall morgen beginnt." Tatsächlich tat der "von Stalin entfesselte Hitler, was Stalin nicht hatte wahrhaben wollen, obwohl er von vielen Seiten, in heroischem Hochverrat auch von Botschafter Schulenburg, gewarnt worden war: Hitler marschierte nach Rußland" (Fritjof Meyer).

22. Juni 1941: "Das haben wir nicht verdient!"

Am 22. Juni 1941, um 4.00 Uhr früh, ließ der deutsche Außenminister Ribbentrop in Berlin den sowjetischen Botschafter Dekanosow zu sich bitten und teilte dem konsternierten Diplomaten mit, daß "in diesem Augenblick" die deutschen Truppen die Grenze zur Sowjetunion überschritten hätten. Gemäß Hitlers Befehl waren 152 deutsche Divisionen, also rund drei Millionen Mann, mit einem bisher nicht gekannten Material- und Waffenaufwand in der Sowjetunion eingefallen.

In der Deutschen Botschaft in Moskau war drei Stunden zuvor ein Telegramm aus Berlin eingetroffen mit der Weisung, der Botschafter solle sich sofort zu Molotow begeben und ihm erklären, daß die sowjetischen Truppenzusammenziehungen an der deutschen Grenze einen Umfang angenommen hätten, den die Reichsregierung als "unerträglich" empfinde. Sie habe sich daher entschlossen, geeignete Gegenmaßnahmen zu ergreifen. Die Weisung für Schulenburg endete damit, daß er sich auf keine weiteren Diskussionen mit Molotow einlassen solle. Als der deutsche Botschafter dieser Weisung nachkam und kurz nach 4.00 Uhr morgens im Kreml gegenüber Außenminister Molotow deren Inhalt wiederholte, fragte ihn Molotow, der nach dem Bericht des Augenzeugen Hilger "sichtlich mit einer starken inneren Erregung kämpfte": "Ist dies eine Kriegserklärung?" Voller Entrüstung eröffnete er den deutschen Diplomaten, daß deutsche Truppen die Grenze überschritten hätten und Städte wie Odessa, Kiew und Minsk bereits seit eineinhalb Stunden von deutschen Flugzeugen bombardiert würden. Deutschland, so klagte er an, habe ein Land angegriffen, mit dem es einen Nichtangriffs- und Freundschaftsvertrag abgeschlossen habe, hierfür gebe es keinen Präzedenzfall in der Geschichte. Er schloß seine "Philippika" (Hilger) gegenüber Schulenburg mit den Worten: "Das haben wir nicht verdient!"

Molotow hatte gegenüber dem deutschen Botschafter auch die deutsche Begründung von "unerträglichen" Truppenzusammenziehungen der Sowjets als Lüge entlarvt, was wenige Tage später von deutschen Soldaten der ersten Angriffswelle bestätigt wurde. Unter ihnen war auch Hans von Herwarth, der sich nach der Unterzeichnung des Hitler-Stalin-Pakts vom diplomatischen Dienst bei Schulenburg zu seiner Militäreinheit abgemeldet hatte. Der ehemalige Mitarbeiter des deutschen Botschafters in Moskau schrieb in seinen Erinnerungen: "Bevor wir den Bug über-

Deutscher Überraschungsangriff auf die UdSSR am 22. Juni 1941. Bundesratssaal des Auswärtigen Amtes, Berlin, 6 Uhr morgens: Reichsaußenminister Joachim v. Ribbentrop gibt der Presse die Note an die UdSSR bekannt.

schritten, feuerte die Artillerie aus allen Rohren. Man sah das Mündungsfeuer wie unheilverkündende Blitze am langsam hell werdenden Himmel. Meine Gedanken gingen nach Moskau zu Graf Schulenburg, und ich mußte daran denken, daß nun alles, wofür wir gearbeitet hatten, mit einem Schlag vernichtet wurde. Einige Stunden vergingen, bevor die Sowjets das Artilleriefeuer erwiderten. Unser Angriff kam für die Russen ganz unerwartet. Gefangene erzählten uns später, sie seien im Schlaf überrascht worden..."

Stalin "verfiel in Depressionen"

Gustav Hilger, der in Moskau Schulenburg bei seinem schweren Gang zu Molotow begleitet hatte, berichtete später: "Bei der Ausfahrt aus dem Kreml kamen uns in rasendem Tempo mehrere Wagen mit hohen sowjetischen Generalen entgegen, die sich offensichtlich auf dem Wege zu Stalin befanden. Wie wir später erfuhren, hatten sich die meisten der führenden militärischen Persönlichkeiten in dieser schicksalsschweren Nacht außerhalb Moskaus aufgehalten, da sie das Wochenende auf ihren 'Datschen' zu verbringen pflegten. Der deutsche Angriff kam für sie offenbar völlig unerwartet.""Stalin", so erinnerte sich ein damals 29jährige Offizier der Roten Armee, der russische Schriftsteller Lew Kopelew, der nach Kriegsende bis 1954 in Stalins Gefängnissen und Lagern saß und seit 1980 in der Bundesrepublik lebt, "nahm den unerwarteten 'Treuebruch' mit Entsetzen auf und verfiel in schwere Depressionen.

Erst am 3. Juli sprach er frühmorgens im Rundfunk. Er begann ganz ungewöhnlich: 'Brüder und Schwestern, an euch wende ich mich, meine Freunde.' Die bitteren, traurigen, aber mannhaften Worte klangen aufrichtig. Leichtes Glasklirren, Plätschern, er goß Wasser ein, schluckte... In diesen Minuten habe ich zum erstenmal ihn, den undurchsichtigen, den geheimnisvollen, schrecken- und manchmal auch mißtrauenerregenden Diktator als Mitmenschen empfunden, habe ihm vertraut..."

Der Anfang vom Ende des Hitler-Reiches

Der 22. Juni 1941, ein Sonntag, war nicht nur für den weiteren Verlauf des von Hitler entfesselten Zweiten Weltkrieges ein geschichtsträchtiges Datum. An einem 22. Juni, genau 129 Jahre vor 1941, am 22. Juni 1812, begann Napoleon I. seinen Marsch nach Moskau - in die Katastrophe. Auch für Hitler und für Deutschland endete der Weg durch die Schrecken des Zweiten Weltkrieges in einer Katastrophe, jener von 1945. Dieser 22. Juni 1941 bedeutete den Anfang vom Ende des Hitler-Reiches, und mit diesem Tag endeten für lange Zeit die "normalen" Beziehungen zwischen Deutschen und Russen. Die Daten und Ereignisse im Verlauf des Zweiten Weltkrieges gehören deshalb nicht in eine Untersuchung der politischen Beziehungen der beiden Völker, die im Kriegsgeschehen, in Blut und Tränen, Trümmern und Tod begraben wurden. Bis zum Überfall der Deutschen auf die Russen waren die Beziehungen zwischen Deutschen und Sowjet-Russen seit Lenin mit vielen Spannungen belastet, dann von Ideologien verzerrt und schließlich durch beiderseitige Propaganda vergiftet gewesen. Danach waren sie gründlich zerstört.

Deutsche Besatzungspolitik in Rußland: die Russen als "Sklaven für unsere Kultur"

Es war vor allem die nationalsozialistische Besatzungspolitik mit ihren Theorien von Rasse und Lebensraum, die jene katastrophalen Entwicklungen im Osten einleiteten, die entscheidend zur deutschen Niederlage beigetragen haben und die Beziehungen zur Sowjetunion bis in unsere Gegenwart mit einer schweren Hypothek belastet haben. Diese Besatzungspolitik und ihre Vollstrecker handelten nach dem Grundsatz von "Herren" und "Untermenschen". Rücksichtnahme oder gar Menschlichkeit waren für "Lebensraum"-Eroberer sentimentale Gefühlsduselei. "In Übereinstimmung mit der Rassentheorie, dem Glauben an die eigene Mission und der Immoralität des Nationalsozialismus", schrieb Alexander Dallin in seinem Standardwerk über "Deutsche Herrschaft in

Rußland 1941-1945", "verwiesen diejenigen, die den Willen des Führers ausführten, den 'Ostmenschen', den Slawen, in eine Stellung schicksalsbestimmter, unabänderlicher Inferiorität. Sinnbild für die nationalsozialistische Einstellung war die Herabdrückung des Sowjetmenschen auf den Status eines 'Untermenschen'..." Nach dem "Generalplan Ost" der NS-Besatzer zur "Durchdringung der großen Räume des Ostens mit deutschem Leben" sollten nach dem großen Sieg, der schon im November 1941 in Dreck und Schlamm vor Moskau steckenblieb, fast 75 Prozent der slawischen Bevölkerung nach Sibirien ausgesiedelt werden, während dem zurückbleibenden Rest ein Helotenschicksal bestimmt war. Der Reichsführer SS, Himmler, hatte dieses Schicksal so vorgegeben: "Wie es Russen, Tschechen ... geht, ist mir total gleichgültig, ob sie im Wohlstand leben oder vor Hunger verrecken; es interessiert mich nur soweit, als wir sie als Sklaven für unsere Kultur brauchen, anders interessiert mich das nicht."

Etwa ein Drittel der Gesamtbevölkerung der Sowjetunion litt unter der deutschen Besatzung. "Sie brachte", wie Alexander Dallin resümierte, "Feuer und Schrecken über die Dörfer. Und doch zeigte sie, wie man ohne Kolchosen arbeiten, und zwar gut arbeiten konnte. Sie brachte die Ausrottung ganzer Gruppen Unschuldiger, und doch zeigte sie, daß man überleben konnte, daß man vielleicht freier leben konnte, ohne das bolschewistische Kontroll- und Überwachungsnetz. Sie erweckte hohe Hoffnungen, und doch führte sie zu einer Verzweiflung, die größer war als in der Zeit vorher, in der diese Hoffnungen noch nicht geweckt waren..."

"Tod den deutschen Okkupanten"

Die Bilanz der nationalsozialistischen Besatzungspolitik in der Sowjetunion war ein Beispiel moderner Barbarei und Kriegsverbrechen. Über zwei Millionen der fast sechs Millionen Gefangenen der Roten Armee, die die Deutschen machten, starben an Hunger, Seuchen und Entbehrung; über eine Million wurden als "Untermenschen" erschossen oder liquidiert; über 280.000 kamen in den Durchgangslagern um (nach Hans-Adolf Jacobsen). Verständlicherweise wurde während des "Großen Vaterländischen Krieges", wie

Frierende deutsche Soldaten während des Rußlandfeldzuges im Winter 1941/42.

Stalin den Kampf gegen Hitlers Soldaten bezeichnete, die alte Parole "Proletarier aller Länder vereinigt euch!" auf allen Druckerzeugnissen durch den Aufruf "Tod den deutschen Okkupanten!" ersetzt. "Hitlers Massenmorde", schrieb später Sebastian Haffner, "wurden im Krieg begangen, aber sie waren keine Kriegshandlungen. Vielmehr kann man sagen, daß er den Krieg zum Vorwand nahm, Massenmorde zu begehen, die mit Krieg nichts zu tun hatten..."

Die Gesamtbilanz des Zweiten Weltkrieges war für Deutsche und Russen schrecklich, ohne Beispiel in der Geschichte der Menschheit. Mit Recht schrieb später Marschall Schukow in seinen Memoiren: "Kein anderes Land, kein anderes Volk der Anti-Hitler-Koalition hat so schwere Opfer gebracht wie die Sowjetunion, und niemand hat so viel Kraft eingesetzt, um den Feind, der die ganze Menschheit bedrohte, zu zerschlagen." In Rußland war von 1941 bis 1945 und noch Jahre darüber hinaus "Deutschenhaß geboten", wie Lew Kopelew schrieb. Und der Krieg, so Kopelew weiter, "endete mit dem wohlverdienten Zusammenbruch des verbrecherischen Hitler-Staats", aber auch "zugleich mit dem unverdienten Triumph des verbrecherischen Stalinschen Totalitarismus". Kopelew meinte, daß schließlich auf russischer Seite diesen Krieg, von Deutschen begonnen, "Millionen Soldaten und Partisanen, Abermillionen Arbeiter, Bauern, Intellektuelle durch übermenschliche Leiden, unter schwersten Opfern gewonnen haben; sie alle siegten nicht dank, sondern trotz Stalin." Dem deutschen Volk hinterließ Hitler, der in Stalin seinen Meister gefunden hatte und 1945 vor seinem feigen Selbstmord "dem stärkeren Ostvolk die Zukunft" zugesprochen hat, die fürchterlichste Last von Schuld und Scham, die je ein "Führer" seinem Volk zugemutet hat. An dieser Last trug und trägt das deutsche Volk seit 1945 und wird sie noch lange Zeit weitertragen müssen. Rund 27 Millionen tote Russen (nach russischen Quellen), darunter 7 Millionen Zivilisten, klagen an. Und viele Rußland-Deutsche waren die ersten, die nach 1941 den Verrat Hitlers bezahlen mußten - mit Aussiedlung, Verfolgung, Hunger und Tod, wie später dann die Deutschen in den von der Roten Armee überrollten Gebieten, als "Stalins Wille von den Russen ebenso vollstreckt wurde wie vier Jahre vorher Hitlers Wille von den

Kapitulation der deutschen Truppen am 31.1.1943 in Stalingrad. Soldaten auf ihrem Weg in die russische Gefangenschaft.

Deutschen... Der Frevel in Osteuropa war mit einem neuen Frevel beantwortet worden. Auch diese Geschehnisse sind tief in der Erinnerung der Betroffenen verwurzelt..." (Werner Conze).

Der sowjetische Geschichtswissenschaftler Daniil Proëktor erklärte 1989 in einer Analyse von Ursachen und Lehren des Zweiten Weltkrieges: "Der Krieg wurde auch deshalb begonnen, weil an der Spitze der europäischen Staaten Männer aus einem bereits vergangenen Zeitalter standen. Es ist ein tragisches Paradoxon der europäischen Geschichte in den ersten fünfzig Jahren des 20. Jahrhunderts, daß der rapide technologische Fortschritt das politische Denken und die politische Moral überflügelte. Heute ist uns klar, daß nur wirkliche Demokratie und Moral die Welt vor Kriegen bewahren können. Und noch eins: Die Geschichte hat bewiesen, wie verderblich Mittelmäßigkeit an den Schalthebeln der Macht, wie gefährlich ein Mangel an Weitsicht ist."

Ein Treck schlesischer Flüchtlinge bei Potsdam im Frühjahr 1945.

Generalfeldmarschall Wilhelm Keitel (rechts sitzend) unterzeichnet am 9. Mai 1945, 0.16 Uhr in Berlin-Karlshorst die bedingungslose Kapitulation des Deutschen Reiches.

"Die Verantwortung für den Gang der Dinge liegt bei den Siegern..."

Die Siegermacht Sowjetunion und ihre Beziehungen zu den zwei deutschen Teilstaaten von 1945 bis zum Moskauer Vertrag von 1970

> Der Machtkampf zwischen Amerika und Rußland verwandelte den einen Besiegten, Deutschland, rasch in zwei Verbündete: Ostdeutschland samt Teilen Mitteldeutschlands in einen Zwangsverbündeten der Russen; den bei weitem größeren, volkreicheren Teil, Westdeutschland, in einen freiwilligen Verbündeten der Amerikaner und der europäischen Mächte.
>
> Golo Mann, 1958

Als die Oberbefehlshaber der vier Siegermächte der "unheiligen Allianz" zwischen den Westmächten USA, Großbritannien, Frankreich und der Sowjetunion am 5. Juni 1945 mit der "Berliner Erklärung" in ihren vier Besatzungszonen die alleinige Regierungsgewalt in Deutschland übernommen hatten, verkündeten sie der Welt, die im von Hitler verschuldeten Zweiten Weltkrieg sechs Jahre in Flammen stand: "Deutschland unterwirft sich allen Forderungen, die ihm jetzt oder später auferlegt werden." Dieses Urteil über den Brandstifter Hitler-Deutschland und seine Rechtsnachfolger (ab 1949 zwei deutsche Staaten) sollte über die folgenden fünfundvierzig Jahre Bestand haben, bis zum 3. Oktober 1990, als die Außenminister der vier Siegermächte des Zweiten Weltkriegs nach der Unterzeichnung des "2+4-Vertrages", auch deutscher Einigungs-Vertrag genannt, mit der Rückgabe der vollen Souveränität an ganz Deutschland die wiedererlangte deutsche Einheit möglich machten. Bis zu diesem Wendepunkt in der jüngsten Geschichte Deutschlands galt in West- und Ostdeutschland auch nach der Etablierung der "Provisorien" Bundesrepublik Deutschland und Deutsche Demokratische Republik von Gnaden der Westmächte und der Sowjetunion im Grunde nach wie vor das "Diktat" der Sieger. Und die deutsch-sowjetischen Beziehungen waren während dieser fünfzig Jahre Versuche der Annäherung, wie sie im Rahmen der politischen "Großwetterlage" möglich waren. Mit anderen Worten: Die deutsch-sowjetischen Beziehungen von 1945 bis 1990 waren ein Spiegelbild der Beziehungen zwischen den führenden Mächten in der westlichen und östlichen Interessensphäre, deren Grenze in Europa mitten durch Deutschland verlief.

Stalin, der große Sieger

Die Spaltung der Welt in zwei Blöcke - in West und Ost - vollzog sich in den vier Jahren von 1945 bis 1949, in denen sich als Folge des Zweiten Weltkrieges das Gesicht der Welt grundlegend verändert hat. Während die erste "Nachkriegszeit" in unserem Jahrhundert nach dem Ersten Weltkrieg sich über zwei Jahrzehnte hinzog, dauerte die zweite nur bis 1949 und die erste hat sich nicht wiederholt. "Wenn nach 1919 der Zank über 1914 im Grunde nie aufhörte, wenn die Allianz der Westmächte im Grunde immer hielt und so 1939 prompt wieder auf dem Plan erschien", schrieb Golo Mann 1958 in "Deutsche Geschichte des 19. und 20. Jahrhunderts", "so ist die große Koalition des Zweiten Weltkrieges schon 1946 auseinandergebrochen. Neue Fronten traten an die Stelle der alten, neue Drohungen, Konflikte, Leidenschaften überschatteten die alten und selbst die jüngsten Erinnerungen. Der Machtkampf zwischen Amerika und Rußland verwandelte den einen Besiegten, Deutschland, rasch in zwei Verbündete; Ostdeutschland samt Teilen Mitteldeutschlands in einen Zwangsverbündeten der Russen; den bei weitem größeren, volkreicheren Teil, Westdeutschland, in einen freiwilligen Verbündeten der Amerikaner und der europäischen Mächte."

Am Ende der von Hitler 1941 gesuchten wahnwitzigen Auseinandersetzung mit Rußland hatte Stalin einen gewaltigen Sieg errungen, den er im Grunde der Handlungsweise Hitlers verdankte. Durch seinen verräterischen Überfall auf die Sowjetunion und seine verbrecherische Besatzungspolitik in den besetzten Gebieten Rußlands hatte er die Russen und die Unionsvölker unter Stalin im Kampf um die Heimat vereint und dort "eine patriotische Begeisterung entfacht, die der Bevölkerung der Sowjetunion die Kraft gab, den 'Großen Vaterländischen Krieg' siegreich durchzufechten" (Leo Sievers). Und Stalin war in jeder Beziehung der Sieger, denn er setzte sich rigoros in der Verfolgung dessen, was er wollte, nämlich die Grenzen der sowjetrussischen Einflußsphäre so weit wie möglich nach Westen zu verschieben, durch. Das gelang ihm schon auf den Konferenzen mit seinen Alliierten während des Krieges, vor allem aber auf der letzten "Gipfelkonferenz" der Anti-Hitler-Koalition in Potsdam vom 17. Juli bis 2. August 1945, die gleichzeitig schon die erste "Ost-West-Konferenz" war. Stalin verhandelte nach der schlichten Formel, daß er habe, was er habe und gern verhandle über das, was er haben möchte.

Seinem asiatischen Verhandlungsgeschick waren weder Churchill noch Roosevelt oder dessen Nachfolger Truman gewachsen, und mit stoischer Ruhe wartete er ab, bis ihm seine Gesprächspartner - zwar zögerlich und oft mit Widerwillen - letztlich alles zugestanden, was er vorher verlangt hatte. Auf diese Weise handelte Stalin den anderen Siegern über Deutschland auch die Grenze seiner Besatzungszone entlang der Elbe ab, also auch die Gebiete in West-Mecklenburg, Sachsen und Thüringen, die bis dahin von Amerikanern und Engländern besetzt waren und von diesen dann geräumt wurden. Der amerikanische Diplomat Robert Murphy, im Stab von US-Präsident Truman Augen- und Ohrenzeuge am Verhandlungstisch in Potsdam, schrieb später: "Der unverwüstliche Stalin machte einen gelassenen Eindruck, als sei er bereit, noch Monate seiner kostbaren Zeit damit zu verbringen, die zur Diskussion stehenden Punkte auszuhandeln... In Berlin hatten die Russen, anders als die USA und Großbritannien, gezeigt, daß sie klare Vorstellungen von der Politik nach dem Kriege besaßen, und so bekamen Stalin und seine Leute, was sie haben wollten, oder erreichten es wenigstens, daß heikle Fragen unter den Tisch fielen..."

Alliierte Konferenz in Potsdam vom 17 7. - 2.8.1945.

"Endstation" Potsdam und der "Eiserne Vorhang"

Die Ergebnisse der Potsdamer Konferenz waren "zutiefst unbefriedigend", so schrieb der britische Historiker Michael Balfour. Die Kompromißformeln für eine geplante gemeinsame Deutschlandpolitik lauteten Entmilitarisierung, Entnazifizierung, Demokratisierung und Entflechtung der Industrie, wobei Deutschland wirtschaftlich als Einheit betrachtet wurde, was bei den unterschiedlichen Gesellschaftsstrukturen in den beiden Siegermächte-Lagern auf die Dauer unmöglich durchzuhalten war. Obwohl endgültige Grenzregelungen einem späteren Friedensvertrag mit Deutschland vorbehalten blieben, erreichte Stalin, daß Nordostpreußen sowjetischer und die Gebiete östlich von Oder und Neiße, Danzig und der südliche Teil Ostpreußens polnischer Verwaltung, aber seinem Einflußgebiet, unterstellt wurden. Konferenz-Teilnehmer Robert Murphy erkannte bereits in Potsdam eine "himmelweite Kluft zwischen den sowjetischen und amerikanischen Vorstellungen über Europa" und sah auch voraus, daß "ein Friedensvertrag im traditionellen Sinn vielleicht überhaupt nicht zu erreichen war", weshalb sich Deutschland künftig "zu einem Herd ständiger Spannung zwischen den Siegermächten entwickeln würde". Genauso geschah es.

Churchills Deckname für die Potsdamer Konferenz, "Terminal", also "Endstation", war ebenso treffend wie sein berühmt gewordener Satz in seiner Rede am 5. März 1946 in Fulton (Missouri): "Von Stettin an der Ostsee bis nach Triest an der Adria hat sich ein eiserner Vorhang über den Kontinent gesenkt." Hinter diesem "Eisernen Vorhang" stand Stalin an der Spitze eines - durch die territorialen Neuerwerbungen nach dem Sieg über Hitler-Deutschland gewaltig angewachsenen - eurasischen Imperiums, das die kühnsten Hoffnungen der Sowjetführer zu Beginn des Krieges weit übertroffen hat und das von nun an als zweite Supermacht neben den USA eine entscheidende Rolle in der Weltpolitik spielen sollte. Deutschland aber, das wurde schon in Potsdam offenkundig, "war als Handelnder aus der internationalen Politik ausgeschieden; es war nur noch Objekt des politischen Gesehehens." (Ernst Deuerlein).

James Byrnes: "Was versteht der sowjetische Außenminister unter Demokratie?"

Was die Führer der Siegermächte in Potsdam alles über Deutschland zu verhandeln versäumt oder unter den Tisch haben fallen lassen, sollten später ihre Außenminister in einem eigens dafür geschaffenen "Rat der Außenminister" im Detail untersuchen und Richtlinien für eine gemeinsame Deutschlandpolitik ausarbeiten. Doch nach wenigen Wochen schon zeigte sich, daß solche Bemühungen von vornherein zur Ergebnislosigkeit verurteilt waren, denn die Herausbildung der gegensätzlichen Standpunkte um die Auslegung der Beschlüsse von Potsdam ging einher mit der gegensätzlichen Entwicklung der ideologischen und politischen Grundhaltungen in West und Ost, die schließlich zum "Kalten Krieg" führten. Endgültig klar wurde diese Entwicklung zwar erst 1947 in Moskau auf der 4. Außenministerkonferenz, aber bereits auf der 1. Außenministerkonferenz in London, im September/Oktober 1945, hatte US-Außenminister James Byrnes während der Debatte über die "Freiheit" der von den Sowjets eingesetzten Regierungen in Rumänien und Bulgarien die berühmte Frage an seinen Gegenspieler Molotow gestellt: "Was versteht der sowjetische Außenminister unter Demokratie?" Die ehemaligen Waffenbrüder und Noch-Verbündeten hatten schon damals eine unterschiedliche Sprachregelung für politische Grundbegriffe. Die "Verantwortung für den Gang der Dinge", schrieb 1946 der deutsche Philosoph Karl Jaspers, "liegt bei den Siegern. Ihre Sache ist, wie sie Unheil verhüten oder neues Unheil heraufbeschwören... Reißt die Kette des Bösen nicht ab, so geraten die Sieger in dieselbe Lage wie wir, mit ihnen aber die gesamte Menschheit..."

Während in den Westzonen noch jede politische Betätigung der Deutschen verboten war, ergriffen die Sowjets in ihrem Besatzungsgebiet 1945 sofort die

Initiative und riefen mit Hilfe von vorher in Moskau geschulten Führungskadern deutscher Kommunisten-Emigranten schon am 11. Juni 1945, also noch vor der Potsdamer Konferenz, die KPD wieder ins Leben. Zwar ließ die Sowjetische Militär-Administration (SMA) gleichzeitig die SPD und auch bürgerliche Parteien zu, doch sie hatten sich sehr bald zu einem "antifaschistisch-demokratischen Block" zusammenzuschließen, in dem die KPD eindeutig dominierte.

Mit diesen Aktionen waren die Sowjets in ihrem deutschen Herrschaftsbereich bei der Neuorganisation des politischen Lebens in Deutschland den westlichen Militärregierungen um mehrere Wochen voraus. Und nach dem Zusammenschluß aller zugelassenen Parteien in dem "anitfaschistisch-demokratischen Block" zu einer gemeinsamen Front folgte dann am 20. April 1946 die Verschmelzung von SPD und KPD zur "einheitlichen Arbeiterpartei neuen Typus", der "Sozialistischen Einheits-Partei" (SED). Diese SED war dann für den Aufbau und die Kontrolle der staatlichen Verwaltung und deren Organisation in Ostdeutschland verantwortlich. Und die Kontrolle funktionierte in einem Ausmaß bis in das Privatleben der Bürger hinein, wie es heute, nach dem Ende der 40 Jahre SED-Gewaltherrschaft, kaum für möglich gehalten wird. Die nach der Potsdamer Konferenz im Rahmen der Neugründungen und Wiederzulassung von Parteien auch in Westdeutschland wiedergegründete KPD "verlor auf Grund ihres schlechten Abschneidens bei den Wahlen und der Verschärfung der Ost-West-Beziehungen rasch die ihr 1945 eingeräumten Positionen" (Ernst Deuerlein).

Das Scheitern der gemeinsamen Besatzungspolitik der vier Siegermächte

Eine gemeinsame Besatzungspolitik aller vier Siegermächte in Deutschland scheiterte in der 5. und letzten Konferenz des "Rats der Außenminister" in London vom 25. November bis 15. Dezember 1947. Dort kam es in der deutschen Frage zum endgültigen Bruch, weitere Konferenzen wurden auf unbestimmte Zeit vertagt. Der Bruch wurde in London deutlich, als der sowjetische Außenminister Molotow die Sprache des "Kalten Krieges" auf höchster Ebene einleitete. Er sprach von einer "Versklavung" Deutschlands mittels der kurz zuvor verkündeten Marshall-Plan-Hilfe durch die USA und Großbritannien, und er bezichtigte die Westmächte, einen "imperialistischen Krieg" vorzubereiten. In das, von US-Außenminister George Marshall initiierte wirtschaftliche Hilfsprogramm für ganz Europa, das die nach zwei Nachkriegsjahren bedrohlich angestiegene Not mildern und vor allem die katastrophale Ernährungslage in Deutschland bessern sollte, war von Anfang an auch die UdSSR mit eingebunden. Der Plan sollte Ende Juni 1947 auf einer Konferenz in Berlin detailliert ausgearbeitet werden. Aber die dafür tätig gewor-

Der sowjetische Hauptankläger im Nürnberger Kriegsverbrecherprozeß Roman A. Rudenko, betritt den Gerichtssaal.

dene sowjetische Delegation hat sich dann am 29. Juni von der Konferenz zurückgezogen und erklärt, beim Marshall-Plan handle es sich um den Versuch der amerikanischen Monopole, die westeuropäischen Länder unter Vorherrschaft der USA zu einem militärischen Block zusammenzuschließen. Mit diesem Argument zwang die Sowjetunion dann auch Polen und die damals noch nicht kommunistische Tschechoslowakei, die beide am Marshall-Plan partizipieren wollten, ihre Zusage wieder zurückzunehmen.

Die Welt in zwei Lager gespalten

Der Hintergrund der Entwicklung in den Beziehungen der ehemaligen Anti-Hitler-Koalition in Richtung "Kalter Krieg" war der von Stalin in seinem Herrschaftsbereich gezielt vorangetriebene Ausbau des "Ostblocks" und die dort immer stärker forcierte Sowjetisierung bei einem gleichzeitig immer härteren Kurs nach innen, vor allem im kulturellen Bereich, wo jede Hoffnung auf eine Liberalisierung nach 1945 schnell enttäuscht worden war. Mit der Präsenz der Roten Armee in Osteuropa, in allen Häfen an der Ostsee, in Mitteleuropa, an der Elbe, Werra und Saale sowie in Berlin, war die Sowjetunion als Folge der amerikanischen Materialhilfe von 1941 bis 1945 zur größten Militärmacht der Welt aufgestiegen. "Je mächtiger der Staat wurde", schrieb später Lew Kopelew, "desto sensibler reagierten seine Ideologen auf jegliche Abweichung". Unter Leitung des Leningrader Parteisekretärs Andrej Schdanow, zuständig für Kultur und Ideologie, wurde nach dem Sieg über Hitler-Deutschland der totale ideologische Führungsanspruch der Partei wiederhergestellt. Jegliche internationalen Verbindungen in Kultur und Wissenschaft wurden ab 1947 als "Kriecherei vor der bourgeoisen Kultur" gebrandmarkt und in der Bevölkerung - wie

Während der Berlin-Blockade spielen Kinder "Luftbrücke".

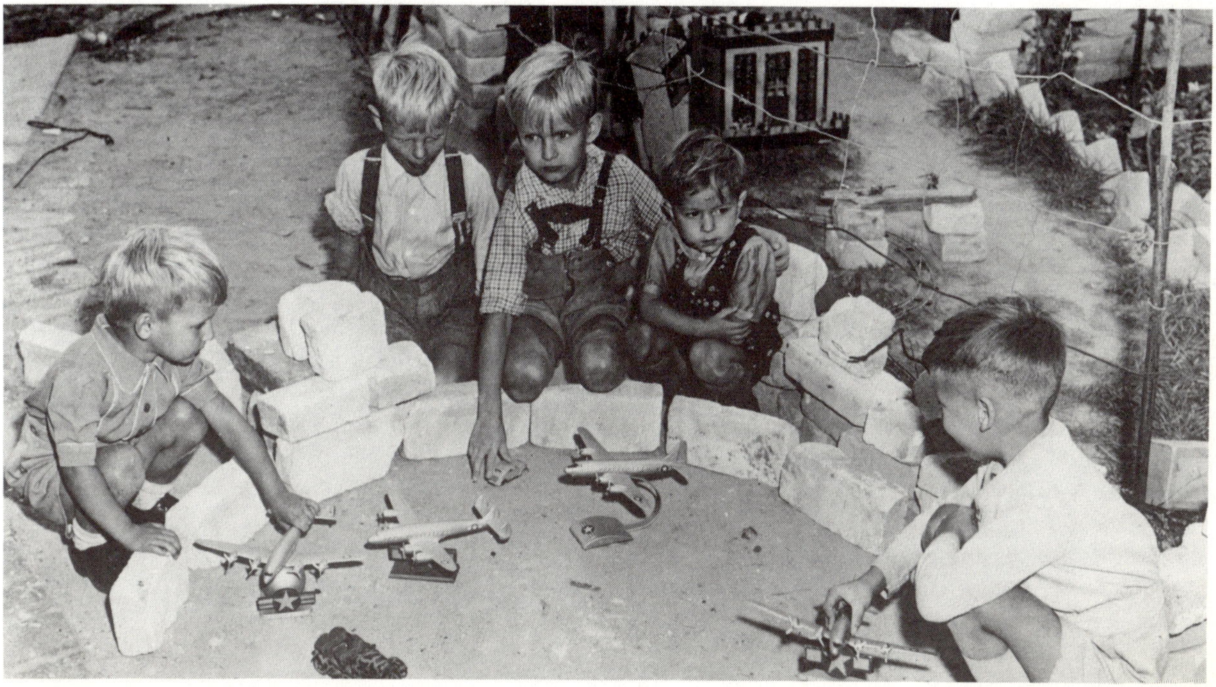

in den dreißiger Jahren - die Furcht geschürt, sich überhaupt mit Ausländern zu treffen.

Mit einer Verordnung vom 9. Juli 1947 ließ Stalin nicht nur jegliche Verbreitung von Nachrichten, sondern auch die Weitergabe von belanglosen statistischen Angaben über Wirtschaft, Bildung und Wissenschaft mit schweren Strafen bedrohen. Ende September wurde Stalins Zielsetzung der politischen Abschottung seines Ostblocks gegen jegliche westliche Einflüsse im eigenen Lager offen manifestiert, als auf einer Konferenz der kommunistischen Parteien der osteuropäischen Länder in Polen Schdanow offiziell verkündete, die Welt sei in zwei Lager gespalten: Auf der einen Seite stünde das Lager des Imperialismus unter Führung der USA, auf der anderen Seite das "demokratische Lager" unter Führung der Sowjetunion. Auf dieser Konferenz wurde ein "Kommunistisches Informationsbüro" (Kominform) gegründet, mit der deutlichen Zielsetzung, die kommunistischen Parteien Osteuropas völlig der Führung Moskaus unterzuordnen und alle noch aktiven selbständigen, autonomen Kräfte in den osteuropäischen Ländern zu liquidieren.

Die Blockade gegen Berlin

Auch für die westliche Welt klar erkennbar, senkte sich der "Eiserne Vorhang" endgültig im Februar 1948, als die Kommunisten auch in der Tschechoslowakei, dem letzten demokratisch regierten Land Osteuropas, die Macht an sich rissen, und als einen Monat danach, am 20. März 1948, der sowjetische Marschall Sokolowski, Stalins Militärgouverneur in Deutschland, eben dieses gemeinsame alliierte Regierungsorgan in Berlin mit einem Eklat verließ. Sokolowski wollte über die Ergebnisse der Anfang März in London stattgefundenen Sechs-Mächte-Konferenz der Westmächte unterrichtet werden, wo über die deutschen Probleme nach der Schaffung der Bi-Zone und der Zusammenarbeit mit Frankreich gesprochen worden war. Als ihm dies erwartungsgemäß verweigert wurde, erhob sich die sowjetische Delegation, und Sokolowski erklärte: "Ich finde es sinnlos, die Sitzung fortzusetzen, und ich erkläre sie hiermit für vertagt."

Drei Tage nach dem am 17. März 1948 in Brüssel abgeschlossenen Fünf-Mächte-Vertrag der westeuropäischen Länder Belgien, Frankreich, Luxemburg, Niederlande und Großbritannien (der Vorstufe zur NATO) bedeutete dies das Ende der Arbeit des Alliierten Kontrollrats und das Ende der Vier-Mächte-Regierung über Deutschland. Die Sowjets hofften danach, mit der Blockade gegen Westberlin, das nach der Schließung aller Zufahrtswege abgeriegelt wurde, den Hebel für eine politische Entscheidung gegen die Pläne der Westmächte für ein eigenes Westdeutschland ansetzen zu können. Sie wollten eine westdeutsche Staatwerdung verhindern, indem sie "auf den freien Teil von Berlin einen solchen Druck ausüben, meinten sie, daß die Berliner um der Erhaltung des nackten Lebens willen sich unterwerfen und sich in den sowjetischen Machtbereich eingliedern müßten" (Paul Sethe).

Der "Scheinsieg" nach der Berliner Blockade und der "Verzicht" auf die Rechte in Berlin

Die maßgeblich von General Clay initiierte "Luftbrücke" zur Versorgung Westberlins mit allen lebensnotwendigen Gütern durch Flugzeuge durchkreuzte allerdings erfolgreich das Konzept der Sowjets. Ihre Blockade scheiterte nach einem Jahr am Widerstand der Berliner und ihrer westlichen Schutzmächte. Doch der vielgerühmte Sieg der Freiheit in Berlin war angesichts der weiteren Entwicklung in Europa und des deutschen Weges in eine zweifache Staatlichkeit nur ein Scheinsieg. Zwar konnten die westlichen Alliierten ihre Präsenz in Westberlin behaupten, doch "nur wenige Beobachter schienen zu begreifen, daß unser Entschluß, uns ausschließlich auf die Luftbrücke zu stützen", so Clay-Berater Robert Murphy später, "einem Verzicht auf unsere schwer errungenen Rechte in Berlin gleichkam". Dieser "Verzicht" hat nach der Gründung zweier deutscher Staaten im Herbst 1949 - der eine unter dem Patronat der Westmächte, der andere unter dem Diktat der Sowjetunion - vier Jahrzehnte lang die Beziehungen zwischen den Großmächten als "deutsche Frage" belastet und die deutsche Teilung , wie es lange schien, für ewig besiegelt.

Und die deutsch-russischen Beziehungen prägte fortan vor allem die für westliche Betrachter unumstößliche Tatsache, daß die Deutsche Demokratische Republik, der zweite deutsche Staat jenseits der Elbe, besetzt von der Roten Armee, ein kommunistisches Regime mit unverkennbar russisch-sowjetischen Zügen war, ein Vorposten des Kreml und seines allmächtigen Stalin in Europa.

In Stalins Reich, also auch in der DDR, stand die innenpolitische Entwicklungt bis zu seinem Tode am 5. März 1953 im Zeichen der totalen Kontrolle des Parteiapparates über alle Bereiche des kulturellen und wissenschaftlichen Lebens, das völlig vom Ausland abgekapselt war, wobei es parallel dazu zu einer nationalistisch-chauvinistischen Verherrlichung Rußlands kam. Die Russen, die etwa die Hälfte der Bevölkerung der ganzen Sowjetunion ausmachen, wurden als führende Nation bezeichnet, die russische Sprache wurde zur Sprache des Sozialismus proklamiert, alle Erfindungen sollten angeblich von Russen gemacht worden sein. Die Zündung der ersten sowjetischen Atombombe am 29. August 1949 war der Gipfel dieser Entwicklung.

Die Unterschriften unter dem Grundgesetz der Bundesrepublik Deutschland am 23. Mai 1949.

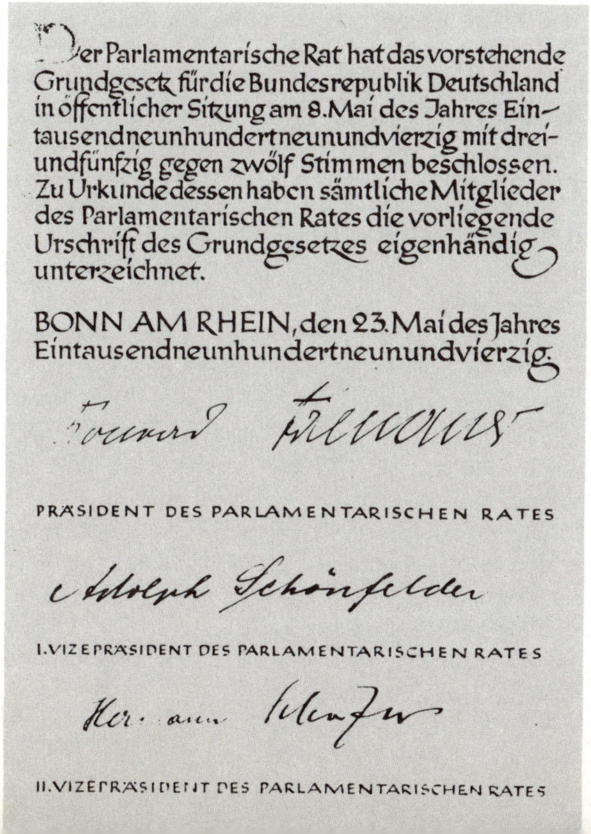
Der Parlamentarische Rat hat das vorstehende Grundgesetz für die Bundesrepublik Deutschland in öffentlicher Sitzung am 8. Mai des Jahres Eintausendneunhundertneunundvierzig mit dreiundfünfzig gegen zwölf Stimmen beschlossen. Zu Urkunde dessen haben sämtliche Mitglieder des Parlamentarischen Rates die vorliegende Urschrift des Grundgesetzes eigenhändig unterzeichnet.

BONN AM RHEIN, den 23. Mai des Jahres Eintausendneunhundertneunundvierzig.

PRÄSIDENT DES PARLAMENTARISCHEN RATES

Adolph Schönfelder

I. VIZEPRÄSIDENT DES PARLAMENTARISCHEN RATES

II. VIZEPRÄSIDENT DES PARLAMENTARISCHEN RATES

"Überall witterte man Verschwörer, Spione, Diversanten, wollte immer wieder entlarven, säubern, ausmerzen..."

Mit Losungen wie "Von der Sowjetunion lernen, heißt siegen lernen" oder "Mit der Sowjetunion für immer und alle Ewigkeit" wurde die Bevölkerung in allen osteuropäischen Staaten auf die allmächtige Sowjetunion eingeschworen, auch die Deutschen jenseits der Elbe. Nach sowjetischem Vorbild gingen alle osteuropäischen Länder, auch die DDR, zu Fünfjahresplänen einer zentralistischen Planwirtschaft über, wurde das gesamte geistige Leben der Diktatur einer Partei unterstellt, die Landwirtschaften kollektiviert, die Armeen der Sowjetarmee angeglichen und die Staatssicherheitsdienste, von sowjetischen "Beratern" kontrolliert, zum alles beherrschenden Machtinstrument ausgebaut.

Dieser "imperialistische Staat", beschrieb Lew Kopelew als Augenzeuge die letzten Jahre des Ostblocks unter Stalin, "nannte sich weiterhin sozialistisch, er beherrschte nicht mehr eine belagerte Festung, sondern vorstürmende und angriffsbereite Heere. Doch die ideologische Aufrüstung blieb, wie Jahrzehnte zuvor, panisch defensiv. Überall witterte man Verschwörer, Spione, Diversanten, wollte immer wieder entlarven, säubern, ausmerzen. Die Schauprozesse in Bulgarien, Rumänien, Ungarn, Polen, in der Tschechoslowakei und in der DDR waren nach den gleichen Mustern programmiert wie die blutigen Moskauer Haupt- und Staatsaktionen der späten dreißiger Jahre." Als Stalin im Alter von 74 Jahren starb, deutete alles daraufhin, daß man in der Sowjetunion gerade kurz vor einer "neuen großen Säuberung im Stil von 1936 bis 1938" stand, bei der "auch höchste Spitzenführer nicht verschont werden sollten" (Wolfgang Leonhard). Im Oktober 1952 war auf dem XIX. Parteitag der KPdSU eine solche Kampagne ideologisch vorbereitet worden, als der Hauptredner, Georgij M. Malenkow, gegen "Sorglosigkeit" im Parteiapparat wetterte und warnte, daß "die Feinde des Sowjet-Staates hartnäckig bestrebt sind, ihre Agenten zu uns zu schicken".

Der schon sehr kranke Stalin, der auf dem Parteitag nur eine kurze Schlußerklärung abgab, ließ das Politbüro in "Parteipräsidium" umbenennen und von elf auf 25 Mitglieder vergrößern, in der Absicht, die älteren Mitglieder wie Woroschilow, Molotow oder Mikojan auszuschalten, um sich dann auf die jüngeren, noch kompromißbereiteren Funktionäre stützen zu können. Der Tod des Diktators rettete die Betroffenen aus unmittelbarer Lebensgefahr, die offiziellen Trauerfeierlichkeiten wurden auffallend auf ein Mindestmaß reduziert. Beweint wurde sein Tod in ganz Osteuropa und der Sowjetunion von Millionen von Menschen. Im ganzen Ostblock hatten Millionen gehofft, "daß Stalins Tod eine entscheidende Wende in der UdSSR, im Ostblock und somit in der Weltpolitik zur Folge haben würde" (Lew Kopelew). Doch die Fronten des Kalten Krieges blieben. Stalins Mumie wurde im Lenin-Mausoleum aufgebahrt bis zum Jahre 1961, nachdem unter Chruschtschow Stalins "Personenkult" zerschlagen und seine Denkmäler gestürzt wurden. Seither ist Stalins Grab hinter dem Lenin-Mausoleum an der Kremlmauer.

Die deutsche Frage 1949 auf der Pariser Außenministerkonferenz

Noch zweimal griffen die Sowjets in der Ära Stalins nach dem Auseinanderbrechen der Anti-Hitler-Koalition die Frage um Deutschland auf: kurz vor der Gründung der Bundesrepublik Deutschland und im Jahre 1952. Anfang Mai 1949, als man in Moskau erkannte, daß die Blockade gegen Westberlin gescheitert war, wurde ein Treffen der vier Außenminister der vier Siegermächte arrangiert, das dann am 23. Mai 1949 in Paris stattfand, am selben Tag, als in Bonn der Präsident des Parlamentarischen Rates, Dr. Konrad Adenauer, der spätere erste Kanzler der Bundesrepublik Deutschland, das Grundgesetz für den neuen westdeutschen Staat verkündete. Am Konferenztisch im Palais Marbre Rose in Paris sah sich der britische Außenminister Bevin, der noch bei der 5. Außenminister-Konferenz in London im November 1947 als Gastgeber fungiert hatte, neuen Männern gegenüber: Robert Schuman war nun der Gastgeber, aus den USA kam Dean Acheson, als Außenminister der zweiten Administration Präsident Trumans, aus Moskau war als Nachfolger Molotows Andrej J. Wyschinskij, einst berüchtigter Hauptankläger bei Stalins Schauprozessen Ende der dreißiger Jahre, angereist.

Der Russe machte den Vorschlag, die Siegermächte sollten nach Ausarbeitung eines Friedensvertrages mit Deutschland, schon im Februar 1947 hatten die vier Alliierten noch mit Rumänien, Italien, Ungarn, Bulgarien und Finnland Friedensverträge in Paris abgeschlossen, neben einem neuzubelebenden Kontrollrat einen "gesamtdeutschen Staatsrat" ins Leben rufen. Damit wäre lediglich eine Zentralbehörde, aber keine Zentralregierung geschaffen worden. Die Sowjets wollten damit aber die bisher in den Westzonen erfolgten Entwicklungen rückgängig machen. Der Amerikaner Acheson verlangte dagegen für die sowjetische Besatzungszone freie Wahlen, nachdem die Praktiken bei der Volkskongreßwahl angezweifelt wurden. Nach langen gegenseitigen Vorwürfen war das Ergebnis der Konferenz gleich Null. Sie endete am 20. Juni 1949. Danach vollzogen sich die beiden Staatsgründungen in Deutschland "planmäßig" und sowjetische Protestnoten an die drei Botschafter der Westmächte in Moskau am 1. Oktober "hatten wahrscheinlich nur mehr deklamatorischen Zweck" (Thilo Vogelsang).

Die fehlende "Probe aufs Exempel" bei den Stalin-Noten 1952

Ein Jahr vor seinem Tod, am 10. März 1952, machte Stalin angesichts der bevorstehenden Wiederbewaffnung Westdeutschlands einen neuerlichen Versuch, mit dem "weitestgehenden Angebot, das die Sowjetunion in der Deutschlandfrage jemals gemacht hat" (Thilo Vogelsang), einen Friedensvertrag zu erreichen. In der ersten Note am 10. März schlug Stalin den Westmächten einen Friedensvertrags-Abschluß vor, demgemäß Deutschland in den in Potsdam festgelegten Grenzen wiedervereinigt werden, alle ausländischen Truppen abgezogen und Gesamtdeutschland neutralisiert werden sollte, wobei es lediglich zur Selbstverteidigung nationale Streitkräfte geben könne. Die Westmächte lehnten es mit Billigung Konrad Adenauers in einer Antwortnote an Stalin ab, über einen Friedensvertrag zu verhandeln, bevor freie Wahlen stattgefunden hätten. In einer zweiten Note erklärte sich dann Stalin am 9. April 1952 sogar mit freien Wahlen unter Kontrolle der vier Siegermächte einverstanden. Aber die Westmächte beharrten erneut darauf, über einen Friedensvertrag erst nach gesicherten freien Wahlen zu verhandeln. Eine aus solchen Wahlen hervorgehende Regierung müsse auch, so die Westmächte, vor und nach der Friedensregelung frei über Bündnisse, Integrations- und Grenzfragen entscheiden können. Bis zum Herbst 1952 fanden noch zwei weitere Notenwechsel zwischen Moskau und den Westmächten statt, in deren Verlauf sich aber die Gegensätze in der Frage des Verfahrens bei den Wahlen und vor allem hinsichtlich des internationalen Statuts eines Gesamtdeutschlands - ob neutral oder bündnisfrei - immer weiter verhärteten.

Die beiden Stalin-Noten über Deutschland vom Frühjahr 1952 haben noch jahrelang im publizistischen Streit in der Bundesrepublik eine große Rolle gespielt. Sie haben eine legendäre außenpolitische Debatte im Januar 1958 im westdeutschen Bundestag, bei der es um die atomare Bewaffnung der Bundeswehr ging, geprägt. Schließlich haben sie die Historiker bis heute beschäftigt in der Überlegung, ob die Sowjetunion damals im Ernst bereit gewesen wäre, ihre DDR für ein neutralisiertes und entmilitarisiertes Deutschland preiszugeben. Werner Conze urteilte dazu, daß "manches dafür spricht, daß die Sowjetunion in ihrer 'weichen' Übergangsphase jener Jahre an einem 'Disengagement' interessiert gewesen wäre. Wie es sich damit wirklich verhalten hat, wurde nicht erprobt, da die Vereinigten Staaten von Amerika einleuchtende militärische Gründe dafür hatten, das Risiko eines großen Machtvakuums in der Mitte Europas zu scheuen."

Wie bekannt, wurde zwischen den Großmächten mit Billigung Adenauers nicht verhandelt, so daß Thilo Vogelsang mit Recht die fehlende "Probe aufs Exempel" bedauerte, da ja Verhandlungen "ebenso ausgeblieben sind wie die offizielle Frage nach dem 'Preis' ". Die Noten Stalins waren "zweifellos ein Ausdruck tiefer Sorge und Beunruhigung", wie Waldemar Besson später schrieb und erklärte, daß man in Deutschland "häufig unterschätzt, was es psychologisch für die UdSSR bedeuten mußte, wenn sieben Jahre nach dem Ende des Krieges wiederum deutsche Soldaten in Europa erschienen und nun sogar an der Seite des großen Gegenspielers Amerika".

17. Juni 1953: Arbeiter-Aufstand in der DDR

Auch weitere Kontaktversuche der Sowjets scheiterten, so auch drei Monate nach Stalins Tod, als Wladimir Semjonow, unter Dekanosow in der Hitler-Zeit Botschaftsrat in Berlin und nach 1945 Berater der SMA (Sowjetische Militäradministration)in Berlin-Karlshorst, im Rang eines "Hohen Kommissars", mit Anweisungen für einen "neuen Kurs" nach Ostberlin kam. Er brachte sogar einen Kandidatenvorschlag für einen provisorischen gesamtdeutschen Regierungschef mit, nämlich den damals 74jährigen badischen Zentrumspolitiker und ehemaligen Reichskanzler zur Zeit des Rapallo-Vertrages, Josef Wirth. Doch zwölf Tage später erhoben sich in Ostberlin die Bauarbeiter gegen das System der SED-Regierung. Der Aufstand vom 17. Juni 1953 begann mit einem Streik der

Bauarbeiter in der Stalinallee, die schon einen Tag zuvor zum Haus der Ministerien gezogen waren, um die Senkung der Normen und die Absetzung des Generalsekretärs des ZK der SED und stellvertretenden Ministerpräsidenten, Walter Ulbricht, zu fordern sowie die Freilassung aller politisch Inhaftierten und schließlich auch freie Wahlen. Spontan und fast unabhängig voneinander kam es am 17. Juni schließlich in exakt 274 anderen Orten in der DDR zu Streiks, an denen sich etwa 370.000 Arbeiter beteiligten.

Schwerpunkte des Aufstandes wurden die Industriezentren in Ostberlin, Bitterfeld, Halle, Leipzig, Dresden, Chemnitz und Merseburg sowie der Magdeburger Raum, in etwas geringerem Ausmaß auch die Gebiete um Jena/Gera, Brandenburg und Görlitz. Die Aufständischen stürmten Parteidienststellen der SED und verbrannten deren Embleme. In Magdeburg, Halle und Merseburg übernahmen Arbeiterkomitees zeitweilig die Macht, da die SED nicht mehr Herr der Lage war. Aber dann setzten einzelne SED-Dienststellen die kasernierte Volkspolizei gegen die Aufständischen ein, und die sowjetischen Stadtkommandanten verhängten in Ostberlin und in 167 von 217 Kreisen in der DDR den Ausnahmezustand und das Kriegsrecht. Schließlich ging die Rote Armee mit Panzern gegen die Demonstranten vor und unterdrückte mit Waffengewalt am Nachmittag und Abend des 17. Juni den Aufstand. Die Bilanz des Aufstandes: 21 Tote, über tausend Verletzte; danach Verhängung von sechs Todesurteilen und Verurteilung von etwa 1150 aufständischen Arbeitern zu Arbeitslager, Gefängnis oder Zuchthaus. Die SED nannte den Aufstand eine "faschistische Provokation" der westdeutschen Politiker Adenauer, Ollenhauer (SPD-Vorsitzender) und Reuter (Westberlins Regierender Bürgermeister) und übte zurückhaltende

Unterzeichnung des "Deutschland-Vertrages" in Bonn am 26.5.1952 über die Beziehung der BRD und der drei Siegermächte. Er beschränkt die Sonderrechte der Alliierten auf ein Minimum und behält die endgültigen Grenzen einem Friedensvertrag vor.

Der 17. Juni 1953 in Berlin: Mit Steinen versucht die Bevölkerung sowjetische Panzer aufzuhalten.

Selbstkritik, wobei sie die Normenerhöhung bei den Bauarbeitern, ursprünglich Auslöser des Aufstandes, zurücknahm. SED-Chef Ulbricht, ab Juli Erster Sekretär der SED und damit starker Mann in der DDR, beschwerte sich nachträglich im August 1953 vor seinem ZK über Semjonows Pläne, nach denen eine Wiedervereinigung Deutschlands auf bürgerlicher Grundlage möglich gewesen sei, was die SED zur Oppositionspartei degradiert hätte.

Berijas "Verrat" und Molotows Deutschland-Vorschläge 1954

Zwei prominente Opfer fand dann auch in der Sowjetunion Ende 1953 der DDR-Aufstand vom 17. Juni: Im Zuge parteiinterner Machtkämpfe im Kreml, wenn auch nur teilweise dadurch motiviert, wurde der im März 1953 nach Stalins Tod zum Ersten stellvertretenden Ministerpräsidenten sowie Innen- und Staatssicherheits-Minister ernannte Lawrentij P. Berija Ende Juni 1953 gestürzt und am 23. Dezember 1953, zusammen mit dem ehemaligen Berlin-Botschafter Dekasonow unter Anschuldigung des "Verrats", auch wegen ihrer gesamtdeutschen Pläne, hingerichtet. Nikita S. Chruschtschow, der ein Jahr später den Stalin-Nachfolger Malenkow stürzte, schrieb später über die Hintergründe von Berijas "Verrat", daß dieser "nach dem Tode Stalins begann, Schritte zu unternehmen, die auf die Untergrabung der freundschaftlichen Beziehungen zu den Bruderländern des sozialistischen Lagers gerichtet waren. Gemeinsam mit Malenkow schlugen sie beispielsweise provokatorisch vor, die DDR als sozialistischen Staat zu liquidieren und empfahlen der SED, auf die Losung des Kampfes für den Aufbau des Sozialismus zu verzichten."

Am 25. Januar 1954 brachte ein anderer Alt-Genosse

von Stalin, Wjatscheslaw Molotow, auf der Berliner Außenminister-Konferenz der vier Siegermächte die Deutschland-Frage erneut ins Gespräch und präsentierte dabei "erstmals die Idee eines europäischen Sicherheitssystems als Alternative zu den militärischen Blöcken", wie Fritjof Meyer im *Spiegel* (Nr. 31/1970) schrieb und erklärte: "Molotow wollte die Remilitarisierung Westdeutschlands verhindern und winkte dazu mit der Wiedervereinigung". Doch im Westen verlangte dagegen der britische Außenminister Anthony Eden in seinem "Eden-Plan" für ein neues Gesamtdeutschland die Entscheidungsfreiheit in der Bündnisfrage.

Die Zwei-Staaten-Theorie der Kreml-Führer und die Aufnahme der DDR in den Warschauer Pakt

Nachdem dann am 23. Oktober 1954 mit den Pariser Verträgen Adenauers Politik der Westintegration der Bundesrepublik Deutschland abgeschlossen war ("Unsere Absicht war, die Bundesrepublik zu einem gesunden Staatswesen zu machen, das bereit und in der Lage ist, die Sowjetzone am Tag der Wiedervereinigung zu tragen und zu stützen"), propagierten die Sowjetführer auf einer Sicherheitskonferenz der Ostblockstaaten in Moskau am 29. November ihre "äußerste Konzession", nämlich freie Wahlen in ganz Deutschland unter internationaler Kontrolle; außerdem lockten sie noch mit einem Aufschwung des deutschen Osthandels. Diese Vorschläge wurden dann am 15. Januar 1955 der Bundesrepublik mit der Drohung vorgelegt: "Im Falle der Ratifizierung der Pariser Abkommen übernimmt der Bundestag die schwere Verantwortung für das Fortbestehen der Spaltung Deutschlands." Doch Konrad Adenauer lehnte auch dieses Moskauer Angebot, das schon die Aufnahme diplomatischer Beziehungen zwischen Bonn und Moskau enthielt, ab, weil das Residieren von zwei deutschen Botschaften in Moskau nebeneinander "die Fortdauer der Teilung Deutschlands sanktioniert".

Walter Ulbricht

Als dann der Bundestag mehrheitlich am 27. Februar 1955 den Pariser Verträgen zustimmte, die diplomatischen Missionen der BRD in Washington, London und Paris am 1. Mai 1955 in den Rang von Botschaften erhoben wurden und am 9. Mai 1955 die Bundesrepublik in die NATO aufgenommen wurde, änderte sich "das Vokabular des Kreml", wie Carlo Schmid in seinen "Erinnerungen" schrieb. Von nun an sprach die Sowjetunion nur noch von zwei deutschen Staaten, nahm am 14. Mai 1955 die DDR in den Warschauer Pakt auf und ließ dann am 7. Juni 1955 durch einen Sekretär ihrer Pariser Botschaft über den deutschen Botschafter dort eine Note an die Bundesrepublik überreichen, darin die Aufnahme diplomatischer Beziehungen vorgeschlagen und Bundeskanzler Adenauer nach Moskau eingeladen wurde.

Adenauer brachte diese Einladung in einige Verlegenheit. Am 13. Juni flog er nach Washington, um mit dem Hauptverbündeten die Lage zu sondieren. Man kam überein, daß Adenauer nach einer Annahme der Einladung nach Moskau die Aufnahme diplomatischer Beziehungen nur mit einer angemessenen Gegenleistung akzeptieren solle, denn "auf das Verhältnis zur Sowjetunion komme es zur Zeit weniger an als auf die weitere europäische Integration" (Carlo Schmid). Drei Tage später gaben in New York auch die drei Außenminister der Westmächte ihren Segen für Adenauers Reise nach Moskau. Unter welchen Voraussetzungen die Sowjets mit Adenauer in Moskau auch über die Wiedervereinigung zu reden bereit waren, brachte auf der Rückkehr von der Genfer Gipfelkonferenz (23. Juli), wo die beiden deutschen Staaten am "Katzentisch" Beobachter spielen durften, Nikita S. Chruschtschow, nun mit Nikolai A. Bulganin Führer der Sowjetunion, am 27. Juli 1955 in Ostberlin zum Ausdruck: "Der einzige Weg zur Vereinigung Deutschlands, die sich in verschiedene Richtungen entwickeln, ist die Schaffung eines Systems der kollektiven Sicherheit in Europa, die Festigung der Entwicklung wirtschaftlicher und politischer Verbindungen zwischen den beiden Teilen Deutschlands. Man kann die deutsche Frage nicht auf Kosten der Interessen der DDR lösen..."

Adenauers "politische Fahrt ins Blaue", nach Moskau (8. September 1955)

So war die Situation, als Bundeskanzler Adenauer am 8. September 1955 mit viel Begleitung nach Moskau startete: mit Außenminister Heinrich von Brentano, Staatssekretär Walter Hallstein, Ministerialdirektor Hans Globke, Ministerialdirektor Wilhelm Grewe, Bundesratspräsident Karl Arnold, dem Vorsitzenden des Auswärtigen Ausschusses des Bundestages, Kurt Georg Kiesinger und dessen Stellvertreter, dem Sozialdemokraten Carlo Schmid. In der Delegation waren also, außer Carlo Schmid, nur CDU-Parteifreunde unter sich, als Adenauer diese "politische Fahrt ins Blaue", wie er sie kurz davor nannte, antrat. Zehn Jahre nach dem Ende des Zweiten Weltkrieges saßen sich in Moskau erstmals die Führer der Sieger und Besiegten in mehreren Gesprächsrunden gegenüber, wobei naturgemäß Schuld und Sühne dieses Krieges sowie seine Folgen für beide Völker offen und freimütig, aber auch heftig kontrovers diskutiert wurden. Der Bundeskanzler ging in diese Verhandlungen "ohne Illusionen", wie er später in seinen Erinnerungen schrieb und über seine Motive hinzufügte: "Einer der stärksten Beweggründe, die Reise anzutreten, war mein Wunsch, die Befreiung der in der Sowjetunion noch zurückgehaltenen Deutschen zu erreichen. Zehn Jahre nach Beendigung des Krieges war die Freilassung der deutschen Kriegsgefangenen und Zivilinternierten in der Sowjetunion eine Frage des elementarsten Menschenrechts und mir persönlich ein sehr ernstes Anliegen... Die Frage der Freigabe dieser Deutschen würde für mich maßgebend sein bei der Entscheidung, diplomatische Beziehungen zur Sowjetunion aufzunehmen oder nicht."

Diplomatische Beziehungen gegen Freilassung der Gefangenen?

Auf russischer Seite war das vordringlichste Ziel, mit den Westdeutschen die Aufnahme diplomatischer Beziehungen zu vereinbaren. Die Sowjets weigerten sich aber, an dieses Ziel irgendwelche Vorbedingungen zu knüpfen. Adenauer war jedoch nicht bereit, diplomatische Beziehungen zu den "Soffjets", wie er sie in seinem "Kölsch"-Dialekt nannte, aufzunehmen, ohne daß sich diese zur Freilassung von nachweislich 9626 Kriegsgefangenen und zur Erörterung der deutschen Wiedervereinigung bereiterklärten. Diese beiden kontroversen Haltungen waren bereits nach dem ersten Verhandlungstag in Moskau, nach dem Austausch von "Grundpositionen" durch den sowjetischen Ministerpräsidenten Bulganin und den Bundeskanzler offenkundig geworden. Hinsichtlich der Bindungen Westdeutschlands durch die Pariser Verträge gab es bei den Russen aber keine Probleme. Die Verträge seien nun mal geschlossen, meinten sie und betonten erneut die Existenz zweier deutscher Staaten. Und die im abschließenden offiziellen Briefwechsel zwischen den beiden Regierungschefs gebrauchte Wendung von der "Wiederherstellung eines deutschen demokratischen Staates" wurde weitgehend entwertet durch die sofort nachfolgende Erklärung Moskaus, daß die Sowjetregierung durch ihre Verhandlungen mit "den Vertretern der zwei auf dem Territorium Deutschlands bestehenden Staaten" ihre "nüchterne und realistische Haltung" zur "realen Lage der Dinge in Deutschland" und bei "Lösung der internationalen Probleme" beweise. Eine Woche nach dem Besuch Adenauers in Moskau landete nämlich dort eine Delegation der DDR-Regierung mit Otto Grotewohl an der Spitze, mit der Bulganin und Chruschtschow einen Vertrag über die beiderseitigen Beziehungen schloß, in dem es hieß, daß die DDR "in ihren Beziehungen zum In- und Ausland frei sei".

Carlo Schmid: "Ich appelliere an die Großherzigkeit des russischen Volkes..."

Fast zum Abbruch der Verhandlungen führte in der zweiten Gesprächsrunde ein heftiger Dialog zwischen Bulganin und Chruschtschow einerseits und Adenauer andererseits über die Frage der Behandlung der deutschen Kriegsgefangenen und der Tatsache, daß diese noch in der UdSSR befindlichen Deutschen in den Nachkriegsjahren unter dem Stalin-Regime als Kriegsverbrecher abgeurteilt worden seien, wie die Sowjet-Führer betonten. Bulganin sagte dabei: "Das sind Gewalttäter, Brandstifter, Mörder von Frauen, Kindern und Greisen. Sie sind entsprechend durch das sowjetische Gericht verurteilt und können nicht als Kriegsgefangene betrachtet werden. Das sowjetische Volk kann nicht die schwersten Verbrechen vergessen, die von diesen kriminellen Elementen verübt wurden." Adenauer konterte: "Es ist wahr: Es ist viel Schlechtes geschehen. Es ist aber auch wahr, daß die russischen Armeen dann - in der Gegenwehr, das gebe ich ohne weiteres zu - in Deutschland eingedrungen sind und daß dann auch in Deutschland viele entsetzliche Dinge im Krieg vorgekommen sind." Kriegsteilnehmer Chruschtschow "dementierte das kategorisch" und sprach in der Erregung von "einer beleidigenden Bemerkung".

In dieser Krise gelang es dem sprachgewaltigen Carlo Schmid in einer etwa zehnminütigen Rede, gehalten in einem bemerkenswert versöhnlichen Geist, das Eis zu brechen. Alexander Bogomolow, der damals alleinige Dolmetscher auf sowjetischer Seite, sagte 1990 in einem Interview in *Sowjetunion heute* (Nr. 9): "Meiner Meinung nach hat die Rede Schmids die Verhandlungen gerettet." Carlo Schmid wies zuerst daraufhin, daß er als einfacher Parlamentarier spreche und fuhr dann fort: "Ich möchte vorausschicken, daß im Namen des deutschen Volkes am russischen Volke Verbrechen begangen worden sind wie vielleicht nie in der Weltgeschichte. Ich betone ausdrücklich, daß die moralische Verantwortung für diese Dinge und die Haftung für die Folgen auch auf den Schultern der Menschen liegen, die sich dieser Verbrechen nicht schuldig gemacht haben. Denn auch diese haben zum mindesten dieses Regime nicht zu verhindern vermocht. Ich muß das vorausschicken, denn es gehört zur Wahrheit. Und weil es so ist, ist es für jeden Deutschen immer beschämend, von Menschen, die Opfer von Verbrechen geworden sind, begangen im Namen des deutschen Volkes, etwas für Deutsche zu erbitten... Ich rufe darum nicht die Gerechtigkeit an. Ich appelliere an die Großherzigkeit des russischen Volkes, von der es so viele Beispiele gibt. Und wenn ich das tue, denke ich in erster Linie nicht an die Menschen, die noch hier zurückgehalten werden, sondern an ihre Frauen, an ihre Kinder, an ihre Eltern. Lassen Sie Gnade walten, und lassen Sie diese Menschen zurückkehren zu denen, die auf sie warten, die seit mehr als zehn Jahren auf sie warten. Hinter dieser Bitte steht das ganze deutsche Volk ohne Unterschied der Parteien und ohne Unterschied des persönlichen Schicksals, das der einzelne Deutsche in der schrecklichen Zeit des Naziregimes erlitten hat..."

Chruschtschow: "Nicht von der Vergangenheit, sondern von der Zukunft ausgehen..."

Chruschtschow sagte daraufhin nach sekundenlangem tiefen Schweigen in der Runde: "Das war das

Am 8. September 1955 reist Konrad Adenauer nach Moskau: Kriegsgefangene und Internierte können heimkehren, diplomatische Beziehungen werden aufgenommen.

rechte Wort und auch die rechte Art. Jetzt können wir weitersprechen." Am Tage darauf knüpfte Chruschtschow an diese Bemerkung an und meinte, daß "Zorn und Rache schlimme Ratgeber" seien. Man müsse bei der Lösung der anstehenden Fragen "nicht von der Vergangenheit, sondern von der Zukunft ausgehen": "Die Zukunft aber erfordert von uns, daß zwischen dem sowjetrussischen Volk und dem deutschen Volk gute, freundschaftliche Beziehungen hergestellt werden!"

Am Abend gaben die Sowjetführer im Saal des St.Georgs-Ordens im Kreml der deutschen Delegation einen großen Empfang. Bei Krimsekt und Kaviar, nach mehreren Trinksprüchen, sprach Bulganin mit dem zwischen ihm und Chruschtschow sitzenden Bundeskanzler nochmals über die Freilassung der festgehaltenen Deutschen. In seinen Erinnerungen hielt Adenauer dann die folgende Szene so fest: "Bulganin schien intensiv nachzudenken.

Nach einer kleinen Pause erklärte er dann unvermittelt und sehr impulsiv: 'Lassen Sie uns zu einer Einigung kommen: Schreiben Sie mir einen Brief', gemeint war eine Note, in der die Zustimmung zur Aufnahme diplomatischer Beziehungen ausgesprochen wurde, 'und wir geben sie Ihnen alle, alle! Eine Woche später! Wir geben Ihnen unser Ehrenwort!'... Ich fragte sofort, ob damit auch 'die anderen' gemeint seien, nicht nur die Verurteilten.

Bulganin wiederholte in derselben impulsiven Art: 'Alle, alle, alle!'... Ich versicherte Bulganin, er hätte mich mit diesen Worten sehr glücklich gemacht. Bulganin wiederholte, daß die Sowjetregierung ihr Wort gebe und dieses Wort auch halten werde..." Auch der dann ins Vertrauen gezogene Parteichef

Chruschtschow war mit Bulganins Entschluß einverstanden.

Adenauer beschloß in seinen Memoiren seinen Bericht mit der Feststellung: "Die Russen haben ihr Wort gehalten und das ganze Abkommen genau erfüllt. Die ersten Heimkehrer trafen im Lager Friedland am 7. Oktober 1955 ein. Es folgten nahezu zehntausend. Von den in der Sowjetunion zurückgehaltenen Zivilpersonen kehrten in der Folge über 20.000 nach Deutschland zurück." Adenauers Besuch in Moskau, so schrieb später Paul Sethe, "hätte, wenn auch nicht sofort, so doch für die Dauer bei einer biegsamen und entschlossenen Ostpolitik der Bundesrepublik günstig wirken können. Die Anwesenheit von Botschaftern der beiden Staaten in den beiden Hauptstädten hätte es erleichtert, Gespräche über die Umstände anzubahnen, unter denen eines Tages die deutsche Einheit zustande kommen könnte. Diese Möglichkeit wurde lange nicht genutzt..."

Die Wiedervereinigung mit "Politik der Stärke zu" erreichen, bleibt eine Illusion

Es erwies sich, daß die Hoffnung des Bundeskanzlers, mit einer "Politik der Stärke" die Wiedervereinigung unter westlichen Vorzeichen erzwingen zu können, noch für lange Jahrzehnte eine Illusion blieb. Vor allem sein Beharren auf dem Alleinvertretungsrecht und "daß die Bundesrepublik auch künftig die Aufnahme diplomatischer Beziehungen mit der DDR durch dritte Staaten, mit denen sie offizielle Beziehungen unterhält, als einen unfreundlichen Akt ansehen würde", behinderte eine weitere Annäherung an die Sowjetunion, die in ihrer Außenpolitik bei der Realität zweier deutscher Staaten blieb. Eine gewisse Zeit konnte diese, nach ihrem Erfinder, dem Staatssekretär Walter Hallstein, benannte "Hallsteindoktrin", die Adenauer wenige Wochen nach seinem Moskau-Besuch am 29. September 1955 in seine Regierungserklärung als Grundsatz seiner Deutschland- und Ostpolitik aufnahm, die Anerkennung des zweiten deutschen Staates verzögern, doch sie wurde dann im Verlauf der sechziger Jahre "soweit ausgehöhlt", wie der Historiker Hans-Adolf Jacobsen 1988 schrieb, "daß sie stillschweigend aufgegeben wurde": "Was blieb, war der deutschlandpolitische Grunddissens zwischen der Sowjetunion sowie der DDR' und der Bundesrepublik Deutschland. Die eine Seite verfolgte zielstrebig eine defensive Status-quo-Politik, verbunden mit der Absicht, die DDR anerkennen und Westberlin einen Sonderstatus zukommen zu lassen, die andere ging von dem Vorbehalt eines Friedensvertrages aus, d.h. einer friedlichen Revision der Grenzen im Interesse der Nation, der Freiheit und eines 'peaceful change'..."

Chruschtschows "Koexistenz": "Unsere Ideen werden die Hirne aller Menschen erobern..."

In der Sowjetunion standen die nächsten Jahre im Zeichen von Nikita S. Chruschtschow, der im Februar 1956 auf dem XX. Parteitag der KPdSU in einer siebenstündigen Rede mit Stalin abrechnete und ihn als Verbrecher brandmarkte, wobei er aber nicht das System angriff, sondern nur seine "Entartungen". Mit der nachfolgenden Entstalinisierungswelle wurde auch ein neuer liberaler Kurs in der Kulturpolitik eingeleitet, das sogenannte "Tauwetter" (Ilja Ehrenburg), aber sie führte auch zum "Politischen Oktober" und zur Revolution in Ungarn, die von der Roten Armee mit Panzern niedergewalzt wurde. Chruschtschow wuchs in der Folgezeit jene Machtfülle zu, die er 1957 dann dazu benutzte, um die "parteifeindliche Gruppe" um Malenkow, Molotow, Schepilow und Kaganowitsch aus dem Zentralkomitee zu entfernen. Im März 1958 mußte auch Bulganin zurücktreten, Chruschtschow übernahm nun neben der Parteiführung auch die Führung des Staates.

Angeregt von der Weltmachtposition, die die UdSSR unter seiner Führung und mit der Parole der "friedlichen Koexistenz" gegenüber dem Westen ständig ausbauen konnte, knüpfte Chruschtschow auch an die fast vergessene These Lenins vom weltweiten Kommunismus und dem Sieg einer kommunistischen Weltrevolution wieder an. "Unsere Ideen werden die Hirne aller Menschen erobern...", erklärte

Leonid Breschnew, 1. Sekretär des ZK der KPdSU.

er 1957. Ein Jahr später meinte er zu einem französischen Journalisten: "Wir sind überzeugt, daß die Völker aller Länder zum Sozialismus und Kommunismus kommen werden..." Und 1959, also zwei Jahre, bevor er dann dem Bau der Mauer in Berlin zustimmte, wagte er in Leipzig die Prognose: "Mit dem Sieg des Kommunismus im Weltmaßstab werden die Staatsgrenzen absterben..." Solch euphorische Träume und die Überzeugung, daß die UdSSR "die USA bald hinter sich lassen" werde, wie er im Februar 1960 tönte, lassen sich wohl nur mit den Fortschritten der russischen Technik und Rüstungsindustrie erklären. Diese manifestierten sich vor aller Welt mit der ersten sowjetischen Wasserstoffbombenexplosion 1953, mit dem "Sputnik" im Jahre 1957 und dem ersten bemannten Weltraumflug von Jurij Gagarin im Jahre 1961. Die Sowjetunion fühlte sich als gleichberechtigter Gegner der Weltmacht USA, sie war nun im gleichen Rang wie die Vereinigten Staaten, war eine Supermacht.

Die Mauer, "keine schöne Lösung, aber besser als ein Krieg"

Konsequent blieb Chruschtschow auch in seiner Deutschland-Politik. Er wollte aus der DDR einen "stabilen Pfeiler seines Imperiums" (Heinrich Jaenecke) machen und täuschte sich auch nicht in der Annahme, daß die USA stillhalten würden beim Bau der Mauer durch Berlin. Tatsächlich argumentierte am 13. August 1961 der neue US-Präsident John F. Kennedy bei einer Lagebesprechung im Weißen Haus: "Warum sollte er eine Mauer bauen, wenn er Westberlin nehmen wollte? Die Mauer ist sein Ausweg aus der Klemme. Es ist keine sehr schöne Lösung, aber, verdammt noch mal, besser als ein Krieg." Dieser stand den USA dann in der Kuba-Krise im Oktober/November 1962 fast ins Haus. Auf beiden Seiten wurden schon die atomaren Waffen gefechtsklar gemacht, als Chruschtschow im letzten Augenblick nachgab. Danach waren beide Weltmächte in dem Bewußtsein, an die Grenze gestoßen zu sein, bereit, eine direkte Konfrontation künftig zu vermeiden, ein "Gleichgewicht des Schreckens" zu akzeptieren. Ein direktes Telefon, "heißer Draht" genannt, wurde zwischen Washington und Moskau installiert, und 1963 wurde mit dem Verbot der oberirdischen Atomwaffenversuche der erste Schritt auf dem langen Weg zur Entspannung getan.

Einen Weg aus der "Sackgasse einer erstarrten Ideologie" suchen

Chruschtschows letzte außenpolitische Initiative, bevor er im Oktober 1964 gestürzt wurde, richtete sich auf die Bundesrepublik und die Deutschlandfrage, neun Jahre nach dem Adenauer-Besuch in Moskau und drei Jahre nach dem Mauerbau. Am 4. April 1964 proklamierte der sowjetische Chefideologe Michail Suslow einen "friedlichen Weg zum Sozialismus" und bezeichnete die Bundesrepublik Deutschland als Terrain für eine zukünftige Koexistenzpolitik. Die SED in der DDR zog zwölf Tage später mit der Empfehlung eines deutschen Staatenbundes nach und bezeichnete dies den "einzigen noch vorhandenen Weg zur friedlichen Wiedervereinigung Deutschlands". Chruschtschow schloß am 12. Juni 1964 in Moskau mit Walter Ulbricht einen Vertrag mit der DDR über Freundschaft, gegenseitigen Beistand und Zusammenarbeit, wobei er eine Kündigungsklausel für den Fall der Wiedervereinigung einbauen ließ. Gleichzeitig schickte er seinen Schwiegersohn Alexej I. Adschubej zur Sondierung nach Bonn, wo sich die "Denk- und Verhaltensweisen führender Politiker in der Bundesrepublik Deutschland aufzulockern" (Hans-Adolf Jacobsen) begonnen hatten, und Außenminister Gerhard Schröder seine "Politik der kleinen Schritte" Richtung Osten eingeleitet hatte, wobei er unter Wahrung der außenpolitischen Prinzipien der seit Oktober 1963 im Amt befindlichen neuen Regierung des Adenauer-Nachfolgers Ludwig Erhard, Adenauers Vorgabe der Westintegration, Verteidigung im Bündnis und Gewaltverzicht fortführte, versuchte, neue Brücken zwischen Ost und West zu schlagen.

Adschubej wurde in Bonn aufmerksam begrüßt, als er Vorgespräche für einen geplanten Besuch seines Schwiegervaters führte und dafür mit Sätzen warb wie: "Es ist besser, eine Kerze anzuzünden, als einander in der Dunkelheit zu hassen." Doch der Besuch Chruschtschows wurde dann durch den Machtwechsel in Moskau vereitelt, eine deutsch-russische Entspannungsatmosphäre erneut verschoben. Obwohl ab der Mitte der sechziger Jahre in der westdeutschen Öffentlichkeit die grundsätzlichen Fragen der Deutschland- und Ostpolitik sowie die der Gesellschaftspolitik auch außerhalb von Regierung und Parteigremien immer heftiger diskutiert wurden, blieb die CDU-Regierung Erhard gegenüber solchen Entwicklungen, die auch eine zunehmende Bewußtseins- und Verhaltensänderung in der Bevölkerung der Bundesrepublik signalisierte, weiterhin blind, taub und stumm.

"Es war *eine* Sache gewesen, die Bundesrepublik zu schaffen und zu konsolidieren", schrieb Ende der sechziger Jahre der Politikwissenschaftler Waldemar Besson, "aber es war nun eine andere, sie dem Wandel auszusetzen, sie beweglicher zu machen, die eigenen Interessen selbständig zu verfolgen. Gerhard Schröder hatte diese neue Einstellung im Visier, auch wenn wir nicht wissen, wie genau er tatsächlich zielte. In jedem Fall war das Regime Erhard nur ein Übergang gewesen."

Willy Brandt 1966: "Aussöhnung nach Osten", ein "langer Weg"

Ende Oktober 1966 stand dann die CDU in der westdeutschen Regierung plötzlich allein, da die FDP der führungsschwachen Union die Koalition aufgekündigt hatte. Auf nachdrückliches Anraten von Herbert Wehner, dem starken Mann in der SPD, traten die Sozialdemokraten entschlossen in die Lücke und bildeten am 1. Dezember 1966 mit der CDU eine

Flucht einer Ost-Berliner Familie aus einem zugemauerten Haus an der Sektorengrenze am 13. August 1961.

US-Präsident John F. Kennedy wird 1963 von Bundeskanzler Adenauer bei seinem Besuch in der BRD begrüßt.

"Große Koalition", deren Führung als Kanzler der schwäbische Christdemokrat Kurt Georg Kiesinger, Mit-Reisender bei Adenauers Moskau-Besuch, übernahm. Sein Partner, Vizekanzler und neuer Außenminister, wurde der als langjähriger "Regierender" in Westberlin bekannte Sozialdemokrat Willy Brandt, der bei der Übernahme seines Amtes von seinem Vorgänger Gerhard Schröder am 6. Dezember erste Akzente einer neuen Bonner Außenpolitik, vor allem in Richtung Osten, ankündigte.

Willy Brandt konnte als Außenminister während der Großen Koalition durch beharrliches Verhandlungsgeschick einige in die Zukunft weisende Erfolge erreichen, trotzdem blieb der Politik der Großen Koalition immer noch etwas von dem Unvermögen haften, das unter Erhard zu beobachten war, zumal Kanzler Kiesinger die umstrittensten Punkte der Außenpolitik, wie etwa die Oder-Neiße-Grenze, ständig ausklammerte. Ein Rückschlag für Brandts neue Ostpolitik war zweifellos auch die militärische Intervention der Warschauer-Pakt-Staaten gegen den "Prager Frühling" im August 1968. Immerhin aber "hatte Bonn endlich in der Nach-Adenauer-Ära die Initiative ergriffen und zumindest ein Fundament für eine neue Ostpolitik gelegt" (Hans-Adolf Jacobsen). Nach den Bundestagswahlen 1969 konnte dann die neue sozialliberale Koalitions-Regierung von SPD und FDP unter Willy Brandt als Bundeskanzler und Walter Scheel als Außenminister dort erfolgversprechend anknüpfen, wo die Entspannungspolitik gegenüber Osteuropa im August 1968 stehengeblieben war.

Die neuen Führer in Moskau, Parteichef Leonid Iljitsch Breschnew sowie Ministerpräsident Alexej N. Kossygin, sahen in Richard Nixon in den USA und Willy Brandt in der Bundesrepublik die Männer, mit denen sie ins politische Geschäft kommen wollten. Nachdem im Mai 1969 die Sowjetunion bereits die Anerkennung der Oder-Neiße-Grenze, diejenige der Existenz der DDR und des Sonderstatus von Westberlin sowie die Aufgabe des Alleinvertretungsanspruchs der Bundesrepublik für Deutschland als Vorschläge für eine europäische Sicherheitskonferenz genannt hatten, solche aber nicht mehr als Vorbedingung für Verhandlungen mit Bonn ansah, kam endlich Bewegung in die bundesdeutsche Ostpolitik, was zu einer entscheidenden Zäsur in den deutsch-sowjetischen Beziehungen führte. "Der Übergang der neuen bundesdeutschen Regierung zu einer Politik, die der realen Sachlage auf dem europäischen Kontinent und den Interessen eines dauerhaften Friedens entspricht", ließ Generalsekretär Breschnew verlauten, "würde naturgemäß bei der Sowjetunion und vermutlich bei den anderen Völkern Europas Verständnis und Unterstützung finden." Diesen Ball nahm die neue Regierung in Bonn, erstmals seit Gründung der Bundesrepublik von einem Sozialdemokraten geführt, auf.

Die DDR "ohne Wenn und Aber" anerkennen

In ihrer Regierungserklärung gaben Willy Brandt und Walter Scheel eine Vorleistung für kommende Verhandlungen, indem sie die DDR "ohne Wenn und Aber und ohne 'Anführungsstriche' als Staat bezeichneten", wie Brandts wichtigster Berater und späterer Unterhändler beim Kreml, Egon Bahr, schrieb. Dieses Faktum wurde in Osteuropa als Signal gewertet. So flog dann Ende Januar 1970 Egon Bahr auf Vorschlag von Bundesaußenminister Scheel nach Moskau, "um in drei Phasen bis zum Mai mit dem sowjetischen Außenminister Gromyko nicht nur die Grundlagen des Moskauer Vertrages, sondern auch den Rahmen für die übrigen Verträge mit Polen, der CSSR und der Deutschen Demokratischen Republik zu erarbeiten".

Die Verhandlungen Egon Bahrs in Moskau entwikkelten sich sehr schwierig, da sich in den vergangenen Jahrzehnten "viel Mißtrauen gebildet hatte". Ähnliche Erfahrungen im März und Mai 1970 machte Willy Brandt bei seinen ersten deutsch-deutschen Kontakten in Erfurt und Kassel. Bahrs Hauptaufgabe in Moskau war, seinen Verhandlungspartnern nach seinen eigenen Worten dieses klar zu machen: "Der Versöhnung mit den Völkern des Westens kann eine Aussöhnung mit den Völkern des Ostens nur folgen, wenn dem deutschen Volk das Ziel seiner Einheit nicht versperrt wird. Anders würde an die Stelle des alten Mißtrauens nur neues gesetzt werden." Mißtrauen war in jedem Fall existent, wie der damalige ARD-Korrespondent in Moskau, Fritz Pleitgen, als direkter Beobachter später beschrieben hat: "Zunächst gab es ein zähes Feilschen und knallhartes Pokern zwischen Bonn und Moskau; mißtrauisch beobachtet von den jeweiligen Verbündeten. Das Gespenst von Rapallo ging um; wie 1922 könnten sich Deutsche und Russen wieder einmal zum Nachteil der anderen einigen, argwöhnte man. Das mühsam erzielte Ergebnis wurde überall mit der Lupe untersucht und dann für unverdächtig oder akzeptabel befunden."

Willy Brandt als Außenminister der Großen Koalitionsregierung im August 1967 in Rumänien.

Die Unterzeichnung des Moskauer Vertrages, "ein Akt der Versöhnung"

Nach einer abschließenden Verhandlungsrunde mit Außenminister Walter Scheel in Moskau vom 27. Juli bis 7. August 1970 sah dann das "Ergebnis" so aus: Die Grenzen in Europa wurden nicht festgeschrieben, sondern lediglich beschrieben; Bonn erkannte die Existenz eines zweiten deutschen Staates an, betonte aber gleichzeitig den Anspruch auf die deutsche Einheit. Ähnlich wie zu den Westmächten wurde das Verhältnis zur Sowjetunion auf eine normale Grundlage gestellt - und zwar für die gesamte Periode, in der es einen Friedensvertrag nicht gibt, wobei man keine zeitliche Begrenzung und keine Kündigungsklausel in den Moskauer Vertrag aufnahm, der dann am 12. August 1970 in Moskau unterzeichnet wurde. An die Unterzeichnung des Vertrages durch Brandt und Kossygin im weiß-goldenen Katharinen-Saal des Kreml, wo 1941 auch die Unterzeichnung des Hitler-Stalin-Paktes stattgefunden hatte, erinnerte sich Fritz Pleitgen: "Wie ein gutgelaunter Pate verfolgte Leonid Breschnew - inzwischen die unbestrittene Nummer 1 in der Führungstroika - die Zeremonie. Er war offensichtlich zufrieden. Zwar hatte Moskau nicht alles erreicht, aber die Tür zum Westen war aufgestoßen..."

"Die Chance eines neuen Anfangs"

Breschnew selbst wertete später im Vorwort zur deutschen Ausgabe seiner Biographie "Leonid Breschnew - Umriß seines Lebens" so: "Es ist wahrhaftig ein historisches Dokument, das eine grundlegende Wende in den Beziehungen zwischen unseren Ländern herbeigeführt und dazu beigetragen hat, daß sich Europa einer Periode der stabilen friedlichen Koexistenz und der beiderseitig vorteilhaften Zusammenarbeit zuwandte."

Willy Brandt betonte in seiner Tischrede beim offiziellen Abendessen nach der Vertragsunterzeichnung ebenfalls die historische Dimension des Vertragswerkes und sagte dabei: "Ich weiß mich in einem Lande, in dem es einen besonderen Sinn für Geschichte gibt, eine Geschichte, die niemand ungeschehen machen kann und die niemand leugnen darf. Wer sie vergißt oder zu vergessen versucht, wird krank an seiner Seele. Aber ebenso wahr ist, daß kein Volk auf die Dauer leben kann ohne Stolz und ohne die Aussicht, seinen Willen friedlich zu vollenden. Die Geschichte darf nicht zu einem Mühlstein werden, der uns niemals aus der Vergangenheit entläßt. Ich verstehe diesen Vertrag in gewisser Hinsicht als einen Schlußstrich und als einen neuen Anfang, der unseren beiden Staaten gestattet, den Blick nach vorn zu richten in eine bessere Zukunft. Als einen Vertrag, der uns von dem Schatten und den Belastungen der Vergangenheit befreien soll, sie wie uns, der Ihnen wie uns die Chance eines neuen Anfangs gibt."

Nach Einführung der Visapflicht für die Transitstrecke durch die DDR ab 1971entstehen vor dem Kontrollpunkt Dreilinden lange Warteschlangen, besonders zu Beginn der Urlaubszeit.

"Wir müssen zusammenkommen und miteinander reden..."

Die Sowjetunion im Zeichen von "Perestroika" und "Glasnost", der Wandel der deutsch-sowjetischen Beziehungen bis zur deutsch-sowjetischen Freundschaft und der wiedererlangten deutschen Einheit

Gewonnen haben in gleicher Weise alle: Sowohl die sozialistischen Länder wie die BRD, wie auch alle, die an der Festigung des Friedens in Europa, an einer internationalen Entspannung interessiert sind.
Leonid Breschnew, 1970

Es ist überaus wichtig, daß die Deutschen, indem sie das Problem der Vereinigung lösen, ihre Verantwortung nicht vergessen sowie das, daß es notwendig ist, nicht nur die Interessen, sondern auch die Gefühle der anderen Völker zu respektieren.
Michail S. Gorbatschow, 1990

"Ein vernünftiger Schritt auf dem richtigen Weg" hatte vorsichtig Breschnew den Abschluß des deutsch-sowjetischen Vertrages in Moskau genannt, obwohl er und seine Satelliten in Ostberlin - Walter Ulbricht und ab 1971 Erich Honecker - damals der Ostpolitik der Regierung Brandt/Scheel noch sehr skeptisch gegenüberstanden. Aus geheimen SED-Protokollen, die Ende 1990 nach der Einigung in Ostberlin entdeckt wurden, geht hervor, daß man in Moskau und Ostberlin Angst hatte, "durch die Bonner Ostpolitik könnte auf längere Sicht das gesamte kommunistische Lager ideologisch 'aufgeweicht' werden", wie das Magazin stern im Januar 1991 berichtete. Der Bonner Vertragsunterhändler Egon Bahr bezeichnete die Geheim-Protokolle als "wahnsinnig interessant", verneinte jedoch die Frage, ob er in Kenntnis dieser Abneigung der Ostblockführer sich bei seinen Gesprächen in Moskau anders verhalten hätte. Bahr kommentierte die Angst Breschnews vor der "Aufweichung" des Ostblocks, die sich zwanzig Jahre später als berechtigt herausstellte, mit den Worten: "Die haben das viel besser erkannt als die damalige Opposition hier."

Kampf um die neue Ostpolitik in Bonn

Die damalige Bonner CDU/CSU-Opposition stand anfangs dem Moskauer Vertrag und dem am 7. Dezember in Warschau geschlossenen deutsch-polnischen Vertrag, der die Normalisierung der Beziehungen zur Volksrepublik Polen einleitete, absolut ablehnend gegenüber. Allerdings waren die Gründe dieser Ablehnung damals nur im Beharren auf der alten "Politik der Stärke" zu suchen, die Befürchtungen in Moskau und Ostberlin spielten keine Rolle. Der Kampf um die neue Ostpolitik nahm, wie Willy Brandt in seinen 1989 erschienenen "Erinnerungen" schrieb, "erbitterte Formen" an. Mit Recht nannte er schon im Januar 1970, vor dem Beginn der Verhandlungen in Moskau, die Fragen der CDU/CSU nach der Nützlichkeit und nach dem Preis für die Aussöhnung mit dem Ostblock "kleinmütig" und fragte im Bundestag, der Opposition zugewandt: "Den Frieden sicherer machen, für unser ganzes Volk, ist das nichts? Der Freundschaft mit den Völkern des Westens, des Nordens und des Südens das Vertrauen, den Ausgleich und dann auch die Freundschaft mit den Völkern des Ostens hinzufügen, ist das nichts?..."

Carlo Schmid beobachtete damals das Verhalten der Opposition so: "Weite Kreise der Rechten des Bundestages hofften, durch Scheiternlassen dieser Verträge die Regierung zum Rücktritt zu zwingen oder eine Lage herbeiführen zu können, die der Opposition die Chance eines konstruktiven Mißtrauensvotums eröffnen konnte."

Auch in Moskau wurde der Kampf um die Ostverträge im Bundestag aufmerksam verfolgt. Breschnew sprang gelegentlich seinen Vertragspartnern in der sozialliberalen Koalition bei und nannte Auslassungen darüber, welche Seite durch den Vertrag mehr oder weniger gewonnen hat, "unbegründet". Breschnew: "Gewonnen haben in gleicher Weise alle: sowohl die sozialistischen Länder wie die BRD, wie auch alle, die an der Festigung des Friedens in Europa, an einer internationalen Entspannung interessiert sind." Einer der profiliertesten Oppositions-Redner gegen die Ostverträge, der CSU-Abgeordnete Karl Theodor Freiherr von und zu Guttenberg, nannte schon im Mai 1970 im Bundestag den Wunsch der Sowjetunion nach "Normalisierung" eine "Normalisierung à la Breschnew", also "die Unterwerfung der Bundesrepublik unter den sowjetischen Machtwillen".

"Ein Schritt, den die ganze Welt für notwendig hielt"

Der Vertrag von Moskau wurde sinnvoll durch weitere Verträge ergänzt und ebenso nachhaltig in gegenseitigen Besuchen von Willy Brandt wie von Leonid Breschnew mit Leben erfüllt, ohne Aufgabe der Bindungen an den Westen. Dem Warschauer Vertrag schloß sich am 20. Dezember 1970 ein Abkommen zwischen dem Westberliner Senat und der Bundesrepublik an. Danach bestätigte am 3. September 1971 ein Viermächte-Abkommen nach siebzehnmonatigen Verhandlungen den Status der Stadt, die Bindung Westberlins an die Bundesrepublik und die Garantie des freien Transitverkehrs von Personen und Gütern. Schließlich rundete am 21. Dezember 1972 der deutsch-deutsche "Grundlagenvertrag", von Michael Kohl für die DDR und von Egon Bahr für die BRD ausgehandelt, das ganze Paket der Verträge für eine neue Ostpolitik ab. Dieser letzte Vertrag wurde wegen der zu erwartenden menschlichen Erleichterungen auch von der CDU/CSU-Opposition akzeptiert, nachdem diese ein halbes Jahr zuvor mit einem am 27. April im Bundestag eingebrachten konstruktiven Mißtrauensvotum gegen Bundeskanzler Brandt gescheitert war.

Der Gegenkandidat der Opposition, Rainer Barzel, hatte die absolute Mehrheit um zwei Stimmen verfehlt. Am 17. Mai 1972 lag dann das Paket der Ostverträge in zweiter und dritter Lesung dem Bundestag zur Abstimmung vor. Da es inzwischen auch in den Reihen der Opposition angesichts der international begrüßten Ostpolitik der sozialliberalen Regierung in Bonn, die wesentlich den Weg zur multinationalen Entspannung bei der Konferenz über Sicherheit und Zusammenarbeit in Europa (KSZE) in Helsinki ebnete, einen Stimmungsumschwung gegeben hatte, gaben bei der Abstimmung auch einige Abgeordnete aus den Reihen der Opposition ihr Votum für das Vertragswerk ab. "Sie wollten das Odium nicht auf sich nehmen, politischer Unverstand ihrer Freunde habe verhindert, daß auf dem Weg der weltpolitischen Entspannung ein Schritt getan werde, den die ganze Welt für notwendig hielt" (Carlo Schmid).

Willy Brandts Sorge um die Weiterführung seiner Politik war damit aber noch nicht ganz ausgestanden. Die 248 Stimmen für die Annahme der Ostverträge machten auch offenkundig, daß Brandt als Kanzler nicht mehr über die Mehrheit der Stimmen im Bundestag für kommende Regierungsvorlagen rechnen konnte. Deshalb stellte Brandt am 20. September 1972 die Vertrauensfrage, bei deren Abstimmung er keine Mehrheit erreichte. Nach einem außerordentlichen SPD-Parteitag im Oktober brachte am 19. November 1972 die Wahl eines neuen Bundestages den Sozialdemokraten einen Stimmenanteil von 45,8 Prozent der Stimmen, womit sie zum erstenmal die stärkste Fraktion im Bundestag stellten. Willy Brandt und Walter Scheel konnten danach die sozialliberale Koalition und ihre Ostpolitik fortsetzen.

"Weiter blicken und sicherer vorankommen"

In Moskau hatte Breschnew inzwischen seine anfänglichen Bedenken über eine Annäherung an die Sozialdemokraten in Bonn fallengelassen. Nach der Ratifizierung des Moskauer Vertrages stellte Breschnew klar: "Die politischen Verträge, die die BRD mit der Sowjetunion und Polen abgeschlossen hat, sind zu einem wichtigen Wendepunkt in dem allgemeinen Prozeß der Entspannung in Europa geworden." Die

Bedeutung und den Charakter seiner Treffen mit den westdeutschen Politikern, vor allem mit Willy Brandt, kennzeichnet Breschnew folgendermaßen: "Die Erfahrung lehrt, daß, sobald sich in die Entwicklung der Beziehungen zwischen zwei Ländern außer den maßgeblichen Fachleuten dieses oder jenes Bereiches höchstgestellte Politiker des Landes einschalten, dies zu einem guten Stimulus wird, der alle, die es angeht, zu effektiverer und schnellerer Arbeit anregt. Die Hauptsache aber scheint mir darin zu bestehen, daß die Teilnahme der mit höchster Verantwortung ausgestatteten Politiker uns die Möglichkeit gibt, den ganzen Komplex der Beziehungen in einem breiten Aspekt mit Perspektive zu sehen, das heißt, gleichsam ermöglicht, weiter zu blicken und sicherer voranzukommen."

Solche etwas gestelzt vorgetragenen offiziellen Verlautbarungen des Kreml-Chefs entsprachen dessen Naturell und Persönlichkeit. Der typische Parteifunktionär Breschnew, der 1964 mit 58 Jahren Generalsekretär geworden war und dann 18 Jahre lang den Weg der Sowjetunion prägte, hat die zweite Supermacht außenpolitisch zum Westen hin geöffnet, im Innern seines Ostblocks aber keine Abweichung von der Moskauer Parteilinie geduldet und deshalb auch die von Alexander Dubcek in der CSSR versuchte menschlichere Variante des Kommunismus gnadenlos mit russischen, polnischen und ostdeutschen Panzern niederwalzen lassen. Der Ukrainer Breschnew war als Sohn eines Metallarbeiters geboren worden, hatte ein Polytechnikum besucht und Maschinenbau studiert, ehe er während des Krieges in der Roten Armee Karriere machte. 1945 nahm er als General an der Siegesparade auf dem Roten Platz teil. Breschnew blieb später als starker Mann der Sowjetunion immer ein Mann mit zwei Gesichtern, "starr und flexibel, aufgeschlossen und undurchdringlich" (Leo Sievers). Willy Brandt erinnerte sich später, daß Breschnew ihm von Anfang an bei seinen Gesprächen "klarmachen wollte, daß er nicht mit Chruschtschows antistalinistischen Thesen zu identifizieren sei" und ihm immer vorgehalten hatte, "Stalin habe doch viel geleistet... er werde wieder zu Ehren kommen".

Bundeskanzler Helmut Schmidt trifft sich mit Erich Honecker zu einem Meinungsaustausch am Werbellinsee vom 11. bis 13. Dezember 1981.

Breschnew, "ein konservativer Verwalter gewaltiger Macht"

Breschnew war in der Außenpolitik eine Taube, im eigenen Lager ein Falke. Er hat auch nie ganz die Zeit des Kalten Krieges und die Stalin-Ära, die ihn geprägt hatten, abgeschüttelt. Bei seinem Staatsbesuch in der Bundesrepublik im Mai 1973 erinnerte er eindringlich daran: "Noch vor wenigen Jahren waren die Beziehungen zwischen uns von Unfreundlichkeit gekennzeichnet, vom Geist des Kalten Krieges getragen. Fast in allen großen internationalen Fragen hatten wir entgegengesetzte Positionen bezogen..." Und in seiner Fernsehansprache in Bonn sagte er damals: "Wir wissen, daß der Regierung des Bundeskanzlers Brandt der Weg zu diesem Vertrag ebenfalls nicht leichtfiel. Der Kalte Krieg hat seine Trägheitsmomente, deren Überwindung bestimmte Anstrengungen erfordert. Um so mehr als die Anhänger der gefährlichen Konfrontation der beiden Welten bei weitem noch nicht aus der politischen Arena verschwunden sind..."

Breschnew selbst war von solchen "Konfrontations"-Gedanken nicht ganz frei. Willy Brandt charakterisierte ihn später sehr differenziert: "Nein, als Reformer hat sich Leonid Iljitsch nicht ausgegeben. Den Revolutionär in ihm habe ich ebenfalls nicht erkennen können, eher den konservativen Verwalter gewaltiger Macht." So paßt es auch ins Bild, daß Breschnew trotz ständiger Betonung seines Eintretens für politische Entspannung immer kräftig weiterrüsten und seine Waffensysteme ständig "modernisieren" ließ, im Einvernehmen mit seinen militärischen Beratern. Breschnew "mußte sich daheim den auswärtigen Waffenstillstand damit erkaufen, die sowjetische Aufrüstung weiter zu betreiben, den Primat der Schwerindustrie beizubehalten und Rußlands Expansion nun auf Afrika, den Nahen Osten, Südostasien und Mittelamerika zu lenken, wenn auch nur mit politischen Mitteln" (Fritjof Meyer).

Den Falken in der Sowjetunion kam dann der Wandel in der politischen Grundhaltung eines militärischen Gleichgewichts durch den Wechsel in der Führung der anderen Weltmacht entgegen, dem Wechsel von den wohlmeinenden US-Präsidenten Nixon und Carter zum Hardliner Ronald Reagan. Nun war, wie Fritjof Meyer schrieb, "der Waffenstillstand zu Ende, die Reaktionäre in Ost und West konnten wieder zwecks Stabilisierung ihrer eigenen Einzugsgebiete einander objektiv in die Hände spielen. Und die Sowjet-Falken scheuten sich nicht mehr, ihren desolaten Machtbereich zum ersten Mal seit 1945 mit Waffengewalt auszudehnen." Mit einem sich immer mehr steigernden Rüstungswettlauf und massiven gegenseitigen Vorwürfen, was auf eine neue "Globalisierung des Ost-West-Konfliktes" (Hans-Adolf Jacobsen) zusteuerte, reagierte der Kreml Ende der siebziger Jahre auf Herausforderungen wie das langsame Abdriften Polens vom Ostblock. Und mit dem Einmarsch der Roten Armee in Afghanistan im Jahre 1979 wurde Breschnews Doktrin von der Einmischung Moskaus in Angelegenheiten der Staaten des Ostblocks (1968) auf eine "weltweite Interventionsdoktrin gegen Diktatoren" (Fritjof Meyer) ausgedehnt.

Sowjetische "SS 20"-Raketen zielten auf Westeuropa

Diese erneute verstärkte Konfrontation zwischen den Blöcken in West und Ost wirkte sich auch auf die deutsch-sowjetischen Beziehungen in den letzten Jahren der Breschnew-Ära aus. Neue sowjetische Atomraketen, von der NATO "SS 20" getauft, zielten inzwischen auf Westeuropa. Der Westen zog dann seinerseits mit der Stationierung der "Pershing 2"-Raketen nach.

Und die Bundesrepublik geriet damit wieder in die Schußlinie der Sowjet-Propagandisten. Als die Bundesregierung unter Helmut Schmidt und dem Freidemokraten Hans-Dietrich Genscher, die 1974 nach der Intrige Ostberlins mit der Spion-Affäre und Willy Brandts Rücktritt das Tandem Brandt-Scheel ablösten, die polnischen Bemühungen um einen eigenen Weg los von Moskau mit einem Milliardenkredit und politischem Verständnis unterstützte, ging dies offenbar über den Entspannungshorizont der Sowjetregierung hinaus.

Der ZK-Sekretär Boris Ponomarjow, einst von 1935 bis 1944 Assistent des Komintern-Vorsitzenden Dimitroff, nannte die Bundesrepublik die "Stoßstreitmacht" der NATO und sprach sogar von einem "unausbleiblichen Krieg" zwischen den Militärblöcken. Im Jahre 1981, ein Jahr vor dem Sturz Breschnews, erinnerte in diesem Zusammenhang das interne Informationsblatt der sowjetischen Politoffiziere "Kommunist in den bewaffneten Streitkräften" sogar an Lenins alten Auftrag für die Rote Armee, die Staaten Europas zu befreien. Aber die Führer im Kreml mußten schließlich einsehen, daß das Europa der achtziger Jahre nicht mehr das von 1920 war und die ökonomischen Zwänge auch in Rußland immer gewichtiger wurden. Kompromisse in einer realistisch orientierten Außenpolitik wurden lebensnotwendig.

Schließlich hatte Breschnew 1975 mit seiner Unterschrift bei der KSZE in Helsinki im Gegenzug zu dem westlichen Verzicht auf Einmischung in Moskaus Machtbereich seinerseits den Verzicht auf jede weitere Expansion in Europa geleistet. Außerdem wurde die Entspannungspolitik für die wirtschaftlichen Interessen der Sowjetunion in der Ära Breschnew immer zwingender. Willy Brandt erzählt in seinen Erinnerungen, wie ihm Breschnew und Kossygin von "großen und gewaltigen Aussichten" auf den Gebieten von Wirtschaft, Wissenschaft und Technologie vorschwärmten und "die Zusammenarbeit in der Gewinnung sibirischer Bodenschätze angepriesen" haben.

Zusammenarbeit auf wirtschaftlichem und wissenschaftlich-technischem Gebiet

Auch Breschnew ließ sich in diesem Bereich zu Euphorien hinreißen. Im Mai 1973 handelte er in Bonn mit Willy Brandt einen Zehn-Jahres-Vertrag über die Entwicklung der wirtschaftlichen, industriellen und technischen Zusammenarbeit aus. Dabei bot er über die Lieferung von Erdgas hinaus auch den Abbau von Kohle und wichtigen Erzen an, außerdem die reichen Holzvorräte Rußlands. Dazu fragte Breschnew, "ob wir uns nicht daran beteiligen wollten, die gewaltigen sowjetischen Naturschätze, vor allem in Sibirien, zu erschließen?" Gegenüber dem Magazin *stern* hatte er kurz vor seiner Bonn-Reise 1973 eingestanden: "Ich meine, daß alle Grundlagen für eine wesentliche Ausweitung der Zusammenarbeit zwischen der UdSSR und der BRD beim Handel und auf wirtschaftlichem und wissenschaftlich-technischem Gebiet vorhanden sind. Viele westdeutsche Firmen sind in unserem Land als solide Handelspartner gut bekannt."

Weitere Abkommen mit der Bundesrepublik blieben danach auch bis in die Gegenwart hinein das Rückgrat der deutsch-sowjetischen Beziehungen: Die Regierung Schmidt/Genscher schloß mit Moskau 1974 ein Abkommen über wirtschaftliche Zusammenarbeit und am 6. Mai 1976 ein Wirtschaftsabkommen mit einer Laufzeit von 25 Jahren. Laut den Statistiken war von 1970 bis 1979 - trotz NATO-Doppelbeschluß und weltweiter Ost-West-Konfrontation - der Handelsverkehr zwischen der BRD und der UdSSR auf das Achtfache des ursprünglichen Umfangs angestiegen. Das bereits angesprochene Erdgas-Röhren-Abkommen von 1973, finanziert von einem westdeutschen Bankenkonsortium, war bis heute mit einem Wert von rund 20 Milliarden DM eines der bedeutendsten Ost-West-Industriegeschäfte.

"Eine Neuauflage des Kalten Krieges?"

Ab 1980 häuften sich die Anzeichen für eine weitere Verschlechterung des politischen Klimas in den Ost-West-Beziehungen sowohl der Großmächte als auch zwischen der BRD und der UdSSR. Die Rechnung des Kreml in bezug auf Afghanistan ging nicht auf, es zeigte sich bald, daß sich dort für die Sowjetunion ein "Vietnam" anbahnte, das zehn Jahre lang anhalten sollte. Der Westen reagierte mit Ablehnung, Washington stoppte die Weizenlieferungen in die UdSSR, der Handel ging zurück, viele westlichen Länder boykottierten 1980 die Olympischen Spiele in Moskau. Im

Ab 1989 bröckelt auch das Riesenreich der UdSSR: Die georgische Hauptstadt Tiflis nach den ersten Unruhen wegen Unabhängigkeitsbestrebungen.

Kreml wurden die Führer immer "nervöser und böser", so der ARD-Korrespondent in Moskau, Fritz Pleitgen. Gegenüber Willy Brandt, der 1981 als SPD-Vorsitzender Moskau besuchte, orakelte Leonid Breschnew: "Wollen wir der Wahrheit in die Augen blicken: Heute besteht die Gefahr... einer Wende von der Entspannung zu einer Neuauflage des Kalten Krieges."

Mitte November 1981 kam der inzwischen von Krankheit gezeichnete und rasch gealterte Breschnew nach Bonn und forderte Schmidt auf, beim neuen US-Präsidenten Reagan für ihn zu intervenieren. Diese Zweifel waren berechtigt, denn das Bild, das die Sowjetunion Ende 1981 bot, war ja auch so, daß die Konservativen im Westen sich darüber freuen konnten, denn so führungsschwach wollte man die zweite Supermacht gerne sehen. Trotz Protesten der Weltöffentlichkeit wurde dort ein Andrej Sacharow in die Verbannung nach Gorki geschickt, und der Aderlaß durch Emigration oder Ausweisung namhafter Künstler und Intellektueller wie Jurij Ljubimow, Lew Kopelew, Josef Brodski, Victor Nekrassow oder Efim Etkind und vieler anderer war gewaltig. Ronald Reagan brauchte auch einen Gipfel mit Breschnew nicht mehr fürchten, denn dazu war dieser nicht mehr fähig. Die Riege der alten Männer in Moskau stürzte sich in den Machtkampf um die Breschnew-Nachfolge, noch ehe dieser am 10. November 1982 im Alter von 76 Jahren starb. Die KPdSU ehrte den toten Breschnew mit dem Nachruf: "... ein Streiter für den Frieden und das Glück der Menschheit hat sein Leben vollendet."

Das Interregnum der alten Männer im Kreml

Die Ära Breschnew war aber mit seinem Tod keineswegs beendet. Sie endete erst 1985 mit dem

Tod von Konstantin Tschernenko. Zwei Jahre noch mußten die Sowjetbürger um ihre Zukunft bangen, denn so lange dauerte noch das Interregnum der alten Männer im Kreml. Direkter Nachfolger von Breschnew wurde der nierenkranke 68jährige ehemalige KGB-Chef Juri Wladimirowitsch Andropow, der in der kurzen Zeitspanne von 15 Monaten, die ihm blieb, couragiert Reformversuche anging, um die Bürokratie abzubauen und die Wirtschaft in Schwung zu bringen. Er starb am 9. Februar 1984. Nach ihm kam "zum Entsetzen aller der Breschnew-Gehilfe Konstantin Tschernenko", wie Fritz Pleitgen schrieb: "Ein farbloser und durch Krankheit auch noch hilfloser Apparatschik... Mit seinem Amtsantritt erstarb jede Initiative." Ein Jahr später, am 10. März 1985, starb auch Tschernenko.

Die erste innerparteiliche Opposition in Rußland formierte sich ab 1989 um den entschiedenen Reformer Boris Jelzin .

Diese drei letzten Jahre der Breschnew-Ära waren eine Zeit der Stagnation in der Innen- und Außenpolitik der Sowjetunion und damit auch in den deutsch-sowjetischen Beziehungen, in der die Konfrontation zwischen Ost und West wieder wuchs. "Beide Seiten", bilanzierte Leo Sievers in seinem Buch "Deutsche und Russen", "hatten ausreichend Atomraketen installiert, um die Gegenseite zu verwüsten und das Leben dort bis auf den letzten Grashalm auszulöschen. Der menschliche Geist hatte unmenschliche Techniken bis zur Perfektion entwickelt und dabei ganz übersehen, daß er damit die Zerstörung allen Lebens auf der Welt möglich machte. Diese Welt brauchte neue Denkmodelle. Sie brauchte Politiker, die nicht auf überholte Klischees oder gnadenlose Dogmen festgelegt waren."

"Ich mag Mr. Gorbatschow..."

Der Name des Mannes, der schon vier Stunden nach dem Tode Tschernenkos vom Präsidium des Obersten Sowjet zum neuen Generalsekretär der KPdSU gewählt wurde, war nur wenigen Kennern des Kreml und einer Handvoll westlicher Politiker geläufig. Zu den letzteren zählte beispielsweise Englands "eiserne Lady", Maggie Thatcher, bei der Michail Sergejewitsch Gorbatschow im Dezember 1984 als 53jähriges Politbüromitglied einen Besuch machte. Die britische Premierministerin soll damals schon geäußert haben: "Ich mag Mr. Gorbatschow. Wir könnten miteinander ins Geschäft kommen." Als der polnische Papst Johannes Paul II. von der Wahl Gorbatschows erfuhr, zeigte sich seine gute Kenntnis der Verhältnisse im Kreml, denn er sprach von einer "neuen Ära". Woher kam der seit Stalins Machtantritt jüngste Generalsekretär und bis heute wichtigste Mann der Sowjetunion? Er ist nach Lenin der erste Akademiker in diesem Amt, der einen Wendepunkt markierte, "nicht nur zu einer neuen Generation, sondern zu einem historischen Umbruch, der nichts unverändert ließ: die Partei, den Kommunismus, den Sowjetstaat, Europa und die Welt", wie der Moskau-Korrespondent des *stern*, Mario R. Dederichs, es formulierte.

Der Mann mit dem markanten Blutgefäß-Muttermal auf der hohen Stirn kam als Bauernsohn aus dem Kaukasus-Vorland um Stawropol, wo er, nach einem Jura-Studium in Moskau, mit seiner attraktiven Frau Raissa an der Seite, Karriere machte: vom Komsomol-Sekretär zum Parteisekretär des Gebietes, gefördert von dem Stawropoler Politbüromitglied Fjodor Kulakow, dessen Posten als ZK-Sekretär für Landwirtschaft in Moskau er nach dessen Tod im Jahre 1978 übernahm. Dank seiner guten Verbindungen zu führenden Politikern der Breschnew-Ära, wie zu dem Parteiideologen Suslow, aber auch zu Tschernenko und vor allem zu Andropow, die alle früh sein Talent und seine Durchsetzungskraft schätzen gelernt hatten, wurde Gorbatschow 1979 Kandidat und 1980 Vollmitglied des Politbüros. Während der Amtszeit der Generalsekretäre Andropow und Tschernenko war Gorbatschow der Mann im Hintergrund, der seinen alten und kranken Chefs zuarbeitete. Dabei hat er in den zweieinhalb Jahren sehr genau die Aufgaben eines Generalsekretärs und Vorsitzenden des Präsidiums des Obersten Sowjet kennengelernt. Bei seinen Genossen im Politbüro verschaffte er sich in dieser Zeit großen Respekt. Und so hob die Runde des Politbüros dann den Jüngsten unter ihnen am 11. März 1985 auf den Schild.

Willkommensgrüße am Grenzübergang Invalidenstraße am 9. November 1989.

"Tiefgreifende Umgestaltung in der Wirtschaft und im gesamten System der gesellschaftlichen Beziehungen"

Gorbatschows eigentliches Wirkungsfeld war von Anfang an die Wirtschaftspolitik, während Ehefrau Raissa als Doktor der marxistisch-leninistischen Philosophie für die Bildung und für Fragen der Public Relation zuständig war und ist. Gorbatschow hat unter Breschnew und dessen beiden Nachfolgern früh erkannt, wie die UdSSR ihre Wirtschaftskraft im nuklearen Wettrüsten mit dem Westen, im Aufrechterhalten letztlich für die UdSSR "nutzloser" Verbündeter in Vietnam, Angola oder Kuba oder gar in dem hoffnungslosen Krieg in Afghanistan vergeudete, und die Gefahr eines Bankrotts drohte. Schon vor seinem Amtsantritt hatte er sich Gedanken über die unterschiedliche Lebensqualität in den verschiedenen Wirtschaftssystemem gemacht und darüber in Aufsätzen und Reden seine Erkenntnisse aufgearbeitet. So hatte er beispielsweise am 10. Dezember 1984 bei einer KP-Konferenz eine Rede gehalten, in der er schon von "tiefgreifender Umgestaltung (Perestroika) in der Wirtschaft und im gesamten System der gesellschaftlichen Beziehungen" sprach und dazu "Offenheit" (Glasnost), "rechtzeitige und ehrliche Information" als "unabdingbar" für die "sozialistische Demokratie" forderte.

Mit einem für spätere Entscheidungen noch recht zurückhaltenden Programm zur Sanierung des Wirtschaftssystems beschloß am 23. April 1985 das ZK der KPdSU unter seiner Führung erst einmal "Wandlungen in den Methoden der Wirtschaftsführung, eine wesentliche Beschleunigung des sozioökonomischen Fortschritts und eine Vervollkommnung des Sozialismus". Schritt für Schritt veränderte Michail Gorbatschow diese Ziele, überraschte die Sowjetbürger mit der Einführung einer ungewohnt kritischen Berichterstattung in Presse, Rundfunk und Fernsehen; selbst in Parteiblättern wurden oppositionelle Meinungen abgedruckt. Er stärkte den Einfluß der Parlamente der Unionsstaaten, was ihm in jüngster Zeit viel Ärger ins Haus brachte, und er stellte die Weichen für einen langsamen Wechsel von der bisherigen Plan- bzw. Kommandowirtschaft zu einer vorsichtigen Marktwirtschaft. Außenpolitisch ließ Gorbatschow von Anfang an keinen Zweifel an seinem festen Willen, mit dem Westen zu Abrüstungsvereinbarungen zu kommen, die endlich das mörderische Wettrüsten, das von Friedensinitiativen und -organisationen in Ost und West seit Jahren heftig kritisiert wurde, beenden und eine Phase der Annäherung zwischen Ost und West bringen sollte.

"Die beiden können miteinander"

Einen "neuen Anfang" auf höchster Ebene machte Gorbatschow, nachdem er am 6. August ein Atomtest-Moratorium für die UdSSR verkündet hatte, im November 1985 in Genf, wo er seine ganze Routine im Umgang mit alten Männern, die er in den Jahren zuvor erworben hatte, in das erste Kontaktgespräch mit dem damals 74jährigen US-Präsidenten Ronald Reagan einbrachte. Es war seit 1979, als sich Breschnew und Carter in Wien umarmten und küßten, nach sechs langen Jahren wieder die erste Begegnung der mächtigsten Männer der Welt. Begrüßt wurde dieser längst fällige "Gipfel" natürlich auch in Bonn, wo seit drei Jahren eine christlich-liberale Koalitionsregierung unter Helmut Kohl mit dem bewährten liberalen Außenminister Hans-Dietrich Genscher die Macht übernommen hatte. Auch wenn an diesem 19. November 1985 in der Sache noch keine Annäherung erfolgte, weil Gorbatschow bei seinem Junktim blieb, nämlich einer Reduzierung der Offensivwaffen nur dann zuzustimmen, wenn die Amerikaner ihr neues SDI-System "drastisch reduzieren oder aufgeben" (Gorbatschow) würden, war die wichtigste Erkenntnis des Treffens das, was Reagans Sprecher Larry Speakes so ausdrückte: "Die beiden können miteinander." Man verabredete gleich zwei weitere Treffen bis 1987 und tauschte zum Jahreswechsel 1985/86 Neujahrsansprachen im Fernsehen aus.

Die zweite Begegnung, am 12. Oktober 1986 in Reykjavik auf Island, scheiterte dann jedoch an Reagans Weltraum-Abwehrsystem SDI, auf dessen Erprobung im Weltall der Amerikaner starrsinnig bestand, obwohl ihm der Russe mit weitreichenden Abrüstungsvorschlägen wie Verschrottung der Mittelstreckenraketen in Europa, Reduzierung der Atomwaffen beider Seiten um fünfzig Prozent und kein Raketenabwehrsystem in den nächsten zehn Jahren entgegengekommen war. Er drängte damit Reagan in die Defensive. Während die Weltöffentlichkeit noch darüber rätselte, warum Moskau von sich aus erstmals eine Abrüstungspolitik verfolgte, münzte Gorbatschow das Scheitern in Reykjavik in einen persönlichen Sieg um, denn er schlug die Tür für weitere Gespräche nicht zu, sondern sprach von einem "großen Gewinn, den wir hier in Island erzielt haben", da das Treffen gezeigt habe, "daß Vereinbarungen möglich sind, weshalb wir in der Welt keine Panik verbreiten sollten".

"Unser Hauptgegner ist das alte verkrustete Denken"

Zeit mußte sich Gorbatschow auch zu Hause nehmen, um seine Macht im Parteiapparat abzusichern. Anschaulich schilderte dies Mario R. Dederichs: "Den Anhängern der Breschnew-Mafia riet er ungeschminkt: 'Gehen Sie aus dem Weg! Seien Sie kein Hindernis!' Noch 1985 feuerte er seine Hauptrivalen, den alkoholkranken Leningrader Parteisekretär Grigorij Romanow und den starrsinnigen Moskauer Lokalfürsten Victor Grischin, aus dem Politbüro, entließ gleich dutzendweise Gebietssekretäre und Minister und zog Gleichgesinnte heran, so den Betriebsmanager Nikolaj Ryschkow anstelle des altersschwachen Ministerpräsidenten Nikolaj Tichonow, den georgischen Korruptionsbekämpfer Eduard Schewardnadse statt des seit 28 Jahren amtierenden Außenministers Andrej Gromyko.” Gromyko durfte noch drei Jahre sowjetisches Staatsoberhaupt “neben” Gorbatschow sein, über den der “alte Fuchs” der sowjetischen Außenpolitik schon früh urteilte: “Genossen, dieser Mann hat ein nettes Lächeln, aber er hat eiserne Zähne.”

Auch später noch machte er mit Mitarbeitern kurzen Prozeß, wenn sie ihm nicht mehr nützlich waren. Selbst anfängliche Verbündete mußten da mitspielen. So degradierte Gorbatschow 1988 seinen Chefideologen Jegor Ligatschow, weil er ein konservativer Bremser blieb, und den Moskauer Stadtsekretär Boris Jelzin, weil dieser ihm damals zu ungestüm auf Reformen drängte, bis er dann später wieder eng mit Jelzin zusammenarbeitete. Immer wieder mußte Gorbatschow taktieren und lavieren, um den schwerfälligen Parteiapparat, dessen Funktionäre bald um ihre Macht und Privilegien zitterten, voranzubewegen. “Unser Hauptgegner”, gestand Walentin Falin einmal, “ist das alte verkrustete Denken.” Um dieses “verkrustete Denken” aufzubrechen, ging Gorbatschow in die Offensive, reiste durch das Land und trommelte bei den Arbeitern, den Beamten und den Intellektuellen. “Wir müssen den ganzen Kalk, der sich abgesetzt hat, abkratzen”, sagte er zu Arbeitern in Chaborowsk. Im Januar 1987 belehrte er seine Genossen im ZK: “Ohne die aktive Mitwirkung des Volkes werden wir die Aufgaben nicht lösen können. Wir brauchen Demokratie wie die Luft zum Atmen.”

Die Welt “menschlicher, friedlicher und sicherer” machen

Im Februar 1987 lud Gorbatschow zu einem großen Friedensforum nach Moskau ein und stellte dort Politikern, Wissenschaftlern, Wirtschaftsführern, Ärzten, Theologen, Schriftstellern und Künstlern aus allen Teilen der Welt sein Konzept des neuen “Denkens” vor. Gorbatschow wollte die Intellektuellen als Vorreiter einspannen und forderte weltweit die Ab-

Endgültiger Abriß der Mauer vor dem (eingerüsteten) Brandenburger Tor am 28. April 1990.

kehr vom Kult der Stärke sowie eine totale atomare Abrüstung bis zum Jahre 2000. Der deutsche Psychoanalytiker und Sozialpsychologe Horst Eberhard Richter war unter den Geladenen und berichtete später:

“Drei Tage diskutierten die verschiedenen Berufsgruppen, was sie beitragen könnten, um die Welt menschlicher, friedlicher und sicherer zu machen. Gorbatschows Idee war: Die Politik werde nur einen heilvollen Wandel vollziehen können, wenn sich von unten her in genügendem Maße gesellschaftliche Gruppen mitengagieren würden. Die Mitarbeit so vieler unterschiedlicher Disziplinen an dem Friedensforum sollte als Modell verstanden werden, wie dieses Zusammenwirken etwa aussehen könnte.” Noch während des Treffens, so Richter, entstand dann spontan unter Mitwirkung von Forum-Teilnehmern

Demonstration gegen die sowjetische Führung auf dem Roten Platz in Moskau im Anschluß an die offizielle Mai-Parade am 1. Mai 1990.

aus Ost und West eine Arbeitsgruppe, aus der ein Jahr später offiziell die Gründung einer "International Foundation for the Survival and Development of Humanity" hervorging. Es wurde die erste internationale Vereinigung, "welcher der sowjetische Ministerrat eine völlig unkontrollierte Tätigkeit auf dem Territorium der UdSSR zusicherte" (Horst Eberhard Richter).

Zu dieser Gruppe stieß auch der Atomphysiker, Bürgerrechtler und Friedensnobelpreisträger Andrej Sacharow, den Michail Gorbatschow am 16. Dezember 1986 in Gorki, wo er seit 1980 in der Verbannung lebt, angerufen und ihm mitgeteilt hatte: "Sie können nach Moskau zurückkehren. Gehen Sie wieder an Ihre patriotische Arbeit." Sacharow blieb bis zu seinem Tode am 14. Dezember 1989 Gorbatschows kritischer Weggefährte, und der Politiker Gorbatschow übernahm vom Wissenschaftler Sacharow den Leitsatz: "Ohne Freiheit gibt es keinen Fortschritt." Unglaubliches und Undenkbares geschah in den ersten Jahren der Ära Gorbatschow in der Sowjetunion: Es öffneten sich Gefängnistüren und Lagertore für Tausende von politischen Gefangenen der Ära Breschnew, viele sowjetische Juden und Deutsche konnten ausreisen, die russisch-orthodoxe Kirche konnte im Jahre 1988 ganz offiziell ihr tausendjähriges Bestehen feiern, bisher verfemte Schriftsteller und Künstler konnten ihre Werke vorstellen, neue Filme prangerten die Verbrechen unter Stalin an, selbst die Partei gestand seine millionenfachen Morde ein und rückte von seinem Pakt mit Hitler im Jahre 1939 ab, dessen Geheime Zusatzprotokolle über die Aufteilung Polens endlich offiziell zugegeben wurden. Gorbatschow selbst nannte Stalins Schuld "unverzeihlich": "Das, Genossen, ist die bittere Wahrheit." Die Welt staunte über den neuen Parteiführer im Kreml, der im Oktober 1988 auch zum Staatsoberhaupt der UdSSR gewählt wurde.

"Wir bemühen uns um soziale Sicherheit für alle..."

Im Vorwort zu seinem im Sommer 1987 erschienenen Buch "Perestroika. Die zweite russische Revolution - Eine neue Politik für Europa und die Welt", das gleichzeitig in allen wichtigen Weltsprachen herausgekommen war, schrieb Gorbatschow, er wende sich mit seinem Buch "direkt an die Bevölkerung in der UdSSR, in den USA und in allen anderen Ländern", weil er "an den gesunden Menschenverstand der Bürger in der ganzen Welt glaube". "Wir müssen zusammenkommen und miteinander reden." Im ersten Teil des Buches erklärte er, mit ausdrücklicher Berufung auf Lenin, "Ursprung, Wesen und revolutionären Charakter der Perestroika", berichtete über ihre ersten Erfolge und wandte sich dann an seine Landsleute: "Natürlich wirkt sich Perestroika auf jeden irgendwie aus; sie reißt viele aus den gewohnten Bahnen ihres ruhigen und beschaulichen Lebens..."

Doch seine Politik der Umgestaltung (Perestroika), so Gorbatschow weiter, "rückt die Dinge zurecht... Wir bemühen uns um soziale Sicherheit für alle, gleiche Rechte für alle, ein Gesetz für alle, eine Disziplin für alle und hohe Eigenverantwortung für jeden einzelnen. Perestroika hebt den Grad der sozialen Verantwortung und des Anspruchs an den einzelnen. Die einzigen, die sich über diese Veränderungen ärgern, sind diejenigen, die meinen, sie hätten schon, was sie brauchen. Warum also sollten sie umdenken? Wer aber ein Gewissen hat und am Wohl seines Volkes interessiert ist, der kann nicht und darf nicht in dieser Weise argumentieren. Schon gar nicht, wenn durch Glasnost, oder Offenheit, ans Licht kommt, daß jemand verbotene Privilegien genießt..."

Ahnte Gorbatschow schon damals, daß seine Politik der Umgestaltung und der Offenheit nicht nur begeisterte Anhänger in der Sowjetunion finden würde? Hat er die Chance einer Veränderung von unten in der Sowjetgesellschaft zu optimistisch eingeschätzt? Oder mußte er nicht die Ziele seiner Reformen, seiner zweiten Revolution, von vornherein weit in die Zukunft hinein abstecken, um Schritt für Schritt die notwendigen Reformen auf den Weg zu bringen? "Diejenigen, die meinen, sie hätten schon, was sie brauchen": Dazu gehörten vor allem, wie Gorbatschow bald erfahren sollte, viele Funktionäre in der KPdSU, die aus Angst um ihre Privilegien sich "Perestroika" und "Glasnost" verweigerten, schlimmer noch, die neue Politik in Wirtschaft, Verwaltung und öffentlichem Leben überall abzubremsen suchten.

"Was bei uns geschieht, hat seine Auswirkungen auch auf das ganze Lager"

Auch im sowjetischen Herrschaftsbereich, in einigen der kommunistischen Staaten des Ostblocks, war der Beifall für "Perestroika" und "Glasnost" nur verhalten, teilweise gab es auch offenen Widerstand, obwohl der sowjetische Botschafter in Bonn, Julij Kwizinski, 1987 die Prognose wagte: "Was bei uns geschieht, hat seine Auswirkungen auch auf das ganze Lager." Dort lobte man allgemein im Jahre 1987 noch die "Offenheit und den Realismus und die leninistische Tiefe und Kühnheit der kritischen Analyse", ließ aber noch Konsequenzen für das eigene Ostblockland offen. In Polen benutzte man vorsichtig die Veränderungen in der Sowjetunion zur Abrechnung mit den "Betonköpfen" auf dem konservativen Flügel in der Partei.

In Ungarn wiederum fühlte sich die seit Jahren bereits reformierte ungarische KP durch die Nachrichten aus Moskau bestätigt, und in der CSSR hatte sich bereits eine starke Volksbewegung gegen den unfähigen, verkrusteten Partei- und Staatsapparat gebildet, die den Reformer Alexander Dubcek wieder an die Spitze gebracht hatte. Nicht von ungefähr entwickelte Gorbatschow am 10. April 1987 gerade in Prag, "im geographischen Zentrum Europas", in einer Rede "die Rolle Europas in der Welt von heute" und führte dabei aus: "Im Lichte des neuen Denkens haben wir die Idee vom 'gemeinsamen Haus Europa' hervorgebracht. Das ist nicht etwa ein Phantasiegebilde, sondern das Ergebnis einer ernsthaften Analyse der Situation auf dem Kontinent. Der Begriff 'gemeinsames Haus' bedeutet vor allem Anerkennung einer gewissen Unteilbarkeit, obgleich es sich hier um Staaten handelt, die unterschiedlichen Gesellschaftssystemen und einander entgegengesetzten militärpolitischen Blöcken angehören. Er vereint in sich die herangereiften Probleme mit realen Möglichkeiten, sie zu lösen."

"Wer zu spät kommt, den bestraft das Leben..."

In der Deutschen Demokratischen Republik Erich Honeckers zensierte man zur selben Zeit noch Gorbatschows aufrüttelnde "Perestroika"-Texte, ließ beim Abdruck in *Neues Deutschland* wichtige Passagen über die Mitgestaltungsrechte des Volkes weg. Vor seinen SED-Kreissekretären tönte Honecker mutig: "Wir brauchen unser Licht nicht unter den Scheffel zu stellen!", und listete die Leistungen seiner Volkswirtschaft als beispielhaft auf: "Unsere sozialistische Demokratie ist durch nichts zu ersetzen." Die Führung der DDR hatte schon keine Zukunft mehr, als sie am 6. Oktober 1989, ihrem 40. Gründungstag, von Gorbatschow offiziell belehrt wurde: "Die Geschichte hat ihre eigenen Gesetzmäßigkeiten, ihr Tempo, ihren Rhythmus, der vom Heranreifen objektiver und subjektiver Entwicklungsfaktoren bestimmt wird. Das zu ignorieren bedeutet, neue Probleme zu schaffen..." Intern sprach Gorbatschow dann die zum geflügelten Wort gewordene Mahnung aus: "Wer zu spät kommt, den bestraft das Leben."

Gorbatschow blieb trotz vieler Rückschläge und permanentem Widerstand gegen seine Reformpolitik im eigenen Lager, auch trotz der schrecklichen Katastrophe beim ersten Super-GAU der Weltgeschichte am 26. April 1986 in Tschernobyl, die bis heute nachwirkt, auf seinem eingeschlagenen Kurs. In der Außenpolitik stellten sich auf dem Gebiet der Abrüstungsbemühungen dann die ersten Erfolge ein: Am 8. Dezember 1987 unterzeichneten Michail Gorbatschow und Ronald Reagan am Schreibtisch von Abraham Lincoln im Weißen Haus in Washington den INF-Vertrag, der die Vernichtung sämtlicher 2611 atomarer Mittelstreckenraketen beider Staaten beinhaltete. Dies war das erste Abkommen, mit dem Atomwaffen wirklich abgeschafft wurden. Die Gefahr eines Atomkrieges war damit noch weiter in den Hintergrund getreten, auch wenn weitere Abrüstungsverhandlungen trotz der Gipfeltreffen von Moskau und New York im Jahre 1988 nur langsam vorankamen und unter Reagans Nachfolger George Bush sogar ins Stocken gerieten.

Die Tat eines jungen Sportfliegers aus Wedel, der am 28. Mai 1987 mit einer "Cessna 172" von Finnland aus unter den Radarschirmen der Supermacht Sowjetunion hindurch bis zum Roten Platz in Moskau flog, nutzte Gorbatschow geschickt nicht nur zur Ablösung seines greisen Verteidigungsministers Sokolow, sondern auch zu einem gründlichen Revirement in der Führung der Roten Armee. Und im Februar 1988 "konnte er auch Breschnews blutigste Hinterlassenschaft abschütteln" (Mario R. Dederichs): Gorbatschow kündigte den Abzug seiner Soldaten aus Afghanistan an. Ein Jahr später, am 15. Februar 1989, überquerten die letzten russischen Panzer die afghanische Grenze zur UdSSR. In den Augen der Weltöffentlichkeit war dies ein weiterer Mosaikstein für das Bild der Glaubwürdigkeit des Russen Gorbatschow.

Das Schicksalsjahr 1989

Mit dem folgenden Jahr 1989 begann dann ein Schicksalsjahr der Weltgeschichte, das ohne Beispiel ist: Es brachte, durch den Zusammenbruch der von Stalin am Ende des Zweiten Weltkrieges installierten Vorherrschaft der Sowjetunion, für ganz Osteuropa den Aufbruch in eine neue Zeit. Stalin starb 1989 seinen zweiten Tod; Reagans "Reich des Bösen", für ihn noch Mitte der achtziger Jahre von der Sowjetunion verkörpert, ging in Osteuropa unter und ließ die Vision Gorbatschows vom "gemeinsamen Haus Europa" in einem neuen Licht der Hoffnung aufscheinen. Dank Gorbatschow, "der sein Land nicht nur reformieren, sondern auf die Welt des Jahres 2000 einstel-

Der vollen Souveränität Gesamtdeutschlands und seiner Mitgliedschaft in der NATO steht nach den Verhandlungen Kohls und Genschers mit Gorbatschow in Schelesnodowsk (Kaukasus) nichts mehr im Wege. Entspannte Gesichter bei den Beteiligten während einer Gesprächspause.

len will", wie Egon Bahr schrieb und den "Mann des Jahres 1989" als einen "gefährlichen Mann" einstufte, "dem man helfen muß", ereignete sich in Osteuropa eine unglaubliche Kettenreaktion.

Den Anfang machten die Polen, wo einst die mit Kriegsrecht unterdrückte unabhängige Gewerkschaft "Solidarnosc" unter Lech Walesa legalisiert wurde und dann bei freien Wahlen am 4. Juli 1989 siegte, was zu einer neuen Regierung unter ihrem Kandidaten Mazowiecki am 24. August führte. In Ungarn einigte sich die "Sozialistische Arbeiterpartei" am 18. September am "Runden Tisch" mit der Opposition auf den Übergang zum Mehrparteiensystem; als erste kommunistische Partei der Warschauer-Pakt-Staaten löste sich die "Sozialistische Arbeiterpartei" am 8. Oktober auf; ebenfalls im Oktober wurde ein neues Wahlgesetz verabschiedet und am 23. Oktober die Republik Ungarn ausgerufen. Im Jahr 1989 und im Winter 1989/90 schüttelten schließlich auch die Tschechen und Slowaken, die Bulgaren und zuletzt die Rumänen die kommunistische Herrschaft alten Stils ab, wobei sich die Sowjetunion nirgends einmischte, auch dort nicht, wo sie Truppen im Land stationiert hatte.

Gegenüber den Kritikern im eigenen Haus argumentierte Gorbatschow mit der Frage: "Wollt ihr wieder Panzer?" Damit war auch klar, daß der Warschauer Pakt bedeutungslos geworden war und sich deshalb folgerichtig 1991 selbst auflöste. Eine erdrutschartige Entwicklung in der DDR wurde mit dem Abbau der Grenzbefestigungen zu Österreich durch die Ungarn ab dem 2. Mai 1989 eingeleitet. Am Ende dieser Entwicklung stand schließlich die Öffnung der deutsch-deutschen Grenze am 9. November

Millionen Deutsche feiern die Einheit am 3. Oktober 1990, so wie hier vor dem Reichstagsgebäude in Berlin.

und der Fall der Mauer in Berlin. Im Verlauf eines atemberaubend schnellen Prozesses der Annäherung und des Anschlusses an die Bundesrepublik wurde schließlich am 3. Oktober 1990 auch die neue Einheit der beiden deutschen Staaten besiegelt. Wie war das möglich geworden?

Die deutsche Frage, "wichtigstes, für Europa ausschlaggebendes Problem"

Die letzte Phase der Annäherung von Bonn und Moskau in der Ära Gorbatschow bis heute, "bei der sich beide Seiten bemühten, gemeinsame Interessen zu verfolgen" (Hans-Adolf Jacobsen), fand 1990 ihren Höhepunkt in der Manifestation einer echten Freundschaft und Partnerschaft, wie sie 1985 beim Amtsantritt Gorbatschows noch keineswegs erkennbar war. Damals attestierte der neue Kreml-Chef lediglich gegenüber einem seiner ersten deutschen Besucher, dem SPD-Vorsitzenden Willy Brandt: "Unsere Haltung zum deutschen Volk ist klar. Der Beitrag des deutschen Volkes zur Kultur und Zivilisation, seine Literatur und seine technischen Errungenschaften werden gewürdigt.

Das hat die Sowjetunion selbst damals so gesehen, als die Faschisten kurz vor Moskau standen. Wir haben das Volk und den Faschismus nicht miteinander verwechselt." Im Jahre 1986 bereits hat der sowjetische Außenminister Schewardnadse erkannt, daß Deutschlands Vereinigung unvermeidlich ist. Dies gestand Schewardnadse 1990 gegenüber Hans-Dietrich Genscher in Moskau, als dieser ihn dazu befragt hatte. Schewardnadse erklärte Genscher, wie er in seinem kürzlich erschienenen Buch schreibt, folgendes: "Bereits zu jener Zeit äußerte ich im Gespräch mit einem unserer herausragenden Deutschland-Experten die Vermutung, daß dieses Problem demnächst aufkommen werde. Ich sagte deshalb, in der allernächsten Zukunft würde die deutsche Frage zum wichtigsten, für Europa ausschlaggebenden Problem aufrücken.

Unter den Bedingungen einer seit nahezu einem halben Jahrhundert währenden Spaltung eines Volkes sei dies eine nationale Frage. Eine Frage der Einheit einer Nation, die durch die Mauern der Ideologie, der Waffen und des Stahlbetons nicht getrennt sein will."

"Geschichte wird von Menschen gemacht..."

Am 24. Oktober 1988 sprach Gorbatschow in der Tischrede anläßlich des Besuchs des Bundeskanzlers in Moskau davon, daß "wir jetzt viele deutsche Freunde haben", verwies auf die Bindungen mit den Deutschen in der DDR und betonte erneut die Zweistaatlichkeit: "Die gegenwärtige Situation resultiert aus der Geschichte. Allerlei Versuche, das durch die Geschichte Hervorgebrachte umzustoßen oder die Entwicklung durch unrealistische Politik zu forcieren, sind ein unkalkulierbares und sogar gefährliches Unterfangen..." Das paßte nahtlos zu einer Bemerkung Gorbatschows gegenüber Bundespräsident Richard von Weizsäcker, der im Sommer 1987 bei einem Moskau-Besuch den Kreml-Chef an seine These vom "gemeinsamen Haus Europa" erinnerte und hinzufügte: "Wir sind nicht besonders erfreut, daß sich ein tiefer Graben durch ein gemeinsames Wohnzimmer zieht." Gorbatschow antwortete darauf: "Was hier historisch geformt wurde, sollte am besten der Geschichte überlassen bleiben."

Innerhalb eines Jahres hat dann die "Geschichte" ihr Werk in der deutschen Frage revidiert, und ein weiteres Jahr später mußte sich auch Gorbatschow ins Unvermeidliche seiner eigenen These fügen. Noch beim Staatsbesuch Gorbatschows im Juni 1989 in der Bundesrepublik hatte es in einer gemeinsamen Erklärung beider Regierungschefs geheißen: "In dem Wunsch, ein Verhältnis guter und verläßlicher Nachbarschaft dauerhaft zu begründen, wollen sie (BRD und UdSSR) an die guten Traditionen ihrer jahrhundertelangen Geschichte anknüpfen. Ihr gemeinsames Ziel besteht darin, die fruchtbare Zusammenarbeit fortzusetzen, weiter zu entwickeln und zu vertiefen und ihr eine neue Qualität zu verleihen."

Zuvor und danach gab es in Moskau und in der Bundesrepublik, sozusagen im Schatten der deutsch-deutschen Entwicklung 1989/90, zahlreiche Begegnungen mit Abkommen und Verträgen zwischen Wirtschaftsbossen aus beiden Ländern, die eine wichtige Vertrauensbasis für eine noch engere wirtschaftliche Zusammenarbeit geschaffen haben. Der Deutschlandexperte Nikolai Portugalow, Berater in der von Walentin Falin geleiteten internationalen Abteilung des ZK der KPdSU, griff gegenüber dem *Spiegel* Gorbatschows Hinweis auf die historische Dimension aller Fragen, die mit der deutschen Nation und ihrer künftigen staatlichen Existenz zusammenhinge, 1989 erneut auf und bemerkte dazu: "Vor der Geschichte sind diese Fragen offen. Doch Geschichte wird von Menschen gemacht. Von ihrem politischen Wirken hängt ab, wie Geschichte verläuft."

"Wir begrüßen das, was in der DDR vor sich geht"

Ein halbes Jahr später war der Fall da: Die Menschen in der DDR "machten Geschichte", gingen ab dem 7. Oktober 1989 in den großen Städten zu Tausenden auf die Straße; einen Tag vorher hatte Gorbatschow in Ostberlin auf die Notwendigkeit von Reformen hingewiesen. Mit weiteren Massendemonstrationen Ende Oktober und Anfang November 1989 zwangen die Bürger in der DDR mit einer "friedlichen Revolution" die ohnmächtigen Machthaber der SED zum Rücktritt und zur Öffnung der DDR-Grenzen zur Bundesrepublik und nach Westberlin. In der Nacht vom 9. auf den 10. November 1989 gab es eine volksfestartige Verbrüderungs-Feier zu beiden Seiten der Mauer in Berlin. Michail Gorbatschow sagte am 15. November 1989 in Moskau: "Wir begrüßen das, was in der DDR vor sich geht. Am Anfang, in den ersten Tagen, sah alles sehr dramatisch aus. Heute nimmt dies die Formen eines breiten Dialogs, einer Diskussion, an." So entwickelte sich dann der deutsch-deutsche Einigungsprozeß tatsächlich mit breitem Dialog, in Diskussionen, ab Januar 1990 am "Runden Tisch", nach dem ungarischen Vorbild. Am 11./12. Februar

1990 holte sich Helmut Kohl in Moskau von Gorbatschow dessen Einverständnis zur deutschen Einigung. Gorbatschow: "Ich habe vor langem schon gesagt, daß über die Lösung der deutschen Frage die Geschichte entscheiden wird. Nun ist sie in überraschendem Tempo tätig geworden..."

Und Helmut Kohl bekräftigte das Versprechen: "Vom deutschen Boden muß nur Frieden ausgehen." Zur endgültigen Einigung mußte noch die Verantwortung der vier Siegermächte des Zweiten Weltkrieges abgelöst werden. Dies geschah nach dem deutsch-russischen Gipfel in Schelesnodowsk im Kaukasus Mitte Juli, jenem Treffen, das im Eingangskapitel zu diesem Buch ausführlich geschildert wurde: am 12. September 1990 unterzeichneten die Außenminister der vier Siegermächte USA, UdSSR, Großbritannien und Frankreich zusammen mit den beiden west- und ostdeutschen Außenministern den "2+4-Vertrag", auch Einigungsvertrag genannt. Damit war die letzte Hürde zur Einigung gefallen.

"Eine neue Epoche eingeleitet..."

Das Echo auf diese Entwicklung war auf internationaler und nationaler Ebene sehr unterschiedlich. Neben hellem Jubel und Glückwünschen wurde auch Skepsis, ja Besorgnis gegenüber einem wiedervereinigten starken Deutschland laut, das allerdings als Dank für die Einigung große Hilfsanstrengungen für die wirtschaftliche Erneuerung in der Sowjetunion in einem Umfang versprechen mußte, wie dies bisher kein anderes westliches Land geleistet hatte. Für die Besorgnis über die deutsche Einheit hatte Gorbatschow bereits im Februar 1990 in einem Interview in der *Prawda* Verständnis gezeigt, aber auch den Deutschen eingeräumt, daß sie Lehren aus der Geschichte gezogen hätten. Gorbatschow weiter: "In beiden deutschen Staaten sind neue Generationen herangewachsen, die die Rolle Deutschlands in der Welt anders einschätzen, als es beispielsweise im Laufe der letzten mehr als hundert Jahre und besonders in der Nazizeit getan wurde... Deshalb ist es

Die Unterzeichnung des ersten Abkommens der beiden Supermächte USA und UdSSR über die Vernichtung von Mittelstreckenraketen im Dezember 1987.

überaus wichtig, daß die Deutschen, indem sie das Problem der Vereinigung lösen, ihre Verantwortung nicht vergessen sowie das, daß es notwendig ist, nicht nur die Interessen, sondern auch die Gefühle der anderen Völker zu respektieren."

Am 5. März 1991 ratifizierte der Oberste Sowjet der UdSSR den deutschen Einigungsvertrag ("2+4-Vertrag"), wozu eine Verlautbarung verfaßt wurde, in der zu lesen war, daß der Oberste Sowjet "diesen Komplex von Dokumenten als historisch bedeutsam einschätzt, hat er doch einen Schlußstrich unter den Zweiten Weltkrieg gezogen, den entstandenen neuen Realitäten in Europa und in der Welt Rechnung getragen und eine neue Epoche dauerhaften Friedens und großangelegter Zusammenarbeit zwischen dem sowjetischen und dem deutschen Volk eingeleitet." Michail Gorbatschow, der den ganzen Prozeß der Demokratisierung in Osteuropa und der Wiedervereinigung Deutschlands auf so einmalige Weise in Gang gesetzt hat und deshalb 1990 den Friedensnobelpreis verliehen bekam, stieß jedoch mit seiner Demokratisierungs-Politik im eigenen Land auf Widerstand. Dort warten und hoffen die Sowjetbürger seit sechs Jahren darauf, daß "Perestroika" greift und "Glasnost" sich durchsetzt.

Gorbatschow mußte des öfteren die Welt um Hilfe bitten, um Hilfe gegen die unausbleiblichen Schwierigkeiten auf dem eingeschlagenen Weg, den er zunehmend radikalisierte. Und vor allem aus der Bundesrepublik, die Gorbatschow so viel verdankt, kam umfangreiche Hilfe. Zu den wirtschaftlichen Problemen kamen die Probleme mit den Selbständigkeitsbestrebungen einiger ethnischer Minderheiten und Republiken in der Union. "Die Sowjetunion", schrieb Willy Brandt in seinen "Erinnerungen", "wird europäischer, und doch führt nichts an der Einsicht vorbei, daß schon zur Jahrtausendwende die nichtrussischen Nationalitäten - jedenfalls zahlenmäßig - dominieren werden. Fragen über Fragen, ohne deren Beantwortung das Europäische Haus nicht zu bauen sein wird."

Der sowjetische Außenminister Eduard Schewardnadse tritt im Dezember 1990 mit der Warnung vor einer neuen Diktatur zurück.

"Jetzt kommt eine schicksalhafte Zeit..."

Bis zum August 1991 hat Gorbatschow bei seiner Politik der Demokratisierung den letzten Schritt zu einer vollen Freiheit seiner Bürger und des Marktes noch nicht gewagt. Als überzeugter Kommunist fiel ihm dies auch nach dem gescheiterten Putsch im August 1991 sehr schwer. Er wollte nicht "als Konkursverwalter eines Systems in die Geschichte eingehen". Aber die Geschichte, die er im Falle der deutschen Frage und damit der deutsch-sowjetischen Beziehungen zur Lösung aller Probleme angeführt hat, wird eines Tages auch über die Zukunft der Sowjetunion entscheiden. Hoffen wir für Gorbatschow und für die neue Freundschaft zwischen den Republiken der Sowjetunion und dem geeinten Deutschland, daß dabei so bedeutende Vorleistungen der Sowjetunion unter Gorbatschow für die Entscheidung der Geschichte hilfreich sein werden, wie etwa der Verzicht der UdSSR auf weitere Konfrontation mit den USA, das Ende der überlieferten Revolutionsideologie des Marxismus-Leninismus, die Entdeckung globaler ökologischer Probleme auch in Moskau, vor allem aber die neue Rolle von uns Deutschen im neuen Weltverständnis der Bürger in der Sowjetunion.

Sicher wird die "Wiedergeburt Rußlands" in Gestalt der Russischen Republik unter Boris Jelzin ein Zeichen der Hoffnung auch für Gorbatschow sein, zumal dieser sich mutig für ihn gegen die Putschisten stellte. Schon Jelzins Wahlsieg bei den ersten freien Wahlen in der Sowjetunion zum Präsidenten der Russischen Föderation am 12. Juni 1991 war auch ein Sieg für seinen nur scheinbaren Kontrahenten Gorbatschow. Als dieser vor der internationalen Presse nach dem "gemeinsamen" Sieg verkündete: "Jetzt kommt eine schicksalhafte Zeit", wußte er ganz genau, wovon er sprach, denn die Demokratisierung machte auch vor der KPdSU nicht halt. Eduard Schewardnadse kehrte der Partei schon am 4. Juli 1991 den Rücken. Nach dem Putsch am 24. August empfahl Gorbatschow selbst die Auflösung der KPdSU, die heute verboten ist.

Gorbatschows Stellvertreter vor dem Putsch, Gennadij Janajew, der damalige Vizepräsident der UdSSR, erklärte noch Ende Juni 1991 gegenüber dem *Spiegel*: "Am Anfang haben wir die Menschen zu der Illusion verleitet, all diese schweren Mißstände seien in zwei, drei Jahren zu beheben. Aber es gibt keine Wunder - weder in der Politik, noch in der Wirtschaft." Janajew, der dann zwei Monate später an der Spitze der achtköpfigen Verschwörergruppe Gorbatschow stürzen wollte, nannte diesen vor dem Londoner Wirtschaftsgipfel vom 16. bis 18. Juli 1991 einen Präsidenten der Sowjetunion, der mit einem "konkreten Programm des Übergangs der UdSSR zum Markt" nach London kommen werde: "Er wird Vorschläge unterbreiten, die für den Westen ebenso Nutzen bringen wie für uns... Der Präsident reist nach London, um unsere Volkswirtschaft in die Weltwirtschaft zu integrieren, je schneller, desto besser." Auf die drängende Zeit vor einer eventuellen Katastrophe in der UdSSR angesprochen, konterte Janajew mit dem Hinweis, daß auch der Westen keine Zeit mehr habe: "Politische und militärische Sicherheit sind undenkbar ohne ökonomische Sicherheit. Was wird aus Europa, wenn es bei uns zur sozialen Explosion kommt? Wenn sich die Flüchtlingsströme der Arbeitslosen nach Westeuropa ergießen? Wollen Sie dann etwa die Bundeswehr einsetzen?"

Nach dem gescheiterten Putsch im August: das Ende der KPdSU

Offenbar wurde dieses Horrorbild einer sozialen Explosion in Rußland bei Gorbatschows Stellvertreter zu einer Zwangsvorstellung, denn vor der internationalen Presse begründete Janajew am 16. August 1991 als Sprecher des putschenden Notstandskomitees dessen Handeln mit der Bedrohung der Sowjetunion durch eine Wirtschaftskatastrophe und dem Angriff von Extremisten gegen den Staat. Wie immer auch die Handlungsweise Janajews und seiner Mitverschwörer nach genauer Aufklärung durch die Geschichte motiviert war, die Putschisten hätten nie und nimmer gegen das Volk und gegen die öffentliche Meinung in fast allen Staaten der Welt eine von ihnen beschworene Katastrophe abwenden können. Der Putsch mußte scheitern! Gorbatschow wurde auf der Krim befreit und in sein Präsidentenamt wieder eingesetzt. Zögernd zog er nun auch für sich und sein Weltbild die Konsequenzen, die er Monate zuvor noch ignorierte: Er machte den entscheidenden Schritt zur Beendigung der Herrschaft der KPdSU, trat selbst als deren Generalsekretär zurück und empfahl ihre Auflösung. Daraufhin wurde ab Ende August 1991 in fast allen Teilrepubliken der UdSSR die KPdSU verboten oder sie löste sich selbst auf.

Dieses grundlegende historische Ereignis hat die Weltöffentlichkeit bis heute noch nicht in ihrer ganzen weitreichenden Konsequenz erkannt und gewürdigt. Die Ereignisse überstürzten sich in der Sowjetunion - und andere Brennpunkte in anderen Regionen der Welt zogen außerdem die Aufmerksamkeit der Weltöffentlichkeit in ihren Bann, wie zum Beispiel das Auseinanderbrechen des jugoslawischen Staates in einem wahnwitzigen, blutigen Bürgerkrieg.

Die Umwandlung der UdSSR in einen Bund souveräner Republiken

Daß an die Stelle der Sowjetmacht, wie sie bis 1991 existierte, "nicht von einem Tag auf den anderen eine Kopie der westlichen Demokratie" treten kann, hat vor 40 Jahren bereits der amerikanische Rußland-Experte Georg F. Kennan als damaliger Chefplaner des State Department in Washington im Jahre 1951 in der Zeit des Kalten Krieges erkannt. Was sich ein "wohlmeinender Amerikaner" vom künftigen Rußland erhoffte, umschrieb Kennan damals so: "Daß es den Eisernen Vorhang für immer beseitige, daß es gewisse Grenzen der innenpolitischen Staatsautorität anerkenne und das uralte Spiel mit der imperialistischen Expansion und Unterdrückung als verderblich und unwürdig aufgebe."

Die Entwicklung in der Sowjetunion und im Ostblock in den letzten Monaten ging und geht aber weit über das hinaus, was Kennan sich vorstellen konnte: Am 4. September 1991 beschloß das bis dahin höchste Verfassungsorgan der UdSSR, der Kongreß der Volksdeputierten, nicht mehr und nicht weniger als die Auflösung der UdSSR und ihre Umwandlung in einen Bund souveräner Republiken. Die Macht in diesem Bund wurde einem Staatsrat übertragen, dem neben dem Präsidenten Gorbatschow die Präsidenten der einzelnen Republiken angehören, dazu kommt noch ein Wirtschaftskomitee der Republiken und ein "Oberster Sowjet", also ein Oberster Rat, dessen Abgeordnete von den Republiksparlamenten bestimmt werden. Als erste Amtshandlung erkannte

Bundeskanzler Helmut Kohl neben DDR-Ministerpräsident Hans Modrow bei einer internationalen Pressekonferenz am 19. Dezember 1989 in Dresden.

dieser neugebildete Staatsrat die volle Souveränität der aus der Union ausgetretenen baltischen Republiken Litauen, Lettland und Estland am 6. September an.

Jelzin und Gorbatschow: ihre Zusammenarbeit "ist ein Gebot der Stunde"

Diese Entscheidungen der neuen Führungsorgane in der Sowjetunion wurden alle von dem Mann mitgetragen, ja teilweise initiiert, der nach dem Putsch wegen seiner Haltung im Vorfeld des Putsches, als er sich "in der Politik hin- und herwerfen" (Boris Jelzin) ließ, in der Öffentlichkeit, von der Publizistik und von einigen sowjetischen Politikern heftig kritisiert wurde: Michail Gorbatschow. In einem Kommentar der *Nesawissimaja Gaseta* hieß es: "Gorbatschow hat gewonnen, indem er die Verschwörer vernichtete, den politischen Gedanken, sein Leben und das Leben seiner Nächsten verteidigte. Gorbatschow hat verloren, als er in ein Land zurückkehrte, das nicht mehr ihm, sondern Jelzin gehörte." In einem Zeitungskommentar wurde sogar behauptet, daß Boris Jelzin den Unions-Präsidenten "lediglich als ein Symbol für die wiederhergestellte Verfassung" brauche, denn Gorbatschow "wolle nicht ehrenhaft zurücktreten und würde demnächst die politische Arena gezwungenermaßen verlassen müssen, da der Unionsvertrag in nächster Zukunft nicht unterzeichnet werde". Inzwischen aber hat gerade Jelzin in mehreren Interviews seine Beziehungen zu Gorbatschow als gut bezeichnet. Und die Weltöffentlichkeit sowie auch die Mehrheit der Bevölkerung in der Sowjetunion hat die deutlich erkennbare Abstimmung und Zusammenarbeit zwischen dem sowjetischen und dem russischen Präsidenten positiv aufgenommen. In *Sowjetunion heute* schrieb im Oktober der Korrespondent der *Informationsagentur Nowosti (IAN),* Dimitri Gaimakow, abschließend über den publizistischen Streit um die künftige Rolle von Gorbatschow und Jelzin von einer Kooperation der beiden Staatsmänner, die die Lage im Land stabilisieren werde: "Die Zusammenarbeit beider Politiker ist notwendig und ein Gebot der Stunde." Und über Gorbatschow: "Man darf nicht übersehen, was er geleistet hat, um die UdSSR umzugestalten, das Weisungs- und Befehlssystem zu zerstören und die KPdSU von der Macht zu entfernen." Welche politische Wandlung und staatsmännische Einsicht in die Realitäten der politischen Entwicklung nicht nur in der UdSSR den Weg Gorbatschows seit 1985 begleitet haben, wird erst die Geschichtsschreibung späterer Generationen umfassend beurteilen können.

"Eine ganz neue politische Zeitrechnung ist angebrochen"

Gorbatschows Kampf um "einen neuen Bundesstaat der sowjetischen Völker" ist ein ehrliches Bemühen. Als er sich am 21. Oktober, bei der ersten Sitzung des Obersten Sowjet nach dem gescheiterten Putsch, an die "konstitutionelle Versammlung" der Abgeordneten von nur sieben von zwölf in der Union verbleibenden Republiken wandte und eindringlich vor einer Entwicklung wie in Jugoslawien mit separaten Armeen warnte, wußte er genauso wie Jelzin, daß der andere Weg einer Sezession unlösbare Probleme mit sich bringen würde. Auch Jelzin als Präsident der größten Republik der Union ist inzwischen mit der Gefahr einer Sezession konfrontiert, denn ethnische Minderheiten wie die Tataren und Tschetschenen sprechen davon, sich aus dem "Kolonialimperium" Rußlands befreien zu wollen. Gorbatschow und Jelzin steht im eigenen Haus noch ein schwerer und weiter Weg zur Stabilisierung, zur Marktwirtschaft und Demokratie bevor.

Die Vision Gorbatschows vom "gemeinsamen europäischen Haus" wird dabei noch eine wichtige Rolle spielen, denn ihre Verwirklichung wird auch entscheidend für den Ausgang des Kampfes um die Union der Republiken sein. "Wir müssen ein neues Europa schaffen, das über einen politischen, juristischen und kulturellen Raum verfügt" und "im Interesse aller brauchen wir neue Institutionen", forderte Gorbatschow am 31. Oktober 1991 in Soustons nahe der Biskaya bei Frankreichs Präsident Mitterrand. Diese Zielsetzung klang auch schon in dem

Telefongespräch mit dem deutschen Bundeskanzler aus Anlaß des ersten Jahrestages der deutschen Einheit am 3. Oktober 1991 an. Helmut Kohl sprach gegenüber seinem Freund Michail in dem Telefonat, das im deutschen und sowjetischen Fernsehen übertragen wurde und das die Beziehungen zwischen der Sowjetunion und Deutschland schlagartig im hellen Licht einer herzlichen Freundschaft aufscheinen ließ, von einem Spruch in Deutschland: "Dankbarkeit ist die Erinnerung des Herzens". Kohl dankte seinem Freund in Erinnerung daran, "daß wir auch mit Deiner Unterstützung und der Unterstützung Deiner Mitarbeiter und Deines ganzen Volkes die Einheit gewonnen haben..." Gorbatschow betonte in seiner Antwort, daß "die Ereignisse der letzten zwölf Monate bestätigt haben, daß wir für Deutschland, die Deutschen, aber auch für die Geschichte des ganzen Europa einen enormen Durchbruch erzielt haben." Und dann fügte Gorbatschow noch hinzu: "Die deutsche Einheit hat dazu geführt, daß auch unsere Beziehungen ein völlig anderes Niveau erreicht haben. Es ist wirklich eine ganz neue politische Zeitrechnung angebrochen."

Wir Deutschen, von Gorbatschow mit der Einheit Deutschlands beschenkt, aber auch alle anderen Völker im "gemeinsamen Haus Europa" sind aufgefordert, dem Mann zu helfen, der die Welt in den letzten sechs Jahren verändert hat wie kein zweiter Staatsmann in diesem Jahrhundert. Wenn seine Vision vom "gemeinsamen Haus" für uns, für Europa und die Welt Wirklichkeit werden soll, bleibt uns und unseren Nachbarn keine andere Wahl. Denn nur dann kann sich auch die von Gorbatschow beschworene "angebrochene neue politische Zeitrechnung" bewähren und festigen.

Boris Jelzin wird am 12. Juni 1991 zum russischen Präsidenten gewählt.

Literaturverzeichnis

Adenauer, Konrad, Erinnerungen. Bd. I/II. Stuttgart, 1965.
Allardt, Helmut, Moskauer Tagebuch. Wien, 1974.
Altrichter, Helmut/Haumann, Heiko, Die Sowjetunion. Von der Oktoberrevolution bis zu Stalins Tod. 2 Bde. München, 1986, 1987.
Andrew, Christopher/Gordiewsky, Oleg, KGB. Die Geschichte seiner Auslandsoperationen von Lenin bis Gorbatschow. München, 1990.
Ash, Timothy Garton, Ein Jahrhundert wird abgewählt. Aus den Zentren Mitteleuropas 1980-1990. München, 1990.
Augstein, Rudolf, "Kein Bismarck, kein Ribbentrop". In: "Der Spiegel", Hamburg, Nr. 30/1990.
Babel, Isaak, Tagebuch 1920. Hrsg. von Peter Urban. Berlin, 1990 .
Bahr, Egon, "Gorbatschow ist ein gefährlicher Mann, dem man helfen muß." In: stern, Nr. 15/1987.
Balabanoff, Angelica, Lenin. Hannover, 1959.
Bednarz, Klaus, Michail Gorbatschow. Sein Leben, seine Ideen, seine Visionen. Hamburg, 1990.
Belzner, Emil, Die Fahrt in die Revolution oder Jene Reise. Aide-mémoire. München, 1969.
Bender, Peter, Die Ostpolitik Willy Brandts. Reinbek b. Hamburg, 1972.
"Berliner Illustrirte", Sonderausgabe. Dezember 1989.
Besson, Waldemar, Die Außenpolitik der Bundesrepublik. Erfahrungen und Maßstäbe. München, 1970.
Bickerich, Wolfram, "Bonbons auspacken, Peitsche zeigen". In: "Der Spiegel", Hamburg, Nr. 28/1981.
Blücher, Wipert von, Deutschlands Weg nach Rapallo. Wiesbaden, 1951.
Bogomolow, Alexander, "September 1955: Mit Adenauer und Chruschtschow an einem Tisch". In: "Sowjetunion heute", Nr. 9/1990.
Brandt, Willy, Außenpolitik-Deutschlandpolitik-Europapolitik. Berlin, 1970.
dto., Begegnungen und Einsichten. Hamburg, 1976.
dto., Erinnerungen. Berlin, 1989.
Brüning, Heinrich, Memoiren 1918-1934. 2 Bde. Stuttgart-München, 1972.
Buchner, Eberhard, Im Zeichen der roten Fahne. Revolutionsdokumente. Bd 1. Berlin, 1921.
Conte, Arthur, Die Teilung der Welt. Jalta 1945. München, 1967.
Conze, Werner, Das deutsch-russische Verhältnis im Wandel der modernen Welt. Göttingen, 1967.
Dallin, Alexander, Deutsche Herrschaft in Rußland 1941-1945. Düsseldorf, 1958.
Deutscher, Isaac, Die unvollendete Revolution. Der Verlauf der Revolution 1917. Frankfurt/Main, 1967.
dto., Stalin. Eine politische Biographie. Stuttgart, 1962.
Deutschland. Porträt einer Nation. Band 10: Deutschland, Europa und die Welt. Gütersloh, 1986.
Dollinger, Hans, Rußland. 1200 Jahre in Bildern und Dokumenten. München, 1977.
Fetscher, Iring, Kommunismus. Von Marx bis Mao Tse-tung. München, 1969.
Fischer, Louis, Das Leben Lenins. Köln-Berlin, 1965.
Fuhr, Eckhard, Geschichte der Deutschen 1949-1990. Eine Chronik zu Politik, Wirtschaft und Kultur. Frankfurt/Main, 1990.
Gaimakow, Dimitri, "Gorbatschow bleibt ein Meister des Kompromisses". In: Sowjetunion heute, 10/91, Köln.
Genscher, Hans-Dietrich, Deutsche Außenpolitik. Grundsatzreden 1975-1980. Stuttgart, 1981.
Gorbatschow, Michail, Das gemeinsame Haus Europa und die Zukunft der Deutschen. Mit Beiträgen sowjetischer Wissenschaftler und Politiker. Düsseldorf-Wien-New York, 1990.
dto., Glasnost. Das neue Denken. Berlin, 1989.
dto., Perestroika. Die zweite russische Revolution. Eine neue Politik für Europa und die Welt. München, 1987.
Gorkij, Maxim, "Ein Jahr Russische Revolution". In: "Süddeutsche Monatshefte", München, Oktober 1918.
Graf, Oskar Maria, Reise in die Sowjetunion. Darmstadt-Neuwied, 1974/1991.
Griffith, William E., Die Ostpolitik der Bundesrepublik Deutschland, Stuttgart, 1981.
Grosser, Alfred, Deutschlandbilanz. Geschichte Deutschlands seit 1945. München, 1970.
Haffner, Sebastian, Anmerkungen zu Hitler. München, 1978.
dto., Der Selbstmord des Deutschen Reiches. Bern-München-Wien, 1970.
dto., Die verratene Revolution. Deutschland 1918/19. Bern-München-Wien, 1969.
dto., Die sieben Todsünden des Deutschen Reiches im Ersten Weltkrieg. Bergisch-Gladbach, 1984.
Hahlweg, Werner (Hrsg.), Lenins Rückkehr nach Rußland 1917. Leiden, 1957.
Herwarth, Hans von, Zwischen Hitler und Stalin. Erlebte Zeitgeschichte 1931 bis 1945. Berlin, 1982.
Hilger, Gustav, Wir und der Kreml. Frankfurt/Main, 1955.
Hofer, Walther, Die Entfesselung des Zweiten Weltkriegs. Mit Dokumenten. Frankfurt/Main, 1964.
Höhne, Heinz, Der Krieg im Dunkeln. Macht und Einfluß des deutschen und russischen Geheimdienstes. München, 1985.
Hölzle, Erwin, Lenin 1917. Die Geburt der Revolution aus dem Kriege. München, 1957.
Huber, Maria/Schmidt-Häner, Christian, "Mit Geld allein ist es nicht getan. Wie der Westen den Reformern in der Sowjetunion helfen kann." In: "Die Zeit", Hamburg, Nr. 23, 31.5.1991.
Jacobi, Claus, "Diktatoren von heute". In: "Der Spiegel", Hamburg, Nr. 38/1955.
dto., "Lesen Sie Karl Marx". In: "Der Spiegel",, Nr. 39/1955 .

Jacobsen, Hans-Adolf, Deutsch-sowjetische Beziehungen: Kontinuität und Wandel 1945 bis 1987. In: "Das Parlament", Bonn, 15.1.1988.

dto., Mißtrauische Nachbarn. Deutsche Ostpolitik 1919-1970. Düsseldorf, 1970.

dto., Nationalsozialistische Außenpolitik 1933-1938. Frankfurt/ Main, 1968.

dto., Von der Strategie der Gewalt zur Politik der Friedenssicherung. Düsseldorf, 1977.

Janajew, Gennadij, "Kommen Sie, kaufen Sie." Interview in: "Der Spiegel", Hamburg, Nr. 26/1991.

Janßen, Karl-Heinz, "So hätten wir nicht leben sollen." In: "Zeit-Magazin", Nr. 6/21.1.1977.

Joost, Wilhelm, Botschafter bei den roten Zaren. Wien, 1967.

Jürgens, Karl-Heinz, Gorbatschow. Eine Bildbiographie. München, 1989.

Kempski, Hans-Ulrich, "Jetzt kommt eine schicksalhafte Zeit". In: "Süddeutsche Zeitung", München, Nr. 136, 15./16.6.1991.

Kennan, George F., Sowjetische Außenpolitik unter Lenin und Stalin. Stuttgart, 1961.

dto., "Wie soll das Rußland von morgen aussehen?". In: Die Zeit, Nr. 44/ 25. 10. 1991, Hamburg.

Kessler, Harry Graf, Tagebücher 1918-1937. Frankfurt/Main, 1961.

Kimminich, Otto, Der Moskauer Vertrag vom 12. August 1970. Hamburg, 1973.

Kleist, Peter, Zwischen Hitler und Stalin 1939-1945. Bonn, 1950.

Kluke, Paul, Neuere Geschichte. Deutsche Außenpolitik im Zeitalter des Nationalstaates. Frankfurt/Main, 1969.

Kogon, Eugen (Hrsg.), Bilanz der neuen Ostpolitik. Vier Jahre nach Kassel und Erfurt. Frankfurt/Main, 1974.

dto., (Hrsg.), Die unvollendete Erneuerung. Deutschland im Kräftefeld 1945-1963. Frankfurt/Main, 1964.

Kohn, Richard (Hrsg.), Die russische Revolution in Augenzeugenberichten. Düsseldorf, 1964.

Krockow, Christian Graf von, Die Deutschen in ihrem Jahrhundert 1890-1990. Reinbek b. Hamburg, 1990.

Krummacher, F.A./Lange, Helmut, Krieg und Frieden. Von Brest-Litowsk zum Unternehmen Barbarossa. München-Esslingen, 1970.

Krummacher, F.A./Wucher, Albert (Hrsg.), Die Weimarer Republik. Ihre Geschichte in Texten, Bildern und Dokumenten. München-Wien-Basel, 1965.

Laqueur, Walter, Der lange Weg zur Freiheit. Rußland unter Gorbatschow. Frankfurt/Main-Berlin, 1989.

dto., Stalin. Abrechnung im Zeichen von Glasnost. München, 1990.

Leik, Romain, "Wir haben einen neuen Anfang gemacht!". In: "Der Spiegel", Hamburg, Nr. 48/1985.

Lenin, Aus den Schriften 1895-1923. Hrsg. v. Hermann Weber. München, 1967.

Leonhard, Wolfgang, Am Vorabend einer neuen Revolution? Die Zukunft des Sowjet-Kommunismus. München, 1975.

dto., Die Revolution entläßt ihre Kinder. Berlin, 1961.

dto., Der Schock des Hitler-Stalin-Paktes. München, 1989.

dto., Völker hört die Signale. Die Anfänge des Weltkommunismus 1919-1924. München, 1981.

Liedtke, Klaus (Hrsg.), Aufstieg und Fall des Kommunismus. Von Lenin über Mao bis Gorbatschow. Mit Beiträgen von Mario R. Dederichs, Iring Fetscher, Heinrich Jaenecke, Lew Kopelew und Fritz Pleitgen. Hamburg, 1990.

Linke, Horst Günther, Deutsch-sowjetische Beziehungen bis Rapallo. Köln, 1970.

Löwenthal, Richard, Vom Kalten Krieg zur Ostpolitik. Stuttgart, 1974.

Luxemburg, Rosa, Die russische Revolution. Hrsg. v. O.K. Flechtheim. Frankfurt/Main, 1963.

Mann, Golo, Deutsche Geschichte des 19. und 20. Jahrhunderts. Frankfurt/Main, 1958.

Markelow, Andrej, "Die russische Revolution ist unsere Hoffnung. Deutsche Internationalisten im Kampf für die Sowjetunion". In: "Sowjetunion heute", Nr. 11/1987.

Medwedjew, Zhores, Der Generalsekretär. Michail Gorbatschow. Eine politische Biographie. Darmstadt/ Neuwied, 1986.

Mehnert, Klaus, Ein Deutscher in der Welt. Erinnerungen 1906-1981. Stuttgart, 1981.

Meier-Welcker, Hans, Seeckt. Frankfurt/Main, 1967.

Meissner, Boris (Hrsg.), Die Beziehungen zwischen der Sowjetunion und der Bundesrepublik Deutschland 1955-1973. Köln, 1975.

Melnikow, Daniil, "Stalins gewagtes Spiel". Interview in: "Der Spiegel", Hamburg, Nr. 49/1990.

Meyer, Fritjof, "Blick in die Tiefe". In: "Der Spiegel", Hamburg, Nr. 31/1970.

dto., "Der Dornenweg zur Weltmacht". In: "Der Spiegel", Hamburg, Nr. 41/1990.

dto., "Der lächelnde Zar mit eisernen Zähnen". In: "Der Spiegel", Hamburg, Nr. 28/1985.

dto., "Die Hoffnung heißt Germanija". In: "Der Spiegel", Hamburg, Nr. 30/1990.

dto., "Ein roter Star steigt auf im Osten". In: "Der Spiegel", Hamburg, Nr. 12/1985.

dto., "Pakt mit dem Satan gegen den Teufel". In: "Der Spiegel", Hamburg, Nr. 32/1989.

dto., Weltmacht im Abstieg. Der Niedergang der Sowjet-Union. München, 1984.

Meyer-Leviné, Rosa, Leviné. Leben und Tod eines Revolutionärs. München, 1972.

Mitchell, Allan, Revolution in Bayern 1918/19. Die Eisner-Regierung und die Räterepublik. München, 1967.

Möller, Dietrich (Hrsg.), Karl Radek in Deutschland. Köln, 1976.

Münkler, Herfried, "Das Trennende und das Verbindende. Gibt es eine neue deutsche Identität?" In: "Die Zeit", Hamburg, Nr. 46/9.11.1990.

Murphy, Robert, Diplomat unter Kriegern. Zwei Jahrzehnte Weltpolitik in Sondermission. Berlin, 1964.
Neubauer, Helmut (Hrsg.), Deutschland und die Russische Revolution. Stuttgart, 1968.
dto., München und Moskau 1918/19. München, 1958.
Niclauss, Karlheinz, Die Sowjetunion und Hitlers Machtergreifung. Bonn, 1966.
Nognez, Dominique, Lenin dada. Essay. Zürich, 1990.
Paloczi-Horvath, Georg, Chruschtschow. Frankfurt, 1961.
Payne, Robert, Lenin. München, 1965.
Pirker, Theo (Hrsg.), Utopie und Mythos der Weltrevolution. Zur Geschichte der Komintern 1920-1940. München, 1964.
Poidevin, Raymond, Die unruhige Großmacht. Deutschland und die Welt im 20. Jahrhundert. Freiburg-Würzburg, 1985.
Portugalow, Nikolai, "Perestroika im Bewußtsein der Deutschen". In: "Der Spiegel", Hamburg, Nr. 25/1989.
Possony, Stefan T., Lenin. Eine Biographie. Köln, 1965.
Pragal, Peter, "Man muß Brandt entlarven". In: "stern", Nr. 1/1991.
Proëktor, Daniil, "Der zweite Weltkrieg: Ursachen und Lehren". In: "Sowjetunion heute", Bonn, Nr. 9/1989.
Radek, Karl, Deutschland und Rußland. 1920.
dto., Die auswärtige Politik Sowjet-Rußlands. 1921.
Rauch, Georg von, Geschichte des bolschewistischen Rußland. Frankfurt/Main, 1963.
Rauch, Georg von/Meissner, Boris, Die deutsch-sowjetischen Beziehungen von 1917 bis 1967. Würzburg, 1967.
Reed, John, 10 Tage, die die Welt erschütterten. Mit einem Vorwort von W.I. Lenin und N.K. Krupskaja. Ostberlin, 1957.
Richardi, Hans-Günter, Hitler und seine Hintermänner. Neue Fakten zur Frühgeschichte der NSDAP. München, 1991.
Richter, Horst-Eberhard (Hrsg.), Russen und Deutsche. Alte Feindbilder weichen neuen Hoffnungen. Hamburg, 1990.
Ritter, Gerhard A./Miller, Susanne (Hrsg.), Die deutsche Revolution 1918-1919. Frankfurt/Main, 1968.
Rohrwasser, Michael, "Die Deutschen in Verzückung". Der Moskauer Schriftstellerkongreß 1934 und seine deutschen Gäste. In: "Exil. Forschung, Erkenntnisse, Ergebnisse". Hrsg. v. E. Koch, Maintal, 1990.
Rosenfeld, Günter (Hrsg.), Deutsch-sowjetische Freundschaft. Berlin, 1975.
Rößler, Hellmuth (Hrsg.), Weltwende 1917. Monarchie-Weltrevolution-Demokratie. Göttingen, 1965.
Ruffmann, Karl-Heinz, Sowjetunion. München, 1972.
Salter, Ernest J., Von Lenin bis Chruschtschow. Frankfurt/Main, 1958.
Schafranek, Hans, Zwischen NKWD und Gestapo. Die Auslieferung deutscher und österreichischer Antifaschisten aus der Sowjetunion an Nazideutschland 1937-1941. Frankfurt/Main, 1990.
Scheffer, Paul, Augenzeuge im Staate Lenins. Ein Korrespondent berichtet aus Moskau 1921-1930. München, 1972.
Scheurig, Bodo, Freies Deutschland. Das Nationalkomitee und der Bund Deutscher Offiziere in der Sowjetunion 1943-1945. München 1960.
Schewardnadse, Eduard, Die Zukunft gehört der Freiheit. Reinbek b. Hamburg, 1991.
Schieder, Theodor, Die Probleme des Rapallo-Vertrages. Köln, 1956.
Schmid, Carlo, Erinnerungen. Bern-München-Wien, 1979.
Schmid, Günther, Entscheidung in Bonn. Die Entstehung der Ost- und Deutschlandpolitik 1969/70. Köln, 1979.
Schmidt, Paul, Statist auf diplomatischer Bühne 1923-1945. Bonn, 1949.
Schmitt, Walther E., Krieg in Deutschland. Strategie und Taktik der sowjetrussischen Deutschlandpolitik seit 1945. Düsseldorf, 1961.
Schukow, G.K., Erinnerungen und Gedanken. Bd. II. Ostberlin, 1976/1984.
Schumacher, Horst, Die kommunistische Internationale (1919-1943). Ostberlin, 1979.
Schwarz, Ulrich, "Sowjet-Union von Breschnew zu Andropow". In: Der Spiegel, Nr. 46/1982, Hamburg.
Semler, Christian, "Auf dem Weg zu einem zweiten Rapallo?" In: "Die Neue Gesellschaft/Frankfurter Hefte", September 1990.
Seraphim, Ernst, Deutsch-russische Beziehungen 1918-1925. Berlin, 1925.
dto., Öffnung nach Osten. Frankfurt/Main, 1966.
dto., Russische Geschichte. Berlin, 1965.
dto., Schicksalsstunden der Weltgeschichte. Die Außenpolitik der Großmächte von Karl dem Fünften bis Stalin. Frankfurt/Main, 1952.
dto., Zwischen Bonn und Moskau. Frankfurt/Main, 1956.
Sievers, Leo, Deutsche und Russen. Tausend Jahre gemeinsame Geschichte von Otto dem Großen bis Gorbatschow. Hamburg-München, 1990.
Sheehy, Gail, Gorbatschow. Der Mann, der die Welt verändert hat. München-Leipzig, 1990.
Stepun, Fedor, Das Antlitz Rußlands und das Gesicht der Revolution. Aus meinem Leben 1884-1922. München, 1961.
Stökl, Günther, Osteuropa und die Deutschen. Geschichte und Gegenwart einer spannungsreichen Nachbarschaft. Oldenburg-Hamburg, 1967.
Suchanow, Nikolaj Nikolajewitsch, 1917. Tagebuch der russischen Revolution. München, 1967.
Teltschik, Horst, "Gorbatschow helfen". In: "Die Zeit", Hamburg, Nr. 23, 31.5.1991.
Trotzki, Leo, Die wirkliche Lage in Rußland. Hellerau b. Dresden, 1930.
dto., Geschichte der russischen Revolution. Frankfurt/Main, 1960.
dto., 1917. Die Lehren der Revolution. Mit einem Vorwort von Paul Levi. Berlin, 1925.

Uttitz, Friedrich, Zeugen der Revolution. Mitkämpfer Lenins und Stalins berichten. Köln, 1954.
Vogelsang, Thilo, Das geteilte Deutschland, Lausanne, 1969.
Weber,Hermann (Hrsg.), Völker hört die Signale. Der deutsche Kommunismus 1916-1966. München, 1967.
dto., Von Rosa Luxemburg zu Walter Ulbricht. Hannover, 1961.
Wehner, Herbert, "Erinnerungen an Moskau". In: "Zeit-Magazin", Nr. 12/1982.
Weingartner, Thomas, Stalin und der Aufstieg Hitlers. Berlin, 1970.
Wells, H.G., Nacht über Rußland. Skizzen aus dem bolschewistischen Rußland. Berlin, 1922.
Wohlfeil, Rainer/Dollinger, Hans, Die deutsche Reichswehr. Bilder, Dokumente, Texte. Frankfurt/Main, 1972.
Worliczek, Adalbert, Bonn Moskau. Die Ostpolitik Adenauers. München, 1957.
Zetkin, Clara, Erinnerungen an Lenin. Wien, 1929.

Zeittafel

1917

26.2. (11.3.): Beginn der "Februar-Revolution in Petrograd.

2.3.(15.3.): Abdankung von Zar Nikolaus II.; Ende der Romanow-Dynastie (seit 1613) in Rußland; Rußland hat zwei Regierungen: die bürgerliche "Provisorische Regierung" unter Grigorij J. Lwow und den Petrograder Sowjet mit Exekutivkomitee.

22.3. (4.4.): Fritz Platten, Sekretär der Schweizerischen Sozialdemokratischen Partei, spricht beim deutschen Gesandten in Bern wegen Durchreiseerlaubnis durch Deutschland für Lenin und andere Sozialisten vor.

25.3. (7.4.): Aus Berlin trifft in Bern die Zustimmung der OHL ein: "Gegen Durchreise russischer Revolutionäre keine Bedenken..."

27.3. (9.4.): Abfahrt Lenins mit weiteren 30 Personen in einem abgeschlossenen Waggon ab Zürich (über Rastatt, Frankfurt/Main, Halle, Berlin, Stralsund, Saßnitz, Trelleborg, Stockholm, Finnland, Petrograd).

3.4. (16.4.): Lenin trifft mit seiner Begleitung auf dem Finnländischen Bahnhof in Petrograd ein. Er fordert Bekämpfung der "Provisorischen Regierung" und Machtübernahme durch die Bolschewiki.

6.4.: Kriegseintritt der USA; Präsident Wilson: "Die Welt muß für die Demokratie gesichert... werden."

9.-11.4.: Gründung der USPD in Gotha.

3.-6.7. (16.-19.7.): Petrograder Sowjet schlägt Massenaufstand blutig nieder; Lenin flieht nach Finnland.

7.7. (20.7.): Neuer Ministerpräsident der "Provisorischen Regierung" in Rußland wird Alexander Kerenski.

29.8. (11.9.): Putsch des Generals Kornilow scheitert.

31.8. (13.9.): Trotzki wird Vorsitzender des Petrograder Sowjet.

1.9. (14.9.): Rußland zur Republik erklärt.

9.10. (22.10.): Lenin kehrt illegal und verkleidet aus Finnland nach Petrograd zurück.

10.10. (23.10.): ZK der bolschewistischen Partei beschließt den Aufstand.

25.10. (7.11.): Beginn der "Oktober"-revolution in Petrograd; Machtergreifung der Bolschewiki.

26.10. (8.11.): Lenin erklärt nach der Wahl zum Vorsitzenden des Rats der Volkskommissare auf dem II. Allrussischen Sowjetkongreß: "Wir werden jetzt mit dem Aufbau der sozialistischen Ordnung beginnen."

8.11. (21.11.): Friedensangebot Lenins an die kriegführenden Länder.

2.12. (15.12.): Waffenstillstand zwischen Deutschland und Rußland.

1918

6.1. (19.1.): Die Verfassungsgebende Versammlung in Petrograd, die sich weigert, die "Sowjetmacht" anzuerkennen, wird auf Befehl Lenins aufgelöst.

Ende Januar: Streik von rund 200.000 Rüstungsarbeitern in Berlin; der Streik greift auf andere deutsche Städte über.

31.1.: Der Gregorianische Kalender tritt in Rußland in Kraft (auf den 31.1. folgte der 14.2.).

23.2.: Dekret über die Bildung der "Roten Arbeiter- und Bauernarmee" unter dem Kommando des Kriegskommissars Leo Trotzki.

3.3.: Friedensvertrag von Brest-Litowsk zwischen dem Deutschen Reich und Sowjet-Rußland.

6.3.: Lenin stimmt vor dem VII. Parteitag der Bolschewiki dem Vertrag von Brest-Litowsk zu, den er als "schamlos" bezeichnet; die Bolschewiki beschließen Umbenennung in KPR.

März: Landung britischer Truppen in Murmansk; Intervention der Alliierten im beginnenden Bürgerkrieg in Rußland (bis 1921).

April: Austausch von Gesandten zwischen Sowjet-Rußland und Deutschland: in Berlin Adolf Joffe als "Bevollmächtigter Vertreter", in Moskau Graf Wilhelm von Mirbach-Harff als Gesandter.

14.6.: Gemäßigte Sozialrevolutionäre und Menschewiki werden aus den Sowjets ausgeschlossen; Bolschewiki regieren allein.

6.7.: Linke Sozialrevolutionäre, Gegner Lenins, ermorden den deutschen Gesandten Mirbach-Harff.

10.7.: Konstituierung der "Russischen Sozialistischen Föderativen Sowjetrepublik" (RSFSR).

16.7.: Ermordung der Zarenfamilie in Jekaterinburg (ab 1924 Swerdlowsk).

28.8.: Zusatzabkommen zum Friedensvertrag von Brest-Litowsk (kommt nicht mehr zum Tragen).

3.10.: Prinz Max von Baden wird deutscher Reichskanzler; deutsches Waffenstillstandsangebot an die Entente-Mächte.

24.10.: Admiral Scheer erläßt Befehl zum Auslaufen der deutschen Hochseeflotte in Richtung Themsemündung.

28.10.: Beginn der Demonstrationen meuternder Matrosen gegen den Scheer-Befehl.

5.11.: Ausweisung des "Bevollmächtigten Joffe" und 140 Mitarbeitern wegen Unterstützung revolutionärer Gruppen.

7.11.: Der Matrosenaufstand in Kiel, wo sich Arbeiter- und Soldatenräte gebildet haben, greift als revolutionäre Umsturzbewegung auf die deutschen Städte über; in München ruft Kurt Eisner den "Freistaat Bayern" aus.

9.11.: Massendemonstration der Arbeiter in Berlin gegen den Krieg; Prinz Max von Baden läßt Nachricht von der Abdankung Wilhelms II. verbreiten und übergibt Reichskanzleramt an den SPD-Vorsitzenden Friedrich Ebert; Philipp Scheidemann verkündet vom Reichstag aus die "deutsche Republik", danach der Spartakisten-Führer Karl Liebknecht vor dem Berliner Schloß eine "freie sozialistische Republik"; der "Bevollmächtigte" Lenins, Adolf Joffe, kehrt nach Berlin zurück, wird aber von Ebert nicht empfangen.

10.11.: Berliner Arbeiter- und Soldatenräte wählen einen Vollzugsrat und bestätigen die von SPD und USPD gebildete Revolutionsregierung, den "Rat der Volksbeauftragten"; Kaiser Wilhelm II. geht nach Holland ins Exil; Rosa Luxemburg wird in Breslau aus dem Gefängnis entlassen.

13.11.: Annullierung des Vertrages von Brest-Litowsk durch die Sowjetregierung.

29.11.: Austritt der USPD aus dem "Rat der Volksbeauftragten".

November/Dezember: Parteiengründungen im bürgerlichen Lager in Deutschland (DDP, DVP, DNVP).

30.12.: Nach Trennung des Spartakusbundes von der USPD Gründungsparteitag der KPD in Berlin (bis 1.1.1919), wo diese mehrheitlich beschließt, die Wahlen zur Nationalversammlung zu boykottieren.

Ende Dezember: Bewaffnete Auseinandersetzungen zwischen revolutionären Soldaten der Volksmarine-Division und regierungstreuen Truppen am Berliner Schloß.

1919

1.1.: Weißrußland wird Sowjet-Republik.

6.-12.1.: Niederschlagung des Spartakus-Aufstandes in Berlin.

10.1.: Ausrufung einer Räterepublik in Bremen. Sie wird ab 4. Februar von Freikorps und regierungstreuen Truppen niedergeschlagen.

15.1.: Ermordung von Rosa Luxemburg und Karl Liebknecht in Berlin durch Angehörige der Garde-Kavallerie-Schützendivision unter Hauptmann Waldemar Pabst.

19.1.: Wahlen zur Verfassungsgebenden Nationalversammlung in Weimar: SPD 37,9 %, Zentrum 19,7 %, Deutsche Demokratische Partei 18,5 % ("Weimarer Koalition").

11.2.: In Weimar Wahl Friedrich Eberts zum Reichspräsidenten.

12.2.: Wahlen zum Bayerischen Landtag bringen der USPD Eisners eine verheerende Niederlage (3 Sitze von 180); Wahlsieg der Bayerischen Volkspartei (66 Sitze); zweitstärkste Partei wird die SPD (61 Sitze).

20.2.: Telegramm vom sowjetischen Volkskommissar des Äußeren, Tschitscherin, an Ministerpräsident Eisner wegen Rückkehr des in Bayern aufgenommenen russischen Menschewiki Pawel Akselrod.

21.2.: Ermordung Kurt Eisners in München durch den Leutnant Graf Arco-Valley.

22.2.: Gründung eines Revolutionären Zentralrats in München unter Beteiligung des Kommunisten Max Levien.

Februar: In Berlin wird der im Dezember 1918 illegal zum KPD-Kongreß eingereiste Karl Radek verhaftet; er nimmt im Gefängnis Moabit Kontakte zu führenden Politikern, Militärs und Wirtschaftlern auf (wird Ende 1919 ausgewiesen).

2.-7.3.: Gründungskongreß der III. Kommunistischen Internationale (Komintern) in Moskau; Sinowjew wird Präsident.

3.-12.3.: Generalstreik in Berlin, Reichsminister Noske verhängt Standrecht.

17./18.3.: Im Bayerischen Landtag Bildung einer Koalitionsregierung unter dem Sozialdemokraten Johannes Hoffmann, die die bestehenden Räte als Bestandteil der staatlichen Ordnung akzeptiert.

März/April: Kommunistische Streiks und Aufstände in Berlin, im Ruhrgebiet und in Mitteldeutschland.

6./7.4.: Der "Revolutionäre Zentralrat" proklamiert in München die erste, "anarchistische" Räterepublik in "Baiern", mit Erich Mühsam, Gustav Landauer, Ernst Toller, Ernst Niekisch u.a., an der sich die Kommunisten nicht beteiligen; die "Regierung Hoffmann" weicht nach Bamberg aus.

8.4.: Ukraine wird Sowjetrepublik.

13.4.: Ende der ersten, "anarchistischen" Räterepublik in München, Ausrufung der zweiten, "kommunistischen" Räteregierung; Sturm revolutionärer Truppen auf den Bahnhof in München; Sieg revolutionärer Truppen bei Dachau über anrückende "weiße" Regierungstruppen; Ausrufung des Generalstreiks in München.

21.4.: Die kommunistische Räteregierung in München verkündet "Provisorische Leitsätze für die Geschäftskontrolle der Betriebsräte" nach Leninschem Konzept (können nicht mehr verwirklicht werden).

27.4.: Die kommunistische Räteregierung in München unter Leviné findet in der Vollversammlung der Betriebsräte keine Mehrheit mehr und tritt zurück.

27.-30.4.: In München "regiert" Rudolf Eglhofer mit seiner "Roten Armee".

30.4.: Ermordung von zehn Geiseln, meist Mitglieder der antisemitischen Thule-Gesellschaft, durch die "Rote Armee" in München.

April: Beginn des Abzugs der alliierten Truppen aus Rußland.

1.5.: Einmarsch der Regierungstruppen und Freikorpsverbände in München, "weißer" Terror gegen Anhänger der Räterepublik und viele Unschuldige (bis 8.5. etwa 600 Tote); in Moskau begrüßt Lenin bei der Mai-Demonstration auf dem Roten Platz die Republik "Sowjetbayern".

22.6.: Deutsche Nationalversammlung stimmt unter Protest der Annahme der Versailler Vertragsbedingungen zu.

28.6.: Unterzeichnung des Friedensvertrages von Versailles.

20.-23.10.: II. (illegaler) Parteitag der KPD; Ausschluß des linksradikalen Flügels.

22.11.: Lenin bezeichnet vor dem II. Allrussischen Kongreß der kommunistischen Organisationen der Völker des Ostens in Moskau den Versailler Friedensvertrag als "Raubfrieden".

1920

2.2.: Sowjetregierung anerkennt Selbständigkeit Estlands.

4.2.: Generaloberst von Seeckt verfaßt Niederschrift über "Deutschland und Rußland".

7.2.: Karl Radek schreibt in Maximilian Hardens "Zukunft", daß Sowjetrußland einen "Modus vivendi mit den kapitalistischen Staaten finden" müsse.

13.-17.3.: Kapp-Putsch von rechts in Berlin, bricht nach dem von den Gewerkschaften unterstützten Generalstreik zusammen.

2.4.: Nach linksradikalen Unruhen "Säuberung" im Ruhrgebiet durch Reichswehrtruppen.

6.6.: Nach ersten Reichstagswahlen verlieren die Parteien der "Weimarer Koalition" ihre Mehrheit (bis zum Ende der Republik).

12.6.: Anerkennung der Selbständigkeit Litauens.

19.7.-7.8.: Zweiter Komintern-Kongreß in Moskau; Lenin verpflichtet die kommunistischen Parteien auf das sowjetrussische Vorbild.

11.8.: Anerkennung der Selbständigkeit Lettlands.

12.-17.10.: Außerordentlicher USPD-Parteitag in Halle: Spaltung der USPD, nachdem sich 236 Delegierte für und 151 Delegierte gegen den Anschluß an die KPD und die Komintern entscheiden.

14.10.: Anerkennung der Selbständigkeit Finnlands.

November: Räumung der Krim durch die "Weißen" unter Wrangel; damit Ende des Bürgerkrieges in Rußland eingeleitet.

4.-7.12.: Vereinigung des linken Flügels der USPD mit der KPD.

Ende 1920/Anfang 1921: Viktor Kopp nimmt als halboffizieller Unterhändler der Sowjetregierung Kontakte zu deutschen Rüstungsunternehmen auf.

1921

März: Besprechungen zwischen Sowjets und der deutschen Heeresleitung über Zusammenarbeit mit der Roten Armee.

8.-16.3.: X. Parteitag der KPdSU in Moskau; Lenin verkündet Wende zur Neuen Ökonomischen Politik (NEP).

17.3.: KPD-Führung läßt sich von drei Komintern-Abgesandten zur Revolution der "März-Aktion" in Mitteldeutschland überreden.

18.3.: Preußische Landesregierung der Provinz Sachsen läßt Mansfelder Revier von Truppen der Sicherheitspolizei besetzen; KPD-Organ "Rote Fahne" ruft zum Generalstreik auf; Mansfelder Arbeiter bleiben allein, lediglich der Anarchist Max Hölz aus dem Vogtland kommt zu Hilfe.

Ende März: Nach einer Woche Kampf in den Leuna-Werken Ende der "März-Aktion".

15.4.: Max Hölz in Berlin verhaftet, wird zu lebenslänglichem Zuchthaus verurteilt (1928 amnestiert, seit 1933 in der Sowjetunion verschollen).

6.5. Vorläufiges Handelsabkommen zwischen Deutschland und Sowjetrußland, durch das bestehende Fürsorgestellen für Kriegsgefangene in Berlin und Moskau konsularische Befugnisse erhalten.

22.6.-12.7.: Auf dem Dritten Weltkongreß der Komintern in Moskau wird zugegeben, daß die KPD "das Vertrauen der Arbeiter verloren" hat.

1922

Februar: Tscheka in GPU umbenannt.

27.3.-2.4.: XI. Parteitag der KPdSU, Lenins letzter Auftritt auf einem Parteitag.

3.4.: Das Plenum des ZK wählt Stalin zum Ersten Sekretär.

10.4.: Eröffnung der Weltwirtschaftskonferenz in Genua mit Delegationen aus 28 Ländern (auch Deutsche und Russen).

16.4.: Vertrag von Rapallo (Badeort bei Genua, Standort der russischen Delegation), der "Wendepunkt" in den deutsch-sowjetischen Beziehungen; de jure-Anerkennung von Sowjetrußland.

29.5.: Ratifizierung des Vertrags von Rapallo im Deutschen Reichstag.

24.9.: Vereinigung von SPD und USPD.

23.12.: Lenin diktiert sein "Testament" an den Parteitag.

30.12.: Staatsvertrag der Ukrainischen, Weißrussischen und Transkaukasischen Sowjetrepubliken mit der Russischen Föderativen Sowjetrepublik zur Union der Sozialistischen Sowjet-Republiken (UdSSR).

1923

11.1.: Französische und belgische Truppen besetzen das Ruhrgebiet.

26.6.: Die "Rote Fahne" veröffentlicht Karl Radeks "Schlageter-Rede" (vorübergehendes Paktieren der KPD mit nationalistischen Gruppen).

6.7.: Erste Verfassung der UdSSR tritt in Kraft.

13.8.: Gustav Stresemann (DVP) wird Reichskanzler.

August: Streiks und Unruhen in Berlin, Nord- und Mitteldeutschland.

Ende September: Reichsregierung verkündet Abbruch des passiven Widerstandes im Ruhrgebiet und Ausnahmezustand (vollziehende Gewalt beim Reichswehrminister).

10.10.: Beginn des von der KPD auf Befehl des Politbüros der KPdSU und der Komintern initiierten "deutschen Oktober" mit dem Eintritt zweier kommunistischer Minister in die thüringischen und sächsischen Landesregierungen.

14.10.: Der Wehrkreisbefehlshaber in Dresden erhält Befehl zur "Reichsexekutive in Sachsen und Thüringen" gemäß dem Ausnahmezustand im Reich.

20./21.10.: In Chemnitz beschließt die KPD-Führung, den Aufstand "deutscher Oktober" abzublasen.

22./23.10.: Nur in Hamburg, dessen Kurier von Chemnitz zu früh abgereist war, wird der bewaffnete Aufstand beschlossen; der Aufstand bricht am 25.10. zusammen.

23.11.: Verbot der KPD durch Seeckt.

14.12.: Beginn einer Kampagne gegen die innerparteiliche Opposition ("Trotzkismus") in der UdSSR.

1924

21.1.: Tod Lenins in Gorki, die Macht teilen sich Stalin, Sinowjew und Kamenew.

26.1.: Stalins erster öffentlicher Auftritt vor dem Zweiten Sowjet-Kongreß mit einer Gedenkrede für Lenin, die den Lenin-Kult einleitet; Petrograd wird in Leningrad umbenannt.

1.3.: Aufhebung des KPD-Verbotes.

26.11.: Gründung der "Mongolischen Volksrepublik", des ersten "Satelliten" der UdSSR.

1925

12.-17.7.: X. Parteitag der KPD in Berlin, Beginn der "Bolschewisierung" der Partei.

14.7.: Beginn der Räumung des Ruhrgebietes.

12.10.: Handelsabkommen der Sowjetunion mit Deutschland.

16.10.: Vertrag von Locarno.

31.10./1.11.: Ernst Thälmann wird auf der 1. Parteikonferenz Vorsitzender der KPD.

18.-31.12.: Stalin setzt auf dem XIV. Parteitag der KPdSU seine These vom Aufbau des "Sozialismus in einem Lande" durch.

1926

24.4.: Unterzeichnung des Freundschafts- und Neutralitätsvertrages ("Berliner Vertrag") zwischen Deutschland und der Sowjetunion.

Juli: Sinowjew und Kamenew, in Opposition gegen Stalin, verbünden sich mit den Anhängern Trotzkis; Ausschluß Sinowjews aus dem Politbüro, Mikojan anstelle von Kamenew Außenhandelskommissar.

8.9.: Aufnahme Deutschlands in den Völkerbund.

6.10.: Rücktritt des Generals Hans von Seeckt, Chef der deutschen Heeresleitung.

Oktober: Ausschluß Trotzkis aus dem Politbüro.

16.12.: Philipp Scheidemann (SPD) prangert im Reichstag in Opposition zur Reichsregierung die Zusammenarbeit von Reichswehr und Roter Armee an.

1927

4.-23.5.: Weltwirtschaftskonferenz in Genf.

Oktober: Ausschluß Trotzkis und Sinowjews aus dem ZK und aus der Partei (14.11.).

Dezember: Leo Trotzki nach Alma-Ata verbannt; 2500 Parteimitglieder unterzeichnen Widerrufserklärungen.

1928

Januar: Beginn der Kollektivierung der Landwirtschaft in der UdSSR.

27.8.: Unterzeichnung des Kellog-Paktes: Ächtung des Krieges als Mittel der Politik.

8.9.: Tod des ersten Botschafters der deutschen Republik in der Sowjetunion (seit 1922), Graf Ulrich von Brockdorff-Rantzau.

1.10.: Beginn des 1. Fünfjahresplans (bis 1932) in der Sowjetunion.

1929

18.1.: Trotzki wird aus der Sowjetunion ausgewiesen.

25.1.: Der neue deutsche Botschafter in Moskau, Herbert von Dirksen, trifft mit Außenkommissar Litwinow ein deutsch-sowjetisches "Abkommen über ein Schlichtungsverfahren".

16.-19.6.: Letzter, 12. Parteitag der KPD in Berlin-Wedding.

25.10.: New Yorker Börsenkrach: Beginn der Weltwirtschaftskrise.

November: Bucharin aus dem Politbüro ausgeschlossen.

21.12.: Stalin läßt sich an seinem 50. Geburtstag in der ganzen Sowjetunion als Lenins Nachfolger feiern.

Dezember: KPdSU beschließt "Liquidierung der Kulaken als Klasse"; Rücktritt des Volksbildungskommissars Lunatscharski.

1930

Juli: Litwinow wird Außenkommissar, leitet england- und frankreichfreundliche Außenpolitik der Sowjetunion ein.

24.8.: KPD veröffentlicht ein "Programm zur nationalen und sozialen Befreiung des deutschen Volkes".

14.9.: Reichstagswahlen: KPD erhält 13,1 % der Stimmen (77 Mandate), NSDAP kann ihre Mandate von 12 auf 107 erhöhen (zweitstärkste Fraktion).

Dezember: Arbeitslose in Deutschland auf 4,38 Millionen angewachsen; Molotow wird Vorsitzender des Rates der Volkskommissare.

1931

24.6.: Der "Berliner Vertrag" (1926) wird in Moskau verlängert (ratifiziert am 5.5.1933).

29.11.: Aufruf des ZK der KPD zur Bildung einer Einheitsfront gegen den Faschismus.

1932

Januar-Juli: Abschluß zweiseitiger Nichtangriffsverträge der Sowjetunion mit Finnland, Lettland, Estland und Polen.

30.5.: Reichspräsident Hindenburg entläßt Brüning; danach Präsidial-Kabinett unter Franz von Papen (rechter Parteiloser).

Juni/Juli: Konferenz von Lausanne: Ende der Reparationszahlungen für Deutschland.

20.7.: Staatsstreich durch von Papen in Preußen; KPD fordert zum Generalstreik auf.

6.11.: Reichstagswahlen: Gewinne der KPD (16,9 %, 100 Mandate) und Deutschnationalen; NSDAP verliert 2 Millionen Stimmen.

Winter 1932/33: Hungersnot in weiten Teilen Rußlands.

Dezember: Besuch von Außenkommissar Litwinow in Berlin bei Reichskanzler von Schleicher.

1933

1.1.: 2. Fünfjahresplan in der UdSSR tritt in Kraft.

20.1.: Einheitsfront-Angebot der KPD an die SPD bleibt wirkungslos.

22.1.: Wjatscheslaw Molotow, Vorsitzender des Rats der Volkskommissare, betont auf einer Tagung des Zentralen Exekutivkomitees, daß Deutschland einen "besonderen Platz" in den auswärtigen Beziehungen der Sowjetunion einnimmt.

30.1.: Adolf Hitler wird Reichskanzler ("Machtergreifung").

1.2.: Hitler im Rundfunk: "14 Jahre Marxismus haben Deutschland ruiniert. Ein Jahr Bolschewismus würde Deutschland vernichten..."

27.2.: Reichstagsbrand (NSDAP schiebt Brandstiftung den Kommunisten zu; KPD wird aufgelöst und verfolgt).

23.3.: "Ermächtigungsgesetz" für Hitler.

25.3.: Hitlers Regierung räumt der Sowjetunion einen Überbrückungskredit von 125 Millionen Reichsmark ein.Sommer: Hitler befiehlt, die deutschen Stationen der Zusammenarbeit mit der Roten Armee in der Sowjetunion aufzulösen.

16.11.: In der deutschen Botschaft in Moskau übernimmt Rudolf Nadolny als Nachfolger von Herbert von Dirksen die Geschäfte.

1934

9.1.: Denkschrift Nadolnys zur deutschen Ostpolitik (Rußland als wirtschaftliches Kraftfeld erhalten).

26.1.: Nichtangriffs- und Verständigungsabkommen zwischen Deutschland und Polen abgeschlossen.

Februar: Komintern-Generalsekretär Manuilski erklärt Deutschland vor dem XVII. Parteitag der KPdSU als "Hauptkriegstreiber Europas".

16.3.: Verordnung über staatsbürgerliche Geschichte in den Schulen der UdSSR ("Sowjetpatriotismus").

28.3.: UdSSR schlägt einen Garantiepakt mit Deutschland über die Unabhängigkeit der baltischen Staaten vor (wird am 26.4. von der Reichsregierung abgelehnt).

11.6.: Rücktritt des deutschen Botschafters Nadolny in Moskau.

13.6.: Litwinow in Berlin bei Außenminister von Neurath (Vorschlag eines "Ostlocarno", wird am 20.6. abgelehnt).

Juli: Allmähliche Abkehr von der Theorie des "Sozialfaschismus".

2.8.: Tod von Reichspräsident Paul von Hindenburg; Hitler wird Staatsoberhaupt als "Führer und Reichskanzler".

8.8.: Unterzeichnung eines deutsch-sowjetischen Wirtschaftsprotokolls in Berlin.

17.8.-1.9.: Erster Allunionskongreß der Sowjetschriftsteller in Moskau mit eingeladenen 40 ausländischen Autoren, darunter 17 deutschsprachige antifaschistische Schriftsteller (Verpflichtung auf "Sozialistischen Realismus").

August: Umwandlung der GPU in NKWD.

18.9.: Die Sowjetunion wird bei nur drei Gegenstimmen in den Völkerbund aufgenommen.

Oktober: Graf Friedrich Werner von der Schulenburg wird neuer deutscher Botschafter in Moskau.

1.12.: Ermordung des Leningrader Parteisekretärs Sergej M. Kirow.

16.12.: Stalin läßt Sinowjew und Kamenew als "trotzkistische Oppositionelle" verhaften.

Dezember: Beginn von Massenverhaftungen in der UdSSR.

1935

15.-17.1.: Sinowjew zu zehn, Kamenew zu fünf Jahren Gefängnis verurteilt; 76 Sinowjew-Anhänger nach Sibirien verbannt.

28.1.: Molotow wünscht vor dem VII. Sowjetkongreß gute Beziehungen zu Deutschland - trotz dessen Ideologie vom "Herrenvolk".

11.2.: Einheitsfront-Angebot der KPD an den Prager Exilvorstand der SPD.

16.3.: Hitler führt die Allgemeine Wehrpflicht ein (Aufbau der "Wehrmacht").

9.4.: Deutsch-sowjetische Wirtschaftsvereinbarungen (fünfjähriger Kredit über 200 Millionen RM für die UdSSR).

2.5.: Beistandspakt zwischen Frankreich und der Sowjetunion in Paris unterzeichnet.

25.7.-20.8.: 7. Komintern-Kongreß in Moskau: Aufruf zu "Volksfront-Regierungen".

13.9.: Auf dem "Reichsparteitag der Freiheit" antisowjetische Propagandareden von Goebbels und Rosenberg.

15.9.: Verkündung der diskriminierenden "Nürnberger Rassegesetze" (gegen jüdische Bevölkerung).

7.11.: Der sowjetische Außenkommissar Litwinow toastet dem deutschen Botschafter bei den Feiern zum Jahrestag der "Oktober-Revolution" "auf die Wiedergeburt unserer Freundschaft" zu.

23.11.: Ergebnislose Verhandlungen zwischen KPD (Franz Dahlem und Walter Ulbricht) und SPD (Friedrich Stampfer und Johann Vogel) in Prag.

1936

1.1.: In seiner Neujahrsbotschaft greift Hitler die Sowjetunion heftig an.

16.2.: "Volksfront"-Regierung in Spanien.

29.4.: Deutsch-sowjetische Vereinbarung über gegenseitigen Waren-und Zahlungsverkehr (am 24.12. verlängert bis 31.12.1937).

4.6.: In Frankreich Bildung einer "Volksfront"-Regierung unter dem Sozialisten Léon Blum.

18.7.: Beginn des Spanischen Bürgerkrieges: faschistische spanische Offiziere unter General Franco putschen gegen republikanische Regierung.

26.7.: Befehl Hitlers zur Aufstellung der "Legion Condor" für Spanien.

1.-16.8.: Olympiade in Berlin.

10.-24.8.: Nach Schauprozeß gegen "terroristisches trotzkistisch-sinowjewistisches Zentrum" werden Sinowjew und Kamenew hingerichtet.

August: UdSSR erklärt Nichteinmischung in Spanischen Bürgerkrieg; KPD ruft zur Aufstellung der "Internationalen Brigaden" in Spanien auf (etwa 40.000 Mann, davon etwa 5000 Deutsche).

4.10.: Nach Telegramm Stalins an Spanische KP mit Hilfsversprechen beginnt die Sowjetunion mit materieller Unterstützung (Flugzeuge, Geschütze, Munition) für das "revolutionäre Spanien".

25.11.: Anti-Komintern-Pakt zwischen Deutschland und Japan.

25.11.-5.12.: Sowjet-Kongreß nimmt neue Verfassung der UdSSR ("Stalin-Verfassung") an; Führungsrolle der KPdSU wird darin festgeschrieben.

1937

23.1.-30.1.: Prozeß in Moskau gegen "trotzkistisches Zentrum"; Verurteilung von Jurij I. Pjatakow und Karl Radek (13 von 17 Angeklagten werden hingerichtet).

11.5.: Absetzung von Marschall Tuchatschewski.

11.6.: Geheimprozeß gegen Tuchatschewski; nach seiner Hinrichtung umfangreiche "Säuberungen" in der Roten Armee.

13.9.: Schlußrede Hitlers auf dem "Reichsparteitag der Arbeit" gegen Bolschewismus und Judentum als Weltgefährdung.

5.11.: Geheimrede Hitlers vor dem Reichsaußenminister und den OB der Wehrmachtsteile über geplante Expansionspolitik im Osten ("Hoßbach-Protokoll").

6.11.: Italien tritt dem deutsch-japanischen Antikominternpakt bei.

1938

4.2.: Errichtung des Oberkommandos der Wehrmacht (OKW) unter General Wilhelm Keitel als persönlicher militärischer Arbeitsstab Hitlers; Ribbentrop zum Reichsaußenminister ernannt.

20.2.: In einer Reichstagsrede nennt Hitler den Bolschewismus "die Inkarnation des menschlichen Zerstörungstriebes".

2.-13.3.: Dritter Schauprozeß in Moskau: 18 von 21 Angeklagten (darunter Bucharin und Rykow) werden hingerichtet; damit Höhepunkt der Stalinschen Säuberungsaktionen in Rußland erreicht (von 1936 bis 1938 ungefähr 7 Millionen Verhaftungen).

Juni: Walter Ulbricht übernimmt Vertretung der KPD beim Exekutivkomitee der Komintern.

28.9.: Deutsch-sowjetischer Grenz- und Freundschaftsvertrag.

30.9.: "Münchner Abkommen" Hitlers mit Italien, Frankreich und England über die Tschechoslowakei.

1.10.: Verkündung des Dritten Fünfjahresplanes der UdSSR (bis 1942); Stalin veröffentlicht "Geschichte der KPdSU" (Grundlage der Parteischulung).

10.11.: Hitler sagt in München vor Journalisten und Verlegern, daß das deutsche Volk "psychologisch" auf Krieg vorbereitet werden soll.

1939

10.-21.3.: XVIII. Parteitag der KPdSU in Moskau: Stalin sieht "keine sichtbaren Gründe für einen Konflikt mit Deutschland" und verkündet "Übergang zum Kommunismus".

26.3.: Polen lehnt das deutsche Angebot (21.3.) zur Bereinigung von Grenzfragen ab.

31.3.: Großbritannien und Frankreich geben Polen eine Unterstützungs-Garantie für den Fall eines Angriffs auf Polen.

17.4.: Aufnahme erster erster vorsichtiger deutsch-sowjetischer Sondierungsgespräche.

28.4.: Hitler kündigt das deutsch-britische Flottenabkommen von 1935 und den deutsch-polnischen Nichtangriffspakt von 1934.

3.5.: Absetzung des sowjetischen Außenkommissars Litwinow, neuer Außenminister wird Molotow.

Ende Juli: Hitler läßt über seinen Botschafter Stalin wissen, daß Deutschland in der polnischen Frage und betreffend das Baltikum "alle sowjetischen Interessen wahren" wolle.

19.8.: Stalin erhält aus Warschau ein "Nein" zur Forderung eines Durchmarsches sowjetischer Truppen (im Fall eines Bündnisses der UdSSR mit den Westmächten); Stalin läßt Handelsabkommen mit Deutschland unterzeichnen (deutscher Kredit von 200 Millionen Mark gegen Lieferung von Industriegütern und Rohstoffen).

23.8.: Reichsaußenminister Ribbentrop in Moskau: gegen 2 Uhr am Morgen des 24.8. Presse-Empfang mit Stalin und Molotow über den Abschluß des "Hitler-Stalin-Paktes" (auf die Dauer von 10 Jahren) mit Geheimen Zusatzprotokollen über die Aufteilung der "Interessensphären in Osteuropa" (Polen, Baltikum etc.).

25.8.: Das ZK der KPD begrüßt den "Hitler-Stalin-Pakt".

31.8.: Der Oberste Sowjet ratifiziert nach einer Rede Molotows den Pakt mit Hitler.

1.9.: Hitler entfesselt mit dem Überfall auf Polen den Zweiten Weltkrieg.

17.9.: Die Rote Armee marschiert entsprechend dem deutsch-sowjetischen Vertrag in Ostpolen ein.
20.9.: Ende des deutschen Feldzugs in Polen.
28.9.: Deutsch-sowjetischer Grenz- und Freundschaftsvertrag in Moskau abgeschlossen.
29.11.: Beginn des sowjetisch-finnischen "Winterkrieges" (bis 12.3.1940).

1940

10.1.: Vertrag zwischen Deutschland und der UdSSR über die Führung der gemeinsamen Staatsgrenze, zur Umsiedlung von rund 7000 Deutschen aus den baltischen Staaten und Geheimprotokoll über den deutschen Verzicht auf Gebietsansprüche in Litauen.
März: Moskau beschwert sich in Berlin wegen verspäteter deutscher Lieferungen aus dem Wirtschaftsabkommen (19.8.1939).
9.4.: Deutsche Truppen besetzen Dänemark und Norwegen.
10.5.: "Blitzkrieg" der deutschen Wehrmacht gegen Luxemburg, Holland, Belgien und Frankreich (bis Juli 1940).
21.7.: Die UdSSR annektiert die baltischen Staaten Estland, Lettland und Litauen als Republiken der UdSSR.
31.7.: Hitler faßt Entschluß zum Angriff auf die Sowjetunion.
12./13.11.: Molotow bei Hitler in Berlin; Verhandlungen über Interessenräume in Südosteuropa ohne Ergebnis.
13.12.: Hitler gibt der Wehrmachtsführung den Befehl zum "Unternehmen Barbarossa".

1941

10.1.: Neues Wirtschaftsabkommen zwischen der UdSSR und Deutschland.
26./27.3.: Kommunistischer Staatsstreich in Belgrad.
5.4.: Jugoslawisch-sowjetischer Freundschaftspakt.
6.4.: Hitler läßt die deutsche Wehrmacht in Jugoslawien und Griechenland einmarschieren.
April: Hitler setzt Angriff auf die Sowjetunion ("Unternehmen Barbarossa") auf die zweite Juni-Hälfte fest.
6.5.: Stalin übernimmt den Vorsitz des Rats der Volkskommissare, damit Führung von Staat und Partei in einer Hand.
14.6.: Stalin läßt in einer offiziellen TASS-Meldung alle ihm zugegangenen Meldungen über einen bevorstehenden deutschen Angriff als "bewußte Provokation" zur Zerstörung der deutsch-sowjetischen Zusammenarbeit verurteilen.
22.6.: Deutscher Überfall mit 3 Millionen Mann auf die Sowjetunion ("Unternehmen Barbarossa").
3.7.: Stalin ruft im Rundfunk die Bürger der UdSSR zum Widerstand und Partisanenkrieg gegen die "deutschen Okkupanten" auf.
19.7.: Stalin wird Oberbefehlshaber der sowjetischen Streitkräfte.
8.9.: Beginn der Belagerung Leningrads durch die deutschen Truppen.
23.10.: Beginn der deutschen Offensive gegen Rußland, die in Schlamm, Dreck und Schnee etwa 50 Kilometer vor Moskau steckenbleibt.
5.12.: Beginn der ersten sowjetischen Gegenoffensive.

1942

25.8.: Deutsche Panzer vor Stalingrad; die Sowjets erklären den Belagerungszustand für Stalingrad; damit Beginn der Schlacht um Stalingrad.

1943

2.2.: Kapitulation der deutschen Truppen in Stalingrad.
6.3.: Stalin "Marschall der Sowjetunion".
15.5.: Auflösung der Komintern.
28.11.-1.12.: Konferenz von Teheran: Churchill und Roosevelt unterrichten Stalin über weitere Kriegsziel-Politik gegen Deutschland; Einigung "im Prinzip" über Teilung Deutschlands.

1944

Januar: Ende der Blockade Leningrads.
Juli: Rote Armee überschreitet die polnische Grenze.
August: Rote Armee in Bukarest.
September: Rote Armee in Belgrad.
10.11.: Hinrichtung des ehemaligen deutschen Botschafters in Moskau, Graf von der Schulenburg, als "Mitverschwörer" des gescheiterten Aufstandes vom 20. Juli 1944 gegen Hitler.

1945

4.-11.2.: Konferenz von Jalta: Beschluß der "großen Drei" zur Koordinierung der militärischen Operationen und zur Aufteilung Deutschlands in vier Besatzungszonen sowie zur Bildung des Alliierten Kontrollrates.
25.4.: Zusammentreffen der Russen und Amerikaner an der Elbe bei Torgau.
30.4.: Selbstmord Hitlers in Berlin.
2.5.: Eroberung Berlins durch die Rote Armee abgeschlossen.
9.5.: Bedingungslose Kapitulation der deutschen Wehrmacht vor Marschall Schukow in Berlin-Karlshorst.
5.6.: Mit der "Berliner Erklärung" übernehmen die vier Siegermächte in ihren Besatzungszonen die alleinige Regierungsgewalt in Deutschland.
11.6.: In der Sowjetischen Besatzungszone wird die KPD neugegründet.
17.6.-2.8.: Potsdamer Konferenz endet ohne Einigung über Friedensvertrag mit Deutschland.

September/Oktober: 1. Außenministerkonferenz der vier Siegermächte: James Byrnes fragt Molotow, was er "unter Demokratie versteht".
20.11.: Beginn des Hauptkriegsverbrecherprozesses in Nürnberg (bis 1.10.1946).

1946

5.3.: Churchill spricht erstmals öffentlich bei seiner Rede in Fulton (Missouri) von einem "Eisernen Vorhang" in Osteuropa.
20./21.4.: Verschmelzung von SPD und KPD in Ostberlin und in der Sowjetischen Besatzungszone Deutschlands zur SED.
August: Schdanow verkündet härtere Parteilinie der KPdSU in der Kulturpolitik.
20.10.: Erste und letzte freie Wahlen in Gesamt-Berlin (SPD 48,7 %, CDU 22,2 %, SED 19,8 %, LDP 9,3 %).

1947

15.2.: Auflösung Preußens durch Kontrollratsgesetz Nr. 46.
29.6.: Die sowjetische Delegation zieht sich von einer in Berlin geplanten Konferenz für eine Wirtschaftshilfe für Europa (später Marshall-Plan) zurück.
22.-27.9.: Kommunistische Parteien gründen "Informationsbüro der kommunistischen Arbeiterparteien" (Kominform); Schdanow verkündet vor der Kominform, daß die Welt in zwei Lager gespalten sei: das Lager des Imperialismus unter Führung der USA und das "demokratische Lager" unter Führung der Sowjetunion.
25.11.-15.12.: 5. und letzte Konferenz des "Rats der Außenminister" scheitert an der Deutschlandfrage.

1948

Februar: Kommunistischer Umsturz in der Tschechoslowakei.
17.3.: Fünf-Mächte-Vertrag der westeuropäischen Länder Belgien, Frankreich, Luxemburg, Niederlande und Großbritannien (Vorstufe zur NATO) in Brüssel.
20.3.: Marschall Sokolowski läßt den Alliierten Kontrollrat in Berlin platzen.
16.6.: Sowjets verlassen Berliner alliierte Stadtkommandantur.
23.6.: Währungsreform in der SBZ.
23./24.6.: Warschauer Konferenz der Außenminister der Ostblock-Staaten.
24.6.: Berliner Blockade (bis 12.5.1949).

1949

25.1.: Rat für gegenseitige Wirtschaftshilfe (RgW, westl.Abk.: COMECON) in Moskau gegründet.
5.3.: Andrej Wyschinskij löst Molotow als Außenminister ab.
19.3.: Deutscher Volksrat billigt Verfassung für eine "Deutsche Demokratische Republik".
4.4.: Gründung der NATO.
8.5.: Annahme des Grundgesetzes im Parlamentarischen Rat.
12.5.: Aufhebung der Berliner Blockade.
23.5.: Treffen der vier Außenminister der Siegermächte in Paris (endet am 20.6. nach gegenseitigen Vorwürfen in der deutschen Frage ohne Ergebnis); Konrad Adenauer verkündet als Präsident des Parlamentarischen Rats in Bonn das Grundgesetz.
14.8.: Wahlen zum ersten Deutschen Bundestag (CDU/CSU: 31 %, 139 Sitze; SPD 29,2 %, 131 Sitze; FDP 11,9 %, 52 Sitze).
7.9.: Konstituierung von Bundestag und Bundesrat.
15.9.: Konrad Adenauer (CDU) zum Bundeskanzler gewählt.
23.9.: Erste sowjetische Atombombe gezündet.
7.10.: Gründung der DDR.
12.10.: Volkskammer bestätigt Provisorische Regierung unter Ministerpräsident Otto Grotewohl.
November: Errichtung der sowjetischen Kontroll-Kommission in Berlin.

1950

25.6.: Beginn des Koreakrieges.
6.7.: Görlitzer Abkommen mit Polen: DDR erkennt die Oder-Neiße-Grenze an; die Bundesregierung erklärt die Grenzabreden des Görlitzer Abkommens für "null und nichtig".
11.8.: Versammlung des Europarates empfiehlt Aufstellung einer "Europa-Armee" mit westdeutschen Kontingenten.
28.9.: DDR wird Mitglied des Rates für gegenseitige Wirtschaftshilfe (COMECON).
21.10.: In Prag weisen die Außenminister der Ostblockstaaten die deutschlandpolitischen Beschlüsse der Westmächte (gesamtdeutsche Wahlen) zurück und fordern eine deutsche Zentralregierung.

1951

20.9.: Interzonenhandelsabkommen zwischen DDR und BRD.
1.10.: Verfassung von Westberlin tritt in Kraft: Westberlin ein "Land der Bundesrepublik".
1.11.: Erster Fünfjahresplan der Planwirtschaft in der DDR.

1952

10.3./9.4.: Stalin-Noten für einen deutschen Friedensvertrag und Wiedervereinigung werden von Bundeskanzler Adenauer und den Westmächten abgelehnt.
26.5.: Unterzeichnung des Deutschland-Vertrages in Bonn mit den drei Westmächten (löst Besatzungsstatut ab) mit Berlin-Garantie für "Sicherheit" und "Wohlergehen Berlins"; als Reaktion auf Deutschland-Vertrag beginnt die DDR mit Abriegelung der innerdeutschen Grenze.
9.-12.7.: Parteikonferenz der SED beschließt "planmäßigen Aufbau der Grundlagen des Sozialismus" in der DDR.

5.-14.10.: Auf dem XIX. Parteitag der KPdSU wird eine neue "Säuberung" durch den Hauptredner Georgij Malenkow vorbereitet, der gegen "Sorglosigkeit" in der Partei wettert; Politbüro wird von 11 auf 25 Mitglieder vergrößert.

1953

5.3.: Tod Stalins, seine Leiche wird als Mumie neben Lenin im Mausoleum aufgebahrt (bis 1961); kollektive Führung unter Malenkow, Molotow und Berija.
28.5.: DDR-Regierung erhöht Arbeitsnormen um mindestens zehn Prozent.
17.6.: Streik der Bauarbeiter an der Stalin-Allee in Ostberlin gegen erhöhte Normen weitet sich zum Volksaufstand aus; wird von russischen Panzern unterdrückt (21 Tote, über tausend Verletzte).
24.7.: Walter Ulbricht wird Erster Sekretär der SED und starker Mann in der DDR.
12.8.: Erster Wasserstoffbomben-Test der Sowjetunion.
13.9.: Nikita S. Chruschtschow wird Erster Sekretär des ZK der KPdSU.

1954

25.1.-18.2.: Molotow bringt auf der Außenminister-Konferenz der vier Siegermächte die Deutschland-Frage erneut ins Gespräch; Englands Außenminister Sir Anthony Eden antwortet mit seinem "Eden-Plan".
23.10.: Westintegration der Bundesrepublik mit Unterzeichnung der Pariser Verträge abgeschlossen; Bundesrepublik wird Mitglied der WEU und der NATO.
29.11.: Sowjetführer propagieren auf einer Sicherheitskonferenz der Ostblockstaaten in Moskau "freie Wahlen in ganz Deutschland unter internationaler Kontrolle".

1955

15.1.: Die Vorschläge der Ost-Sicherheitskonferenz vom 29.11.1954 werden der Bundesregierung vorgelegt und von dieser abgelehnt (22.1.).
25.1.: Sowjetunion beendet Kriegszustand mit Deutschland.
8.2.: Malenkow tritt zurück, Nachfolger wird Nikolai A. Bulganin.
27.2.: Der Bundestag stimmt mehrheitlich der Ratifizierung der Pariser Verträge zu.
17.4.: Die Kominform wird aufgelöst.
14.5.: Gründung des Warschauer Paktes (mit der DDR).
7.6.: Note der Sowjetunion über ihre Pariser Botschaft an die Bundesrepublik mit Einladung Adenauers nach Moskau.
23.7.: Gipfelkonferenz in Genf; beide deutsche Staaten als Beobachter zugelassen.
9.-13.9.: Staatsbesuch Konrad Adenauers mit Begleitung in Moskau, wo er mit den Sowjetführern Bulganin und Chruschtschow konferiert. Ergebnis: Aufnahme diplomatischer Beziehungen und das Versprechen der Sowjetführer, 9626 ehemalige Kriegsgefangene und etwa 20.000 zurückgehaltene Zivilpersonen freizulassen.
20.9.: UdSSR schließt Freundschaftsvertrag mit der DDR.
29.9.: Konrad Adenauer benennt "Hallstein-Doktrin" als Grundsatz seiner Deutschlandpolitik (Anerkennung der DDR durch dritte Staaten behindere Annäherung an die UdSSR).
7.10.: Die ersten Heimkehrer aus Rußland treffen im Lager Friedland ein.

1956

14.-25.2.: Auf dem XX. Parteitag der KPdSU rechnet Chruschtschow mit Stalin ab, wobei nicht das System, sondern nur die "Entartungen" angegriffen werden; Einleitung der Entstalinisierung und des "Tauwetters" in der Kulturpolitik.
7.7.: Bundestag billigt mit 270 gegen 166 Stimmen die Einführung der allgemeinen Wehrpflicht.
17.8.: Verbot der KPD in der Bundesrepublik.
16.10.: Franz Joseph Strauß (CSU) wird Bundesverteidigungsminister.

1957

30.1.: Ulbricht schlägt Bildung einer Konföderation beider deutscher Staaten vor.
16.2.: Andrej Gromyko wird Außenminister der UdSSR.
29.6.: Gestützt auf das Militär kann Chrustschow Malenkow, Molotow und Kaganowitsch ihrer Posten entheben; für sie rücken nach: Leonid Breschnew, Marschall Schukow und Aleksej Kossygin.
2.10.: Plan des polnischen Außenministers Adam Rapacki für eine atomwaffenfreie Zone in Deutschland, der CSSR und Polen.
19.10.: Erster erfolgreicher Start eines Erdsatelliten ("Sputnik") in den Weltraum.
18.11.: Westberlin wird mit Zustimmung der Alliierten Kommandantur in die EG einbezogen.
16.12.: Erster Atomreaktor der DDR in Rosenfeld bei Dresden in Betrieb genommen.

1958

28.1.: Außenpolitische Debatte im Deutschen Bundestag über verpaßte Chancen zur Wiedervereinigung (mit Bezug auf Stalins Noten von 1952).
25.4.: Handelsvertrag zwischen BRD und DDR.
27.11.: Chruschtschow fordert Umgestaltung Westberlins in eine "Freie Stadt".

1959

10.1.: Moskau fordert Friedenskonferenz und legt Entwurf zu einem Friedensvertrag mit Deutschland vor.

16.2.: Westmächte und die Bundesrepublik weisen die von Moskau in ultimativer Form vorgebrachten Vorschläge zur Deutschland- und Friedensvertrags-Politik zurück, insbesondere die Viermächte-Verantwortung für Berlin.

11.5.-15.8.: Deutschlandkonferenz der Vier Mächte in Genf (mit Delegationen der BRD und DDR); Moskau lenkt ein; letzte Deutschlandkonferenz der Siegermächte wird aber ohne Ergebnis vertagt.

15.-28.9.: Chruschtschows Staatsbesuch in den USA: Gespräche mit Eisenhower in Camp David: Vereinbarung über Aufnahme von Gesprächen über Berlin außerhalb des Deutschland-Problems.

1960

8.5.: Leonid Breschnew wird Vorsitzender des Obersten Sowjet.

10.8.: Der Philosoph Karl Jaspers vertritt in einem Fernseh-Interview die Auffassung, für die Deutschen in der DDR sei Freiheit wichtiger als Wiedervereinigung.

12.9.: Ulbricht wird Vorsitzender des neugeschaffenen Staatsrates der DDR.

20.10.: Chruschtschow verkündet in Moskau die These von der Existenz zweier deutscher Staaten.

1961

12.4.: Erster Weltraumflug eines Menschen; der Russen Jurij Gagarin fliegt um die Erde.

25.7.: John F. Kennedy verkündet die drei Grundfreiheiten für Westberlin.

12.8.: Westberlin meldet an einem Tag 3290 Flüchtlinge aus der DDR.

13.8.: Errichtung der Mauer in Berlin und Ausbau der deutsch-deutschen Grenze mit Genehmigung der Sowjetführer.

17.-31.10.: XXII. Parteitag der KPdSU: Chruschtschow prophezeit Einholung und Überholung der USA in Pro-Kopf-Produktion.

30.11.: Stalins Leichnam wird aus dem Lenin-Mausoleum entfernt und an der Kreml-Mauer beigesetzt.

1962

24.1.: Einführung der allgemeinen Wehrpflicht in der DDR.

28.9.: Präsident Kennedys Garantieerklärung für Westberlin.

22.10.: Kuba-Krise: Gefahr eines bewaffneten Konflikts zwischen den beiden Weltmächten durch Einlenken der Sowjetunion abgewendet (Abzug der UdSSR-Raketen von Kuba).

18.12.: Nach dem Kuba-Konflikt verhängt die BRD ein Exportverbot von Stahlröhren in die UdSSR (Röhren-Embargo).

1963

17.1.: Chruschtschow in Ostberlin an der Mauer; wegen ultimativer Drohung der Westberliner CDU verzichtet der Regierende Bürgermeister Willy Brandt auf ein Gespräch mit Chruschtschow.

5.8.: Abkommen zwischen den beiden Supermächten und Großbritannien über Verbot oberirdischer Atomwaffenversuche leitet Weg zur Entspannung ein.

23.-26.6.: US-Präsident Kennedy in der BRD und in Westberlin: "Ich bin ein Berliner."

16.10.: Ludwig Erhard (CDU) neuer Bundeskanzler.

Oktober: Außenminister Gerhard Schröder (CDU) versucht seine "Politik der kleinen Schritte" Richtung Osten.

17.12.: Erstes Passierschein-Abkommen mit der DDR.

1964

4.4.: Michail Suslow, sowjetischer Chefideologe, proklamiert einen "friedlichen Weg zum Sozialismus", nennt die Bundesrepublik als Terrain für eine künftige Koexistenzpolitik.

16.4.: Die DDR-Führung empfiehlt einen deutschen Staatenbund als "einzigen Weg zur friedlichen Wiedervereinigung".

12.6.: Sowjetischer Freundschafts- und Beistandspakt mit der DDR unterzeichnet.

14.10.: Chruschtschow aller seiner Ämter enthoben; neuer Erster Parteisekretär der KPdSU wird Leonid Breschnew.

1965

28.4.: Ulbricht verlangt von der BRD 120 Milliarden D-Mark Schadenersatz für Reparationsleistungen der DDR und Verluste durch Massenflucht.

9.5.: Breschnew äußert sich anläßlich des 20. Jahrestags der deutschen Kapitulation lobend über Stalin.

1966

26.11.: Bildung der "Großen Koalition" in Bonn mit CDU/CSU und SPD.

1.12.: Kurt Georg Kiesinger (CDU) wird Bundeskanzler der Großen Koalition; Willy Brandt (SPD) Außenminister.

1967

1.1.: Ulbricht lehnt in seiner Neujahrsansprache jeden Gedanken an eine baldige Wiedervereinigung ab.

8.-10.2.: Die DDR kann in Warschau die Pakt-Staaten auf die "Ulbricht-Doktrin" einschwören, um die neue Ostpolitik der Bundesregierung zu blockieren.

Mai: Jurij Andropow wird neuer Vorsitzender des KGB.

1968

6.4.: Neue Verfassung in der DDR.

Juni: DDR führt Paß- und Visazwang im Transitverkehr zwischen der BRD und Westberlin ein.

20./21.8.: Gewaltsame militärische Intervention der Warschauer-Pakt-Staaten unter Führung der UdSSR gegen den "Prager Frühling" in der Tschechoslowakei.

26.9.: "Breschnew-Doktrin" über Einmischung der UdSSR in Angelegenheiten der Ostblock-Staaten als Rechtfertigung für Invasion in der CSSR verkündet.

27.10.: Gründung der Deutschen Kommunistischen Partei (DKP).

1969

Mai: Die Sowjetunion nennt Anerkennung der Oder-Neiße-Grenze, der Existenz der DDR und des Sonderstatuts von Westberlin als Vorbedingungen für Verhandlungen mit Bonn.

21.10.: Bundestag wählt Willy Brandt (SPD) zum Bundeskanzler, er bildet eine sozial-liberale Koalitionsregierung; Vizekanzler und Außenminister ist Walter Scheel (FDP).

28.11.: Bundesrepublik unterzeichnet Atomwaffen Sperrvertrag.

21.12.: Erstmals wieder Würdigung von Stalins Geburtstag in der "Prawda".

1970

Ende Januar: Egon Bahr (SPD) beginnt in Moskau Verhandlungen mit dem sowjetischen Außenminister Gromyko. In drei Phasen wird bis Mai 1970 der Rahmen für die späteren Ostverträge erarbeitet.

19.3.: Treffen Brandts mit Willi Stoph in Erfurt; ein Memorandum Sacharows fordert von Breschnew Demokratisierung und stärkeren Informationsaustausch.

26.3.: Beginn der Vier-Mächte-Verhandlungen um Westberlin im ehemaligen Kontrollratsgebäude.

21.5.: Weiteres Treffen zwischen Brandt und Stoph in Kassel; beide Meinungsaustausche ohne greifbare Ergebnisse.

Mai: Im Bundestag nennt der CSU-Abgeordnete Karl Theodor Freiherr von und zu Guttenberg die Politik Brandts/Scheels eine "Unterwerfung der Bundesrepublik unter den sowjetischen Machtwillen".

12.8.: Unterzeichnung des Moskauer Vertrages zwischen der BRD und der UdSSR durch Willy Brandt und Aleksej Kossygin im Kreml; Leonid Breschnew bezeichnet ihn als "Chance für einen neuen Anfang".

7.12.: Warschauer Vertrag zwischen der Bundesrepublik und Polen unterzeichnet, mit Anerkennung der Oder-Neiße-Grenze.

1971

März/April: XXIV. Parteitag der KPdSU: harter Kurs im Innern, "Öffnung nach dem Westen" in der Außenpolitik.

3.5.: Ulbricht gibt Amt des SED-Parteichefs an Erich Honecker ab, bleibt aber Staatsratsvorsitzender.

3.9.: Viermächte-Abkommen über den Status von Berlin, über die "Bindungen" Westberlins an die Bundesrepublik und die Garantie des freien Transitverkehrs von Personen und Gütern.

16.-18.9.: Bundeskanzler Willy Brandt bei Generalsekretär Breschnew auf der Krim.

11.11.: Luftfahrtabkommen zwischen UdSSR und BRD.

17.12.: Die Staatssekretäre Egon Bahr (BRD) und Michael Kohl (DDR) unterzeichnen das Transitabkommen (erster Regierungsvertrag zwischen beiden deutschen Staaten).

1972

17.5.: Verabschiedung des Moskauer und Warschauer Vertrages mit der Mehrheit des Bundestages in Bonn.

3.6.: Viermächte-Schlußprotokoll zum Abkommen über Berlin.

13./14.9.: Aufnahme diplomatischer Beziehungen zwischen Bonn und Warschau.

16.10.: Neues Staatsbürgerschaftsgesetz in der DDR: wer aus der DDR geflohen ist, verliert DDR-Staatsbürgerschaft.

19.11.: Die Bundestagswahlen bringen der SPD einen Stimmenanteil von 45,8 Prozent, damit Fortsetzung der sozial-liberalen Koalition und ihrer Ostpolitik.

21.12.: "Grundlagenvertrag" zwischen der Bundesrepublik und der DDR unterzeichnet.

1973

9.2.: Großbritannien und Frankreich nehmen diplomatische Beziehungen zur DDR auf.

11.5.: Bundestag billigt den Grundlagenvertrag mit der DDR.

Mai: Staatsbesuch Leonid Breschnews in der Bundesrepublik; Abschluß eines Zehn-Jahres-Vertrages über wirtschaftliche, industrielle und technische Zusammenarbeit (Erdgas-Röhren-Abkommen).

18.9.: Aufnahme beider deutscher Staaten in die UNO.

11.12.: Vertrag zwischen Bonn und Prag zur Normalisierung und Aufnahme diplomatischer Beziehungen.

1974

24.4.: Der persönliche Referent des Bundeskanzlers, Günter Guillaume, wird als DDR-Spion entlarvt.

25.4.: Bundesrepublik schließt mit der DDR ein Abkommen über Zusammenarbeit im Gesundheitswesen.

2.5.: Ständige Vertretungen der BRD und DDR nehmen in Ostberlin und Bonn ihre Arbeit auf.

6.5.: Rücktritt Willy Brandts als Bundeskanzler; Bundesregierung schließt in Moskau ein Wirtschaftsabkommen mit einer Laufzeit von 25 Jahren.

16.5.: Finanzminister Helmut Schmidt (SPD) zum Bundeskanzler gewählt.

4.9.: USA nehmen diplomatische Beziehungen zur DDR auf.

Oktober: Bundeskanzler Schmidt und Außenminister Hans Dietrich Genscher in Moskau.

23./24.11.: US-Präsident Gerald Ford trifft Breschnew in Wladiwostok.

1975

4.3.: DDR und Bundesrepublik nehmen erstmals an der Genfer Abrüstungskonferenz teil.

25.4.: Westmächte unterstreichen in Note an die UNO Viermächte-Status Gesamtberlins.

April: Erdgasvertrag der BRD mit der UdSSR.

1.8.: Helsinki: Nach zwei Jahren KSZE in Genf (Konferenz über Sicherheit und Zusammenarbeit in Europa) Unterzeichnung der Schlußakte mit Verhaltenskodex aller europäischer Staaten (außer Albanien) für Gewaltverzicht, "Nichteinmischung" in innere Angelegenheiten, Menschenrechte, wirtschaftliche und kulturelle Zusammenarbeit.

7.10.: Zweiter Vertrag über Freundschaft, Zusammenarbeit und gegenseitigen Beistand zwischen UdSSR und DDR.

1976

28.5.: Präsident Ford und Breschnew unterzeichnen "Protokoll zum Vertrag zwischen der UdSSR und den USA über unterirdische Kernexplosionen für friedliche Zwecke".

29./30.6.: Konferenz der Kommunistischen und Arbeiterparteien Europas in Ostberlin: KPdSU verliert internationale Vorherrschaft im Weltkommunismus, zunehmendes Gewicht des "Eurokommunismus".

3.8.: Einspruch der UdSSR gegen geplante Beteiligung Westberlins an den Direktwahlen zum Europäischen Parlament.

29.10.: Volkskammer der DDR wählt Erich Honecker zum Staatsratsvorsitzenden und Vorsitzenden des Nationalen Verteidigungsrates.

15.12.: Wiederwahl von Helmut Schmidt (SPD) zum Bundeskanzler.

1977

16.6.: Breschnew übernimmt Amt des Staatsoberhauptes in der UdSSR.

1978

4.-7.5.: Breschnew-Besuch in Bonn: Gemeinsame Deklaration über strikte Einhaltung des Viermächte-Abkommens über Berlin.

29.11.: Grenzmarkierungsabkommen zwischen BRD und DDR.

1979

15.-18.6.: Unterzeichnung des SALT-II-Abkommens durch Breschnew und US-Präsident Carter in Wien.

12.12.: NATO-Doppelbeschluß: Nachrüstungsbeschluß des NATO-Rats (Stationierung und Modernisierung atomarer Mittelstreckenraketen in Europa) wird auf Initiative der BRD mit Angebot an Moskau gekoppelt, über neue Rüstungskontrollen zu verhandeln.

27.12.: Einmarsch sowjetischer Truppen in Afghanistan.

1980

4.1.: USA verhängt als Antwort auf Einmarsch der UdSSR in Afghanistan Handelsembargo für Getreide und Technologien gegen UdSSR.

15.5.: Boykott der Olympischen Spiele in Moskau durch westliche Staaten, darunter die BRD, wegen Afghanistan.

30.6./1.7.: Bundeskanzler Schmidt bei Breschnew in Moskau; UdSSR erklärt sich zu Abrüstungsverhandlungen bereit.

1981

Oktober: Michail S. Gorbatschow wird ins Politbüro aufgenommen.

22.-25.11.: Staatsbesuch Breschnews in der Bundesrepublik; Breschnew fordert Schmidt auf, für ihn beim neuen US-Präsidenten Ronald Reagan zu intervenieren.

11.-13.12.: Treffen zwischen Helmut Schmidt und Erich Honecker am Werbellinsee (Abschirmung Schmidts von der Bevölkerung).

1982

7.2.: Friedensaktion "Schwerter zu Pflugscharen" in Ostberlin.

25.3.: Grenzgesetz in der DDR: Bürger unter dem Rentenalter können in "dringenden Familienangelegenheiten" in die BRD reisen.

10.6.: NATO-Gipfelkonferenz in Bonn; dabei größte Friedens-Kundgebung mit 350.000 Menschen in Bonn.

1.10.: Mißtrauensvotum gegen Helmut Schmidt (SPD), Wahl von Helmut Kohl (CDU) zum Bundeskanzler.

10.11.: Tod Breschnews; Nachfolger wird Juri Andropow, der das jüngste Politbüromitglied Gorbatschow mit einer Antikorruptions-Kampagne beauftragt.

1983

6.3.: Bundestagswahlen: CDU/CSU 48,8 %, SPD 38,2 %, FDP 7 %, Grüne 5,6 %.

29.3.: Bundeskanzler Kohl gewählt, kündigt als Chef einer christlich-liberalen Koalitionsregierung Fortsetzung der Verständigung mit dem Osten an.

29.6.: Die BRD bürgt für Milliardenkredit, die die DDR bei westdeutschen Banken aufgenommen hat (von Franz Josef Strauß "eingefädelt").

22.11.: Bundestag billigt mit 286 gegen 225 Stimmen die Stationierung neuer US-Mittelstreckenraketen; UdSSR bricht Verhandlungen über Mittelstreckenwaffen (INF) ab; danach Demonstrationen und "Menschenketten" der Friedensbewegung in Europa.

1984

9.2.: Tod Andropows; Nachfolger wird Konstantin Tschernenko, der Reformen von Andropow zurücknimmt.

Mai: UdSSR baut Stationierung von Mittelstreckenraketen in der DDR weiter aus.

2.8.: In der "Prawda" werden die deutsch-deutschen Beziehungen kritisiert: Bonn mische sich mit ökonomischen Mitteln in innere Angelegenheiten der DDR ein.

6.10.: Honecker im "Neuen Deutschland": "Vereinigung von Sozialismus und Kapitalismus unmöglich wie die von Feuer und Wasser".

November: Internationales Bankenkonsortium gewährt DDR Kredit in Höhe von 400 Millionen Dollar.

10.12.: Auf einer KP-Konferenz hält das Politbüromtiglied Michail Gorbatschow eine aufsehenerregende Rede über die "Umgestaltung (Perestroika) der Wirtschaft und im gesellschaftlichen System".

16.12.: Michail Gorbatschow besucht als Vorsitzender der Ständigen Kommission für Auswärtige Angelegenheiten des Obersten Sowjet Margaret Thatcher in Chequers.

1985

10.3.: Tod Tschernenkos; vier Stunden nach seinem Tod wird der 54jährige Michail Gorbatschow zum Nachfolger als Parteichef der KPdSU gewählt (11.3.).

7.4.: Gorbatschow kündigt ein Moratorium für die Aufstellung atomarer Mittelstreckenwaffen in Europa an (bis Jahresende).

2.7.: Andrej Gromyko wird Staatsoberhaupt der UdSSR; neuer Außenminister wird Eduard Schewardnadse.

6.7.: Weiterer Kredit von 600 Millionen Dollar für die DDR durch ein internationales Bankenkonsortium.

19.11.: Erstes Gipfeltreffen Reagan mit Gorbatschow in Genf; man verabredet weitere Treffen bis 1987.

1986

1.1.: Austausch von Fernsehansprachen Reagans und Gorbatschows an das russische und amerikanische Volk.

17.3.-21.4.: Gorbatschow in der DDR, nimmt am SED-Parteitag teil.

26.4.: Erster Super-GAU eines Atomkraftwerkes in Tschernobyl in der Ukraine (bis heute rund 7000 Todesopfer).

12.10.: Gipfeltreffen Reagan-Gorbatschow in Reykjavik auf Island; trotz weitreichender Abrüstungsvorschläge Gorbatschows bleibt Reagan bei seinem Weltraum-Abwehrsystem SDI unnachgiebig; moralischer Sieg für Gorbatschow.

1987

27.1.: Im ZK kritisiert Gorbatschow Fehler der KPdSU und fordert Demokratisierung ("Glasnost") von Partei und Gesellschaft: "Wir brauchen Demokratie wie die Luft zum Atmen."

Februar: Gorbatschow lädt zu einem großen Friedensforum in Moskau ein und stellt Persönlichkeiten aus Politik, Wissenschaft und Kultur sein Konzept des "neuen Denkens" vor.

10.4.: In Prag spricht Gorbatschow über "die neue Rolle Europas in der Welt von heute" und erläutert seine Idee vom "gemeinsamen Haus Europa".

30.5.: Gorbatschow nutzt die Landung des Sportfliegers Mathias Rust auf dem Roten Platz in Moskau zu einem umfangreichen Revirement der Spitze der Roten Armee.

26.6.: Umbesetzung des Politbüros zur Stärkung Gorbatschows; das ZK billigt die von ihm geforderten Wirtschaftsreformen.

Juli: Gorbatschows Buch "Perestroika - Die zweite russische Revolution. Eine neue Politik für Europa und die Welt" erscheint in allen Weltsprachen.

7.-11.9.: DDR-Staats- und Parteichef Honecker in Bonn auf Staatsbesuch.

2.11.: Gorbatschow bezeichnet Reformkurs "Perestroika" als direkte Fortsetzung der Revolution vor 70 Jahren und spricht von Stalins "nicht zu verzeihender Schuld".

11.11.: Boris Jelzin als Radikalreformer vom Amt des Parteichefs von Moskau abgelöst.

7.-11.12.: Gipfeltreffen in Washington: Gorbatschow und Reagan unterzeichnen den INF-Vertrag zur Vernichtung sämtlicher 2611 atomarer Mittelstreckenraketen beider Staaten.

1988

17.1.: UdSSR-Außenminister Schewardnadse in Bonn.
Februar: Gorbatschow kündigt den Abzug der sowjetischen Truppen aus Afghanistan an.
20.5.: In Ungarn wird der Reformer Károly Grósz neuer KP-Generalsekretär.
29.5.-1.7.: Gipfeltreffen zwischen Gorbatschow und Reagan in Moskau.
1.10.: Gorbatschow wird vom Obersten Sowjet zum Staatsoberhaupt der UdSSR gewählt.
24.-28.10.: Bundeskanzler Kohl in Moskau bei Gorbatschow; noch wird die Zweistaatlichkeit der Deutschen betont.
7.12.: Gipfeltreffen zwischen Reagan und Gorbatschow in New York; Gorbatschow kündigt vor der UN-Vollversammlung die einseitige Reduzierung der Roten Armee um 500.000 Mann an.

1989

22.1.: Honecker verkündet, die Mauer werde noch in hundert Jahren stehen.
Februar: UdSSR beginnt mit Abbau der Mittelstreckenraketen SS-12/22 in der DDR.
2.5.: Mit dem Abbau der Grenzbefestigungen Ungarns zu Österreich beginnt Massenflucht aus der DDR.
12.-15.6.: Gorbatschow auf Staatsbesuch in der Bundesrepublik.
7.7.: Warschauer Pakt widerruft "Breschnew-Doktrin".
19.8.: Massenflucht von rund 700 DDR-Bürgern über die ungarisch-österreichische Grenze in die BRD.
30.9.: "Ausweisung" von 6299 ausreisewilligen DDR-Bürgern aus den Botschaften in Prag und Warschau durch die DDR.
6.10.: Gorbatschow in Ostberlin, wo er die SED-Führung zu Reformen drängt.
7.10.: Erste Massendemonstrationen in den Städten der DDR.
8.10.: Die ungarische "Sozialistische Arbeiterpartei" löst sich als erste kommunistische Partei im Ostblock auf.
18.10.: Erich Honecker unter dem Druck der anhaltenden Demonstrationen zum Rücktritt gezwungen; Nachfolger wird Egon Krenz.
23.10.: In Leipzig demonstrieren 300.000 Bürger für Reformen; in Budapest wird die Ungarische Republik ausgerufen (Abkehr vom sozialistischen System).
27.10.: Außenminister-Konferenz des Warschauer Pakts in Warschau: jedes Mitglied kann das Bündnis verlassen, wenn es dies wünscht.
4.11.: Massendemonstration in Ostberlin.
8.11.: Rücktritt des Politbüros der SED, Umbildung unter Hans Modrow.
9./10.11.: Öffnung der Mauer und der Grenzübergänge in Berlin.
28.11.: Zehn-Punkte-Programm von Bundeskanzler Kohl zur Deutschland-Politik vor dem Bundestag: deutsch-deutscher Prozeß müsse im gesamteuropäischen Prozeß eingebunden bleiben.
2.12.: Gipfeltreffen von Gorbatschow und US-Präsident George Bush auf dem Kreuzfahrtschiff "Maxim Gorki" vor Malta; Bush verspricht Wirtschaftshilfen für die UdSSR.
19.12.: Treffen zwischen Bundeskanzler Kohl und DDR-Ministerpräsident Hans Modrow in Dresden.
22.12.: Öffnung des Brandenburger Tores in Berlin.

1990

28.1.: "Regierung der nationalen Verantwortung" unter Modrow am "Runden Tisch" beschlossen.
11./12.2.: Bundeskanzler Kohl und Außenminister Genscher holen sich bei Gorbatschow in Moskau dessen Einverständnis zur deutschen Einigung.
6.3.: Gorbatschow und Modrow besprechen in Moskau Zusammenwachsen beider deutscher Staaten.
28.4.: Beginn des Abbruchs der Berliner Mauer vor dem Brandenburger Tor.
18.5.: Unterzeichnung des Staatsvertrages zur Wirtschafts-, Währungs- und Sozialunion zwischen BRD und DDR (in Kraft ab 1.7.).
31.5.-3.6.: Gipfeltreffen Bush und Gorbatschow in Washington ohne Einigung über Bündniszugehörigkeit Gesamtdeutschlands.
15./16.7.: Deutsch-sowjetischer Gipfel in Schelesnowodsk im Kaukasus: Michail Gorbatschow billigt gegenüber Helmut Kohl einem vereinigten Deutschland volle Souveränität und Verbleib in der NATO zu.
23.8.: DDR-Volkskammer beschließt Beitritt der DDR zur BRD am 3.10.1990.
12.9.: Die Außenminister der vier Siegermächte unterzeichnen mit den beiden deutschen Außenministern den "2+4-Vertrag" (Einigungsvertrag), der die Rückgabe der Souveränität an Gesamtdeutschland vorsieht.
24.9.: DDR verläßt den Warschauer Pakt.
1.10.: Offizielle Rückgabe der Souveränitätsrechte durch die vier Außenminister an Gesamtdeutschland.
3.10.: Deutsche Einheit in Kraft (neuer Nationalfeiertag).
15.10.: Gorbatschow wird Friedensnobelpreis zugesprochen.
9.11.: Staatsbesuch Gorbatschows in Bonn: Unterzeichnung des Generalvertrages über gute Nachbarschaft, Partnerschaft und Zusammenarbeit.
14.11.: Deutsch-polnischer Grenzvertrag unterzeichnet.
November: Anlaufen umfangreicher deutscher Hilfsaktionen für die UdSSR.
2.12.: Wahlsieg der christlich-liberalen Koalition unter Kohl bei den ersten gesamtdeutschen Wahlen.
20.12.: Konstituierende Sitzung des gesamtdeutschen Parlaments im Reichstag in Berlin; Rücktritt des sowjetischen Außenministers Schewardnadse.

1991

4.3.: Der Oberste Sowjet ratifiziert den deutschen Einigungs-Vertrag ("2+4-Vertrag").

17.3.: Bei Referendum sprechen sich 76 % der Wähler für Fortbestand der UdSSR und 70 % für Direktwahl eines Präsidenten der Russischen Föderativen Republik aus.

1.4.: Auflösung des Warschauer Paktes.

12.6.: Boris Jelzin mit großer Mehrheit zum Präsidenten der Russischen Föderativen Republik gewählt.

17.6.: In Bonn unterzeichnen Kohl und der polnische Ministerpräsident Jan Krysztof Bielecki den deutsch-polnischen Nachbarschaftsvertrag.

20.6.: Mit einer Mehrheit von 18 Stimmen wird im Bundestag Berlin als Regierungssitz in spätestens zwölf Jahren bestimmt.

22.6.: Gedenkveranstaltungen in Potsdam (Richard von Weizsäcker) und in Moskau (Gorbatschow) zum 50. Jahrestag des deutschen Überfalls auf die UdSSR.

30.6.: Sowjetische Reformpolitiker sprechen sich für eine neue demokratische Massenpartei in der UdSSR aus, darunter der ehemalige Außenminister Schewardnadse.

4.7.: Austritt Schewardnadses aus der KPdSU.

5.7.: Besuch Bundeskanzler Kohls in Kiew, wo er Gorbatschow Hilfe auf dem Weltwirtschaftsgipfel in London (15.7.) verspricht.

10.7.: Boris Jelzin als Präsident Rußlands vereidigt; Gorbatschow beglückwünscht ihn und hofft auf gute Zusammenarbeit.

16.-18.7.: Auf dem Londoner Weltwirtschaftsgipfel sagen die Repräsentanten der sieben größten Industrieländer (Frankreich, Italien, Großbritannien, Deutschland, USA, Kanada und Japan) dem eingeladenen UdSSR-Präsidenten Gorbatschow und den anderen Reformstaaten des früheren Ostblocks ihre Hilfe zu, ohne jedoch konkrete Geldmittel zu versprechen; auch Kredite werden zunächst ausgeschlossen.

18.7.: Großbritanniens Premierminister John Major sichert gegenüber Gorbatschow in London die Finanzierung weiterer Projekte in der UdSSR zu.

24.7.: Das Plenum des ZK der KPdSU unterstützt die Pläne des sowjetischen Präsidenten Gorbatschow, noch in diesem Jahr einen Sonderparteitag einzuberufen, der über ein neues Parteiprogramm beraten soll. Gorbatschow einigt sich mit 9 der 15 Republiken der UdSSR auf den Entwurf eines neuen Unionsvertrages, wobei Gorbatschow betont, es gehe ihm um "weitreichende Souveränität" für die Republiken.

19.8.: Putschversuch einer achtköpfigen Gruppe konservativer sowjetischer Kommunisten gegen Gorbatschow, der an seinem Urlaubsort auf der Krim festgesetzt wird. Gegenüber der Weltöffentlichkeit begründet den Sturz Gorbatschows ein selbsternanntes Notstandskomitee unter Führung des sowjetischen Vizepräsidenten Gennadij Janajew damit, daß der Union eine Wirtschafts-Katastrophe und ein Angriff von Extremisten drohe. Am selben Tag noch ruft Rußlands Präsident Boris Jelzin zum Generalstreik auf.

20.8.: In Moskau und Leningrad demonstrieren Hunderttausende gegen die Putschisten; führende westliche Politiker fordern unter Androhung von Sanktionen die Wiedereinsetzung Gorbatschows in sein Amt, darunter US-Präsident Bush, aber auch Bundeskanzler Kohl.

21.8.: In der Nacht zum 21.8. rücken Panzer der Putschisten gegen Jelzins Parlament in Moskau vor; es kommt zu Straßenkämpfen, vier Demonstranten verlieren ihr Leben. Im Laufe des Tages bricht der Putsch dann zusammen; das "Notstandskomitee" flüchtet.

22.8.: Gorbatschow kehrt nach Moskau zurück. Die Putschisten werden verhaftet, alle ihre Anordnungen werden wieder aufgehoben. Als letzte der vier baltischen Republiken erklärt Estland nach dem gescheiterten Putsch in Moskau seine Unabhängigkeit.

24.8.: Gorbatschow tritt als Generalsekretär der Partei zurück und empfiehlt dem Zentralkomitee die Selbstauflösung. Die KPdSU wird in fast allen Teilrepubliken verboten oder löst sich auf.

25.8.: Ungarn erkennt als erstes ehemaliges Ostblockland die Unabhängigkeit der baltischen Staaten an.

27.8.: Die EG erkennt die Souveränität von Litauen, Estland und Lettland an; einen Tag später nimmt die Bundesrepublik diplomatische Beziehungen mit den baltischen Staaten auf. Die Ukraine, Georgien, Weißrußland, Moldawien und Aserbeidschan erklären ihre Unabhängigkeit.

28.8.: In einem Abkommen gegen den "unkontrollierten Auseinanderfall" der UdSSR erkennen Rußland und die Ukraine ihre Grenzen an und erklären die "frühere UdSSR" mit ihrer Zentralgewalt für praktisch nicht mehr existent. Boris Jelzin stellt dabei die Grenzen Rußlands zu jenen Nachbarrepubliken in Frage, die aus der Union austreten wollen (von 23 Grenzen zwischen den Sowjetrepubliken gelten nur drei als nicht umstritten).

Der Oberste Sowjet in Moskau entzieht auf Antrag Gorbatschows Regierungschef Pawlow und seinem Kabinett wegen ihrer Beteiligung am Putsch das Vertrauen; Chef einer Übergangsregierung wird der russische Ministerpräsident Silajew, neuer Außenminister der sowjetische Botschafter in der CSFR, Boris Pankin.

29.8.: Der Oberste Sowjet beschließt ein landesweites Arbeitsverbot für die KPdSU und hebt die Sondervollmachten von Staatspräsident Gorbatschow auf. Der Oberste Sowjet hebt die Immunität des früheren Parlamentspräsidenten Lukjanow wegen Beteiligung am Putsch auf und erhebt Anklage wegen Hochverrats gegen die verhafteten Mitglieder des "Notstandskomitees".

1.9.: Kirgisien und Usbekistan erklären ihre Unabhängigkeit (damit haben sich 10 von 15 Sowjetrepubliken für unabhängig erklärt, die danach alle vom Volksdeputiertenkongreß anerkannt wurden).

2.9.: Die USA erkennen die baltischen Staaten an.

3.9.: Die Region Nagornyi-Karabach, hauptsächlich von Armeniern bewohnt, ruft ihre Unabhängigkeit von der Republik Aserbeidschan aus.

4.9.: Der Kongreß der Volksdeputierten (bisher höchstes Verfassungsorgan der UdSSR) beschließt die Auflösung der UdSSR und ihre Umwandlung in einen Bund souveräner Staaten; die Macht wird einem Staatsrat übertragen, dem neben Gorbatschow die Präsidenten der Republiken angehören, außerdem einem Wirtschaftskomitee der Republiken und einem Obersten Sowjet, dessen Abgeordnete von den Republiksparlamenten bestimmt werden.

6.9.: Der neugebildete Staatsrat erkennt die volle Souveränität Litauens, Lettlands und Estlands an; das Präsidium des neuen Obersten Sowjet beschließt formell die Umbenennung Leningrads in den Vorkriegsnamen St.Petersburg.

7.9.: Der russische Präsident Jelzin schlägt vor, daß Deutschstämmige in der Sowjetunion Teile des früheren Siedlungsgebietes an der Wolga zurückerhalten und sich auch an der Ostsee ansiedeln sollen. Den Deutschen sei mit der Vertreibung Anfang der 40er Jahre Unrecht geschehen, sagt Jelzin.

9.9.: Als 11. von 15 Sowjetrepubliken erklärt Tadschikistan seine Unabhängigkeit.

11.9.: Bei einem Besuch von Gorbatschow-Berater Alexander Jakowlew in Bonn kündigt Bundeskanzler Kohl an, er wolle sich in der EG für eine internationale Hilfe zur Überbrückung des Winters in der Sowjetunion einsetzen. Auch EG-Kommissar Delors und die Außenminister Genscher und Dumas sprechen sich für eine Hilfe aus. Gegenüber dem US-Außenminister Baker kündigt Gorbatschow bei dessen Besuch in Moskau den Abzug der 11.000 Mann starken Ausbildungsbrigade aus Kuba an.

17.9.: In Washington betonen Bundeskanzler Kohl und US-Präsident Bush erneut, daß sie sich gemeinsam für eine Hilfe mit Nahrungsmitteln und Medikamenten an die Sowjetunion im kommenden Winter einsetzen werden. Kohl warnt dabei auch vor einer Massenflucht von Ost nach West.

23.9.: Nachdem bei einer Volksbefragung am 21.9. in Armenien 92 Prozent der Bürger sich für eine unabhängige und demokratische Republik außerhalb der UdSSR erklärten, verkündet das armenische Parlament den Austritt aus der UdSSR.

24.9.: In Bonn erklären der russische Minderheitenminister Leonid Prokopjew und Staatssekretär Horst Waffenschmidt vom Bundesinnenministerium, daß sie bis zum Staatsbesuch von Präsident Jelzin im November ein Rahmenabkommen über die Zusammenarbeit für eine deutsche Wolgarepublik vorbereiten werden (die Ansiedlung von Rußland-Deutschen soll von 1992 an aus anderen Teilen der UdSSR verstärkt werden).

1.10.: Zwölf Sowjetrepubliken einigen sich in Grundzügen auf ein Abkommen, das Steuern, Zölle, Bankwesen, die Energie- und Verkehrspolitik sowie den freien Güteraustausch zwischen den Republiken zentral regeln soll.

2.10.: Weißrußland, Kasachstan und Usbekistan vereinbaren die Schaffung einer Wirtschaftsunion.

5.10.: Die Sowjetunion wird assoziiertes Mitglied des Internationalen Währungsfonds (IWF), wodurch der UdSSR sofortige und umfangreiche technische Hilfe für den geplanten Übergang zur Marktwirtschaft zugesichert wird (Kredite erhalten vom Währungsfonds allerdings nur Vollmitglieder).

6.10.: Gorbatschow kündigt die Vernichtung aller atomaren Artillerie-Munition sowie der Atom-Gefechtsköpfe für taktische Raketen an; Ziel soll die "Abschaffung taktischer Atomwaffen" sein. US-Präsident Bush nannte die Initiative Gorbatschows "sehr positiv".

10.10.: Die ARD sendet die Kurzfassung eines siebenständigen TV-Interviews der Journalisten Peter Boultwood und Harald Lüders mit dem 79jährigen Erich Honecker in Moskau, der keinen Lernprozeß bei Honecker, der die Aufhebung des Haftbefehls zur Bedingung für eine Rückkehr nach Deutschland macht, erkennen läßt.

11.10.: Wieder ein Großbrand im Kernkraftwerk Tschernobyl (Block 2), ohne freiwerdende Radioaktivität, ohne Opfer (drei Wochen später, am 1.11., wird erneut ein Brand, diesmal in Block 1, ohne Folgen gemeldet).

13.10.: Treffen sowjetischer Wirtschaftsfachleute mit den in Bangkok tagenden Finanzministern und Notenbankchefs der sieben größten Industrienationen der Welt: keine Klarheit über die Gefahr einer Zahlungsunfähigkeit der UdSSR in Sachen Auslandsschulden.

17.10.: Im Bundestag werden der Vertrag über gute Nachbarschaft und freundschaftliche Zusammenarbeit mit Polen sowie das Abkommen über die Bestätigung der deutsch-polnischen Grenze an Oder und Neiße ratifiziert (23 Abgeordnete der CDU-CSU-Fraktion verweigern ihre Zustimmung).

18.10.: Das polnische Parlament billigt die Verträge mit Deutschland.

21.10.: Erste Sitzung des Obersten Sowjets nach dem gescheiterten Putsch vom August: Nur 7 von 12 in der Union verbleibenden Republiken haben stimmberechtigte Abgeordnete entsandt; Präsident Gorbatschow ruft zur Erhaltung der Sowjetunion als Staatsverband auf, verurteilt Bestrebungen einzelner Republiken, eine eigene Armee aufzubauen, als "illegal" und legt einen Fünf-Punkte-Plan zur umfassenden Privatisierung der Wirtschaft vor. Die Republiken fordert Gorbatschow auf, den Unionsvertrag "bis Mitte November" zu unterzeichnen.

26.10.: Bundesaußenminister Genscher drängt am Ende eines 24stündigen Arbeitsbesuchs in Moskau, dem in der Woche zuvor Besuche Genschers in den Republiken Kasachstan und Ukraine vorausgegangen sind, auf eine Ratifizierung der Abrüstungsverträge "ohne Zeitverzug" durch die Republiken der UdSSR. In Gesprächen mit seinem sowjetischen und russischen Amtskollegen werden die Wiedererrichtung einer autonomen Republik für die Rußland-Deutschen und die "Rückführung" Honeckers erörtert.

30.10.: Frankreichs Präsident Mitterrand und Präsident Gorbatschow sprechen sich am Ende eines zweitägigen Frankreich-Besuchs Gorbatschows für eine gesamteuropäische Konföderation und für den Erhalt einer Zentralmacht in der UdSSR aus.

31.10.: In Madrid eröffnet Gorbatschow zusammen mit dem US-Präsidenten Bush die unter der Schirmherrschaft der USA und der UdSSR stehende Nahost-Friedenskonferenz.

1.11.: Der Volksdeputiertenkongreß der Russischen Föderation genehmigt nach langen Debatten mit 753 Stimmen (59 Gegenstimmen) dem russischen Präsidenten Boris Jelzin die von ihm verlangten Vollmachten, um in einer Übergangszeit von einem Jahr die Wirtschaft und Verwaltung des Landes zu reformieren.